Kreativ Malen & Zeichnen

Gouache und Acryl

Kreativ Malen und Zeichnen wurde zusammengestellt von Pieter van Delft und Bert Willem van der Hout, Alpha Design, Amsterdam und Trendboek bv, Maarssenbroek

Recherche und Text: Tine Cortel und Theo Stevens

Redaktion: Carla van Splunteren

Übersetzung: Rita Kraft-Berndsen

Umschlaggestaltung: Hans Rüttinger, Uehlfeld

Layout und Gestaltung: Bert Willem van der Hout und Elise de Vries, Alpha Design, Amsterdam

Satz: Foag, Oberschleißheim

Lithographie: Nefli bv, Haarlem

Druck: Koninklijke smeets Offset bv, Weert

Illustrationen:

Siert Koning, Amsterdam: Seite 9, 14↓, 15, 17, 19, 20, 22, 23, 24, 25, 27, 29, 31, 35, 36, 37, 38, 40↓, 41, 44, 50↑, 52↑, 61↓, 62↑, 64, 65↓, 67, 69↑, 76, 82, 83, 84, 88, 91, 98, 99, 100, 106, 107, 108, 110, 111, 112, 113, 114, 115, 116.
Theo Stevens, Amsterdam: Seite 10, 11, 33, 40↑, 49↓, 52, 60, 61↑, 62, 65↑, 69, 79, 80, 81, 85, 93, 94, 95, 96, 102, 105.
Die Publikations- und Bildrechte beider Künstler liegen bei © Beldrecht, Amsterdam
Koninklijke Smeets Offset bv, Weert: Seite 12, 13, 14↓, 49↓, 50↓, 53, 55, 57, 58, 61↓, 86, 103, 104.
Martin Smit, Apeldoorn: Seite 70, 71, 72, 73, 74.
Koninklijke Talens bv, Apeldoorn: Seite 91↓.

Unser Dank (für Beratung und Material) gilt: Koninklijke Talens bv, Apeldoorn; dem Importeur der Koh-I-Noor Produkte IMHA bv, Wormerveer; Papierfabrik Schut, Heelsum; Firma J. H. Van Beek, Amsterdam; und allen Künstlern, die ihre Werke zur Reproduktion bereitstellten.

CIP-Titelaufnahme der Deutschen Bibliothek
Kreativ malen & [und] zeichnen/[zsgest. von Pieter van Delft u. Bert Willem van der Hout. Research u. Text: Tine Cortel u. Theo Stevens]. - München: Hugendubel.
(Homo ludens)
NE: Delft, Pieter van [Hrsg.]; Cortel, Tine [Mitverf.]

Gouache und Acrylfarbe/[Übers.: Rita Kraft-Berndsen]. - 1988
ISBN 3-88034-376-4

CIP-Titelaufnahme der Deutschen Bibliothek

ISBN 3-88034-376-4
Printed in Holland

KREATIV MALEN & ZEICHNEN

GOUACHE UND ACRYL

HUGENDUBEL

Inhalt

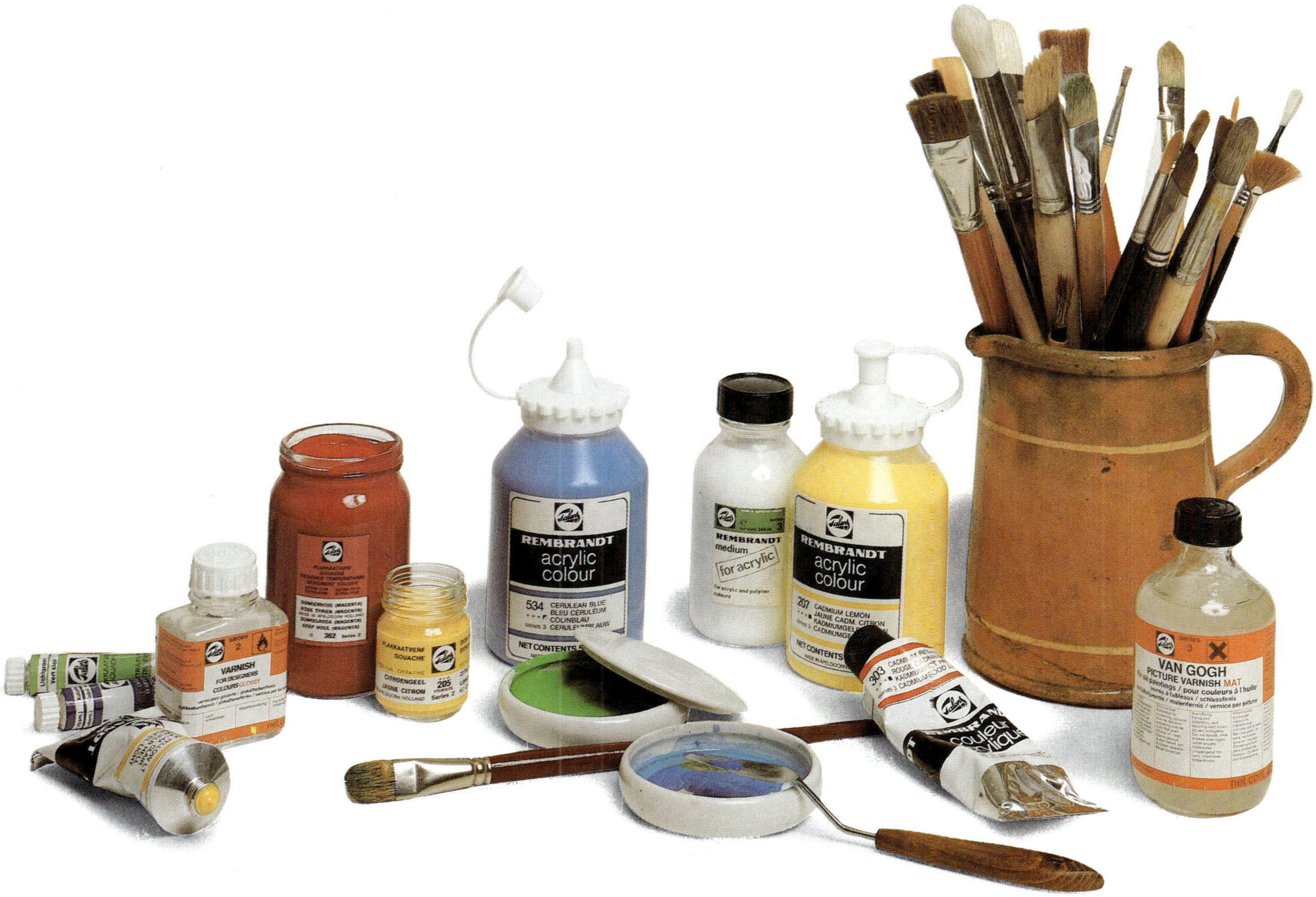

Malmaterialien für Gouache und Acrylfarbe

Einführung

Eine Farbe ist aus drei Hauptbestandteilen zusammengesetzt: Pigmente, Bindemittel und Füllstoffe. Die Pigmente sind es, die den Farbton bestimmen. Gelegentlich werden hier anstelle von Pigmenten Farbstoffe verarbeitet, wie das auch bei den Tinten der Fall ist.

Bindemittel dienen dazu, wie auch schon der Name sagt, die Pigmentteilchen untereinander zu verbinden und am Untergrund haften zu lassen.

Das Bindemittel bestimmt die Materialeigenschaften der Farbsorte und somit auch deren Handhabung.

Füllstoffe braucht man, um der Farbe Volumen und Konsistenz zu geben. Sie können sich auch günstig auf die Pigmente auswirken.

Neben den genannten Bestandteilen enthält Farbe, soweit notwendig, Konservierungsstoffe und Substanzen, die die Trocknungszeit verzögern oder beschleunigen sollen.

Sehr viel früher benützte man noch keine Bindemittel; um Malfarbe zu erhalten wurden einfach Pigmente mit Wasser vermischt. Einige der so gemalten Bilder sind erhalten geblieben, indem sie durch atmosphärische Einflüsse »fixiert« wurden, andere sind verlorengegangen. Die Felsenzeichnungen prähistorischer Menschen etwa, häufig auf kalkreichen Wänden angebracht, sind recht zahlreich und gut erhalten geblieben.

Später – unter anderem im antiken Griechenland, in Ägypten, Indien und Asien – begann man Farbe aus mit Wasser vermischten Pigmenten zur Dekoration von Gebäuden zu verwenden. Mauern und Wände wurden erst mit einer Schicht Kalkmörtel verputzt und dann bemalt. Diese Gemälde nennt man Fresken.

Man malte Fresken in Palästen, Kirchen und öffentlichen Gebäuden, aber auch in Patrizierhäusern und Grabkammern.

Die Anfertigung eines Freskos war ein sehr komplizierter Prozeß. Zunächst mußte der Kalkmörtel hergestellt werden – ein sehr zeitaufwendiger Vorgang.

Reiner weißer Kalk wurde mit reichlich klarem Wasser zwei Jahre lang in einer Grube angesetzt, um zu reifen. Der Brei mußte währenddessen regelmäßig gerührt werden, um chemischen Verunreinigungen entgegenzuwirken. Man mußte auch noch sauberen Flußsand finden, der keine Glimmeranteile enthalten durfte, da sich diese auf die

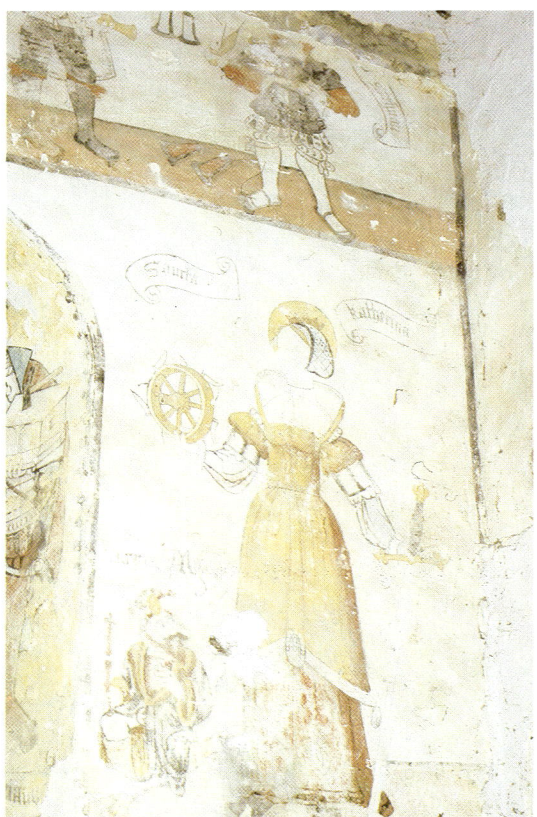

Heilige Katharina (Anthisnes, Belgien) – 11. Jahrhundert

In der Kapelle eines verfallenen bischöflichen Gutshofes aus dem 11. Jahrhundert befinden sich Fresken von verschiedenen Heiligen. Die erdfarbenen Pigmente haben unter dem Zahn der Zeit verhältnismäßig wenig gelitten. Dies ist um so erstaunlicher, da die großen Türen, die zum Innenhof, auf dem sich zuweilen das Vieh aufhielt, hinausführen häufig geöffnet waren. Somit waren die Malereien vor allem der Feuchtigkeit und Temperaturschwankungen ausgesetzt.

verwendeten Erdpigmente nachteilig auswirken. Schließlich brauchte man noch kalkbeständige Pigmente.

Die zu bemalende Wand wurde aufgerauht, gewässert und nacheinander mit drei Lagen Mörtel verputzt. Die letzte Schicht wurde in Abschnitten aufgetragen, die jeweils so groß waren, daß sie an einem Tag bemalt werden konnten, also solange der Mörtel noch nicht ausgehärtet war. Wurde man mit der Bemalung eines solchen Stücks nicht fertig, mußte der nicht bemalte Anteil des erhärteten Putzes wieder abgeschlagen werden und durch eine frische Mörtelschicht ersetzt werden. Frischer Kalk (Calciumhydroxyd) verändert sich beim Trocknungsvorgang unter dem Einfluß von Kohlensäuregas (Kohlendioxyd), wodurch die Pigmente auskristallisieren und in der Kalkschicht verankert werden.

Soll mit Pigmenten als Malmaterial auf einen trockenen Untergrund gemalt werden, ist stets ein Bindemittel nötig; ohne Bindemittel würden die Pigmentteilchen nach dem Trocknen nicht auf dem Untergrund haften bleiben. Das war auch schon früher bekannt. So benutzten die Höhlenmenschen für ihre Zeichnungen auf hartem Fels u. a. tierisches Fett als Bindemittel. Die alten Griechen und Ägypter nahmen Wachs, und im Mittelalter waren Eiweiß und Eigelb (Tempera) allgemein bekannte Bindemittel.

Eine sehr alte Technik ist die Enkaustik, bei der das Pigment mit flüssigem heißem Wachs auf ein Holzbrett aufgetragen wurde. Danach wurde mit einer heißen Metallplatte *oder Tempermesser* über das Bild gestrichen, wodurch die Pigmente zusammen mit dem Wachs in die Oberfläche gedrückt wurden. So entstand eine sehr glatte, gefirniste Farbhaut.

Diese Technik war vor allem bei den alten Ägyptern und Griechen im Gebrauch. Es gibt noch erhaltene Beispiele dazu aus dem 2. Jahrhundert unserer Zeitrechnung. Aber auch heute wird die Enkaustiktechnik gelegentlich angewendet, so z. B. in der amerikanischen Pop-Art des 1930 geborenen, amerikanischen Künstlers Jasper Johns.

Tempera ist ebenso eine alte Farbsorte. Der Name ist vom lateinischen *temperare* hergeleitet, was »mischen« bedeutet, und weist auf das Bindemittel hin, mit dem vermischt, Pigmente erst als Malmaterial verwendbar wurden.

Bei älteren Kunstwerken ist es längst nicht immer klar, womit die Pigmente »gemischt« wurden.

Nicht wasserfeste Farben wie Gouache und Aquarellfarbe sind durch ihren Charakter deutlich als Farben auf Gummibasis (Gummi arabicum) kenntlich.

Schwieriger wird die Feststellung des Bindemittels bei wasserfesten Farben; diese können Kasein, Ei oder eine Ei/Öl-Emulsion enthalten.

Vor der Erfindung der Ölfarbe im 15. Jahrhundert wurden Kunstwerke haupt-

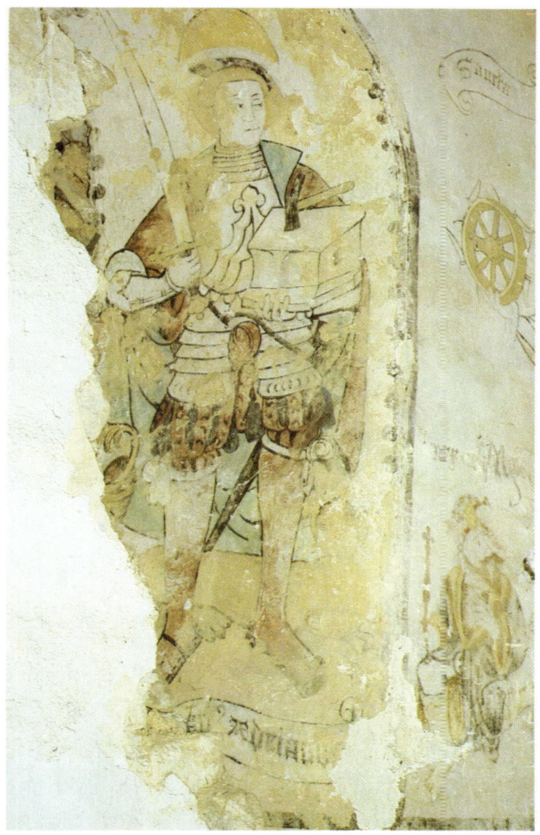

Heiliger Adrian (Anthisnes, Belgien) – 11. Jahrhundert

Diese Darstellung war unter einer dicken Verputzschicht verborgen und kam erst in den 80er Jahren zum Vorschein. Durch den Schutz des Verputzes sind die Farben dieses Bildes deutlich besser erhalten als bei der Darstellung der hl. Katharina.

sächlich mit wasserfesten Temperafarben ausgeführt. Allerdings sind viele alte, mit Tempera bemalte Tafeln und Leinwände oft nicht mehr von Ölgemälden zu unterscheiden, da im Laufe der Zeit dicke Firnisschichten aufgetragen worden sind.

Kommen wir jetzt zu den Farbsorten, die dieses Buch zum Thema hat: *Gouache* und *Acrylfarbe.*

Gouache – auch Plakatfarbe genannt – ist eine deckende Farbsorte auf Basis von Dextrin und/oder Gummi arabicum.

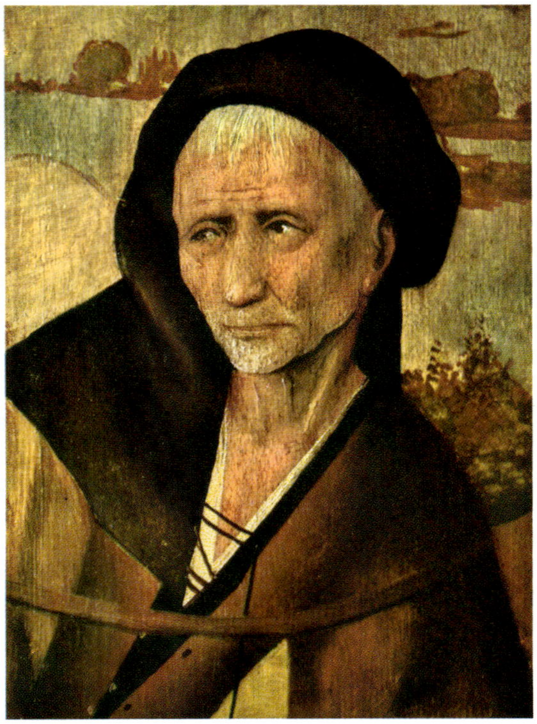

Der Vagabund
ca. 1470
Detail
HIERONYMUS BOSCH

Vor der Erfindung der Ölfarbe als Künstlermedium (ca. 1420) wurde überwiegend mit Tempera gearbeitet. Später wurden Tempera und Ölfarbe auch kombiniert verarbeitet. Der *Vagabund* ist in dieser kombinierten Technik ausgeführt.

Die Farbe wird beim Trocknen heller. Da Gouache nicht wasserfest ist, bleibt sie auch nach dem Trocknen vermalbar.

Acrylfarbe basiert auf Acrylatharz als Bindemittel. Die Farbe kann pastos aufgetragen werden oder auch mit Wasser oder Malmittel verdünnt, sowohl deckend als auch halbdeckend oder transparent verarbeitet werden. Acrylfarbe trocknet schnell und ist wasserfest. Ist die Farbe einmal durchgetrocknet, ist sie nicht mehr löslich.

In den 20er Jahren begann man in Lateinamerika Farben auf Kunststoffbasis zu entwickeln. Das geschah u. a. deshalb, weil immer mehr bildende Künstler Bedarf an wasserfesten Farben hatten, die auch atmosphärischen Einflüssen widerstehen konnten, um Gemälde an Außenmauern anzubringen.

Später begann man in New York, die Acrylfarben herzustellen, die wir heute kennen.

In den 60er Jahren begann man auch in Europa mit der Produktion dieser Farbsorte. Nach der Erfindung der Ölfarbe dauerte es also 400 Jahre, bevor man eine andere, völlig neue Künstlerfarbe entwickelte, eben die Acrylfarbe. Zusammen mit Ölfarbe, Aquarellfarbe und Gouache gehört Acrylfarbe heute zu den meistverwendeten Künstlerfarben.

In diesem Teil der Serie »Kreativ Malen & Zeichnen« werden die Zusammensetzungen und Verarbeitungsmöglichkeiten von Gouache und Acrylfarbe erläutert. Neben technischen Einzelheiten, praktischen Tips, Vorschlägen und Materialstudien wird eine große Anzahl von Kunstwerken gezeigt, die mit diesen Farbsorten ausgeführt wurden, und es wird dabei besonders auf Farben und Farbmischungen eingegangen. Außerdem sind Fotositzungen mit aufgenommen worden, von »Künstlern bei der Arbeit«, die es Ihnen ermöglichen, den Aufbau einiger Gemälde Schritt für Schritt zu verfolgen.

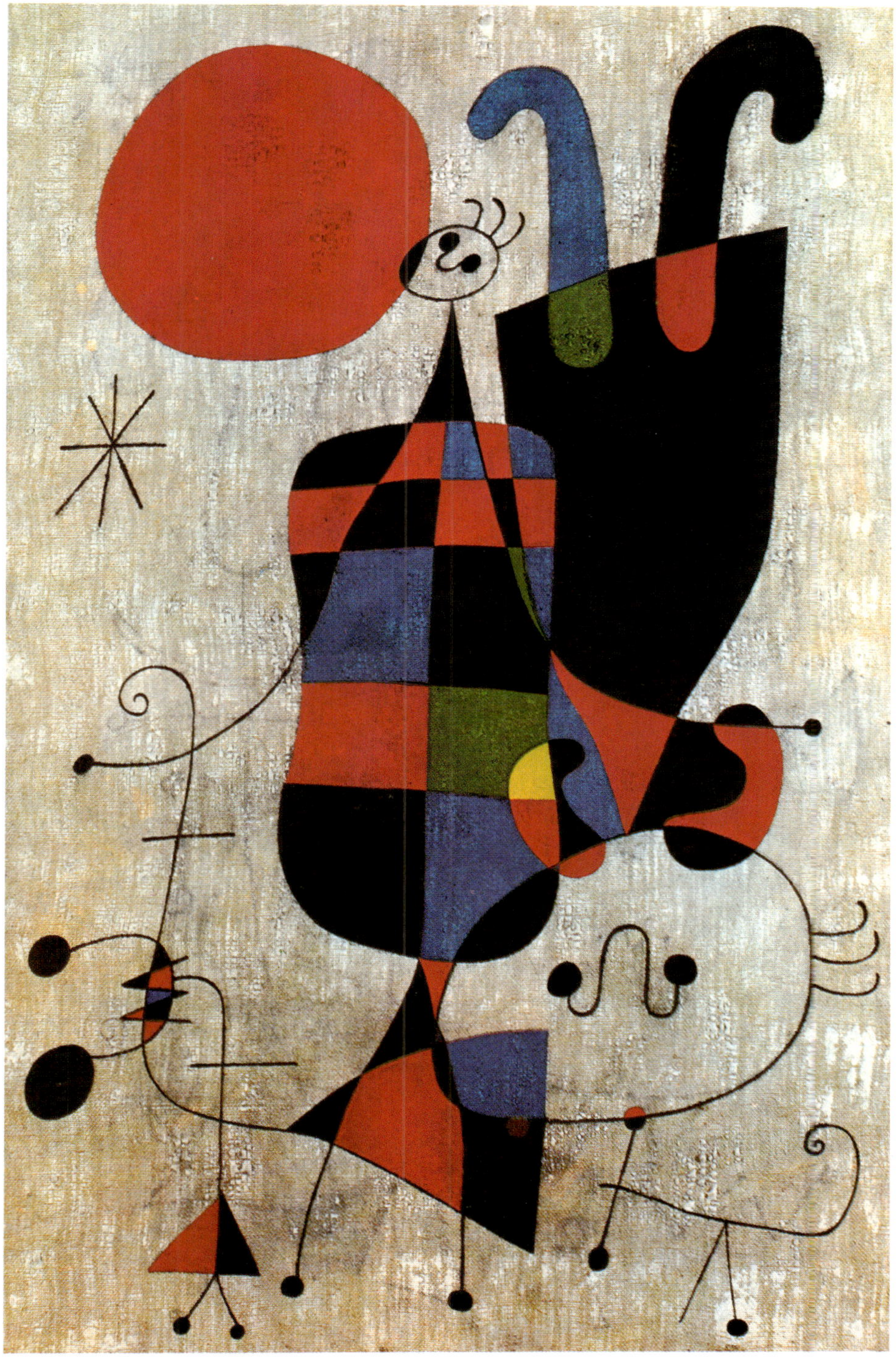

Menschen und Hund
unter der Sonne
– 1949
Joan Miró

Auch moderne Künstler haben lange Interessse an Tempera gezeigt, obwohl die modernen Farbsorten die Tempera heute nahezu verdrängt haben.

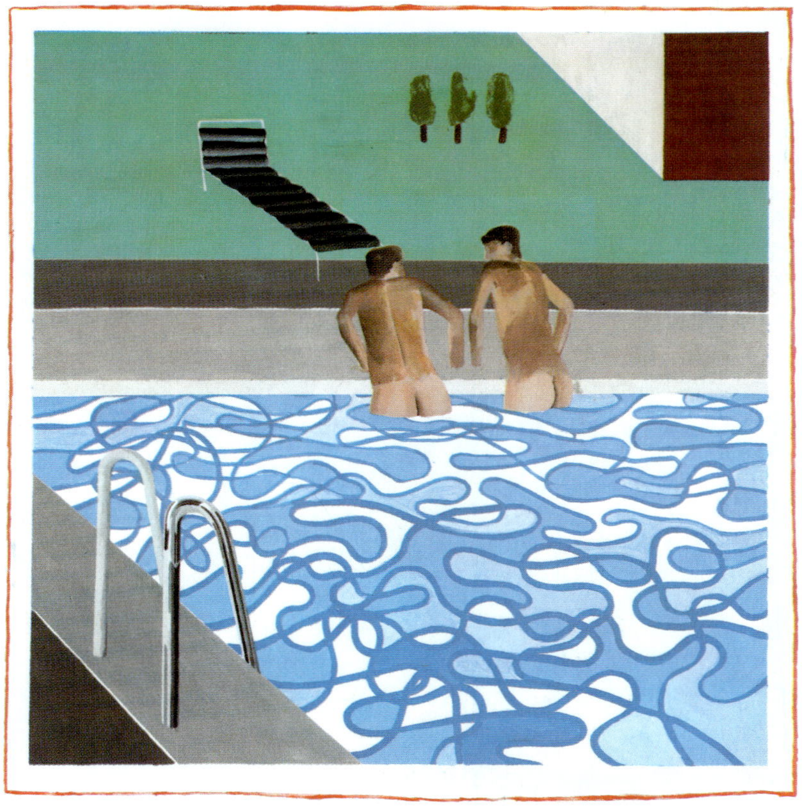

Zwei Jungen im Schwimmbad
– 1965
DAVID HOCKNEY

Vor allem bei den Malern der Pop-art wurde Acrylfarbe beliebt. Ursprünglich wurde die Farbe recht starr verarbeitet, später dann auch freier.

Bushaltestelle
– 1974
JAN MIECHELS

Gouache ist eine schnelltrocknende, deckende Wasserfarbe. Viele Künstler benützen diese Farbsorte daher gerne zur Arbeit im Freien. Jan Miechels hielt mit Gouache zahlreiche Reiseeindrücke fest.

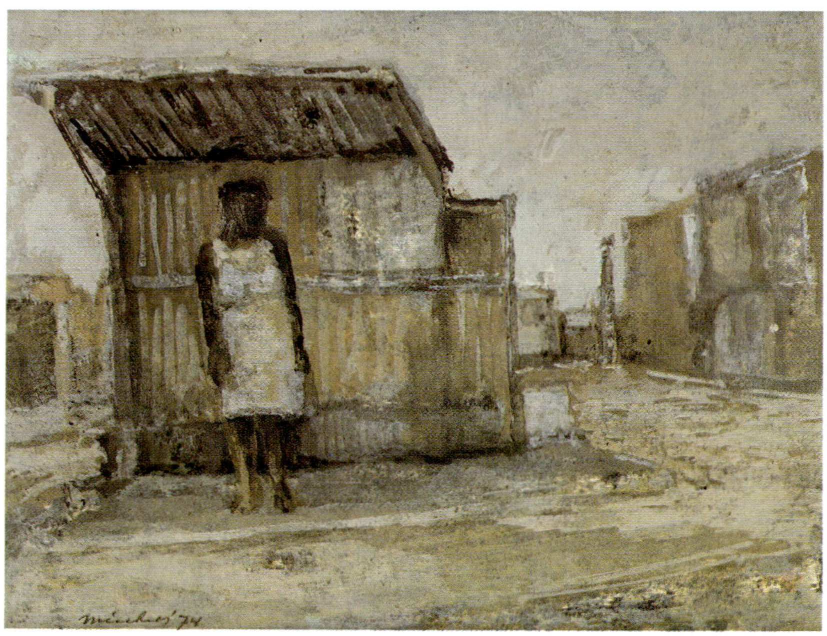

Die Materialien

Gouache

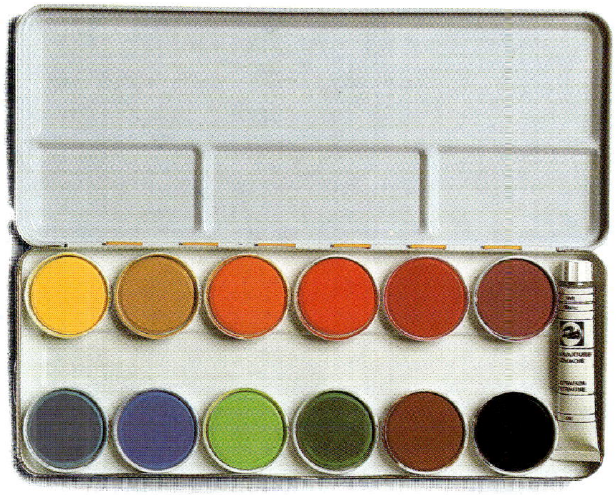

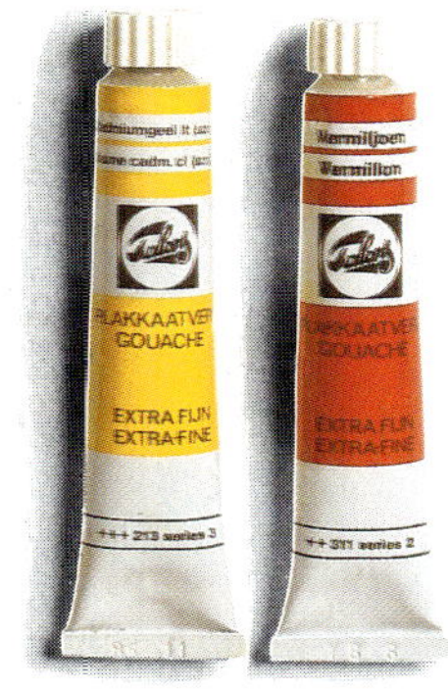

Gouache in Tuben

Das Material Gouache ist eine deckende Farbsorte, die wie die Aquarellfarben (eine transparente Farbsorte) zu den Wasserfarben gehört. Gouache enthält intensive reine Pigmente, die auch wasserfest sind und sich somit nicht im Bindemittel lösen. Um die Deckkraft der Farbe zu erhöhen, werden den Farbpigmenten noch deckkraftverbessernde Pigmente zugesetzt. Hierzu benützt man weiße Pigmente wie Lithopon und präzipitierte Kreide (aus dem Lösungsmittel gefällt).

Diese weißen Farbträger beeinflussen die Klarheit der farbigen Pigmente überhaupt nicht.

Das Bindemittel von Gouache besteht aus Dextrin und Gummi arabicum. Dextrin stellt man mit Hilfe einer chemischen Reaktion aus Kartoffelmehl her. Man verwendet Dextrin industriell u. a. in der Herstellung von Klebstoffen. Es spricht für sich, daß dieser Grundstoff gute Haftfähigkeit besitzt. Dextrin und Gummi arabicum sind wasserlöslich, was Gouache zu einer mit Wasser verdünnbaren Farbsorte macht. Gouache enthält Wasser und ist somit frostempfindlich.

Zur Verarbeitung wird Gouache mit etwas Wasser verdünnt. Der deckende Charakter bleibt erhalten. Stärkere Verdünnung führt dazu, daß sich die Pigmentteilchen im flüssigen Bindemittel weiter verteilen, wodurch die Farbe einen transparenten Charakter erhält. Dies geht aber nicht auf Kosten der Haftfähigkeit am Untergrund. Beim Trocknen entsteht durch das Bindemittel ein selbsthaftender Film, in dem die Farbträger fest verankert sind. Durch die hohe Konzentration kann das Bindemittel nach dem Trocknen keine glänzende Oberfläche bilden.

Dagegen ist eine wunderbar matte Farboberfläche charakteristisch für diese Farbsorte. Wenn Gouache auftrocknet, wird sie im Ton heller als im nassen Zustand. Die Farbe ist nicht wasserfest, bleibt also auch nach dem Trocknen vermalbar.

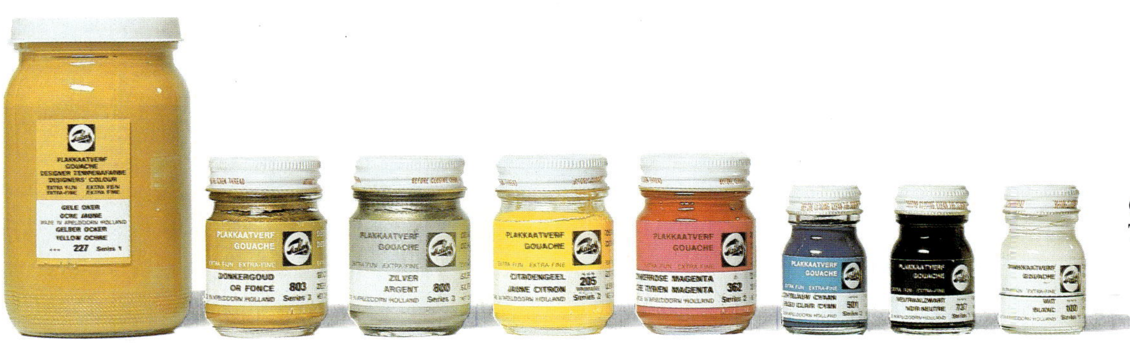

Gouache in verschiedenen Töpfen

Gouache in ihrer heutigen Form wird vor allem von Designern und Dekorateuren verwendet, aber auch bildende Künstler haben die hervorragenden Eigenschaften dieser Farbsorte entdeckt, ebenso ist sie ein gefragtes Malmittel für Kinder geworden. Dementsprechend wird Gouache auch in unterschiedlichen Qualitäten auf den Markt gebracht; es gibt professionelle Gouache und ebenso deckende Wasserfarben, die hauptsächlich für Kinder entwickelt wurden. Meist sind letztere anders zusammengesetzt, und es werden mitunter Pigmente verarbeitet, die weniger rein und lichtecht sind als diejenigen, die in professioneller Gouache eingesetzt werden.

Für Arbeiten mit Gouache wird in diesem Buch von der »extra feinen« Plakatfarbe der Firma Talens ausgegangen. Diese Gouache enthält keine schädlichen Pigmente. Die Cadmiumverbindungen, die in einigen Ländern als schädlich eingestuft werden, wurden durch ungiftige, moderne organische Pigmente (Azo-Pigmente) ersetzt, deren Farbintensität und Lichtechtheit sehr hoch ist. Diese Gouache ist in 60 Farben, 5 Grautönen, Schwarz und Weiß erhältlich, in Töpfchen, Tabletten und Tuben; mittlerweile ist die Serie um 3 Metallicfarben (Hellgold, Dunkelgold und Silber) erweitert worden.

Mit Ausnahme der metallicfarbenen Gouache sind alle Töne untereinander mischbar. Die Gouache von Talens hat im großen und ganzen eine ausreichende bis sehr gute Lichtechtheit.

Diese gibt die Firma wie folgt an:

+++	höchste Lichtechtheit
++	gute Lichtechtheit
+	niedrige Lichtechtheit
o	nicht lichtecht

Acrylfarbe

DAS MATERIAL Acrylfarbe ist wie auch Gouache eine deckende Künstlerfarbe. Im Gegensatz zu Gouache ist die Farbe wasserfest, d. h. nach dem Trocknen nicht mehr mit Wasser löslich.

Acrylfarbe enthält reine Pigmente mit klarer Intensität und besitzt einen hohen Lichtechtheitsgrad. Das Bindemittel besteht aus Acrylatharz. Acrylatharz ist eine der wenigen Kunstharzsorten, die in Wasser löslich sind. Neben Pigmenten, Acrylatharz und Wasser sind noch Stoffe zugefügt, die der Bildung von Schimmel und Bakterienbefall vorbeugen. In Abhängigkeit vom verwendeten Pigment enthält die Farbe einen gewissen Prozentsatz an Verdickungsmitteln, die für die richtige Konsistenz verantwortlich sind. Zudem ist eine Substanz zugefügt, die die Acrylfarbe frostsicher macht. Das heißt, die Farbe kann ruhig gefrieren, nach dem Auftauen wird sich die ursprüngliche Konsistenz wieder einstellen, ohne daß die Materialeigenschaften in irgendeiner Hinsicht beeinflußt worden wären.

Man neigt gelegentlich zu der Auffassung, Acrylfarbe wäre eine Farbsorte wie Ölfarbe, aber das ist falsch.

Was die Handhabung angeht, gibt es wohl einige Übereinstimmungen, im übrigen sind Acrylfarbe und Ölfarbe aber zwei völlig verschiedene Malfarben. Acrylfarbe enthält z. B. ein Bindemittel, das aus sehr fein in Wasser verteiltem Kunstharz besteht. Beim Trocknungsvorgang verdunstet das Wasser. Der Trocknungsprozeß verläuft von Innen nach Außen. Die Trockenzeit bleibt auf einen Zeitraum von einer halben Stunde bis zu einigen Stunden beschränkt, je nach Dicke der Farbschicht. Danach kann ein Acrylbild unmittelbar gefirnist werden. Ölfarbe enthält pflanzliche Öle als Bindemittel. Bei dieser Farbsorte verläuft der Trocknungsprozeß unter Einfluß der Oxydation (dem Eindringen von Sauerstoff in die Farbschicht) von Außen nach Innen.

Die Trocknungszeit hängt von der Farbe selbst und der Dicke der Farbschicht ab, sie kann sicher drei bis sieben Tage dauern. Das totale Durchtrocknen kann sogar viele Monate in Anspruch nehmen. Aus diesem Grunde darf man auf ein Ölgemälde zwar recht frühzeitig einen Zwischenfirnis auftragen, aber erst nach Monaten den Schlußfirnis.

Um die Art der Acrylfarbe richtig verstehen zu können, ist es notwendig, näher auf die Art des enthaltenen Bindemittels einzugehen.

Die Acrylatteilchen im Bindemittel sind äußerst fein, so daß sie nicht absinken, sondern tatsächlich im Lösungsmittel schweben bleiben. Es sind auch Stoffe zugefügt, deren Zweck es ist, diese Teilchen nicht miteinander verkleben zu lassen. Diese Stoffe (Emulgatoren) bilden eine schützende Lage um die Acrylatharzteilchen. Während der Verdunstung des Wassers aus dem Bindemittel, kommen die einzelnen Teilchen einander stets näher. Schließlich berühren sie sich und verschmelzen miteinander zu einem Film. Dieser Kunstharzfilm ist in feuchter Form milchig, im trockenen Zustand transparent und wasserfest.

Bei der Herstellung von Acrylfarbe werden sehr feine Pigmente zugleich mit der Acrylharzdispersion vermahlen. (Eine Dispersion ist ein sehr fein vermahlener fester Stoff – in diesem Fall Acrylatharz – verteilt in einer Flüssigkeit – in diesem Fall Wasser.) Die Pigmentpartikel werden vom Bindemittel umhüllt, und es entsteht ein recht dichter Farbfilm. Im noch feuchten Zustand ist die entstandene Acrylfarbe, unter dem Einfluß des ebenfalls milchigen Bindemittels, noch hell im Farbton. Sie haben bereits gesehen, daß das Bindemittel in trockener Form farblos und transparent ist, daher ist Acrylfarbe, wenn sie getrocknet ist, etwas tiefer und dunkler im Ton.

Die trockene Farbschicht ist durch die Pigmentierung nicht mehr transparent; es ist eine größtenteils deckende und halbdeckende Farbe entstanden.

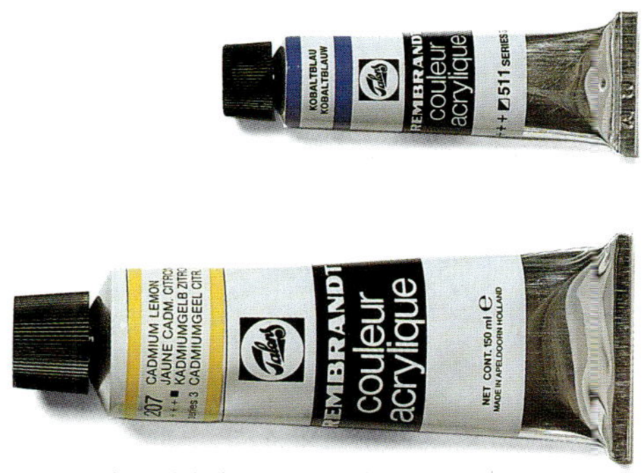

Talens Acrylfarben gibt es in zwei Tubengrößen (40 und 150 ml)

Nur eine kleine Anzahl Acrylfarbtöne ist, abhängig vom jeweils zugesetzten Pigment, halb oder ganz transparent. Diese Eigenschaft verleiht der Acrylfarbe umfangreiche Verarbeitungsmöglichkeiten. Die trockene Acrylfarboberfläche ist flexibel und nicht

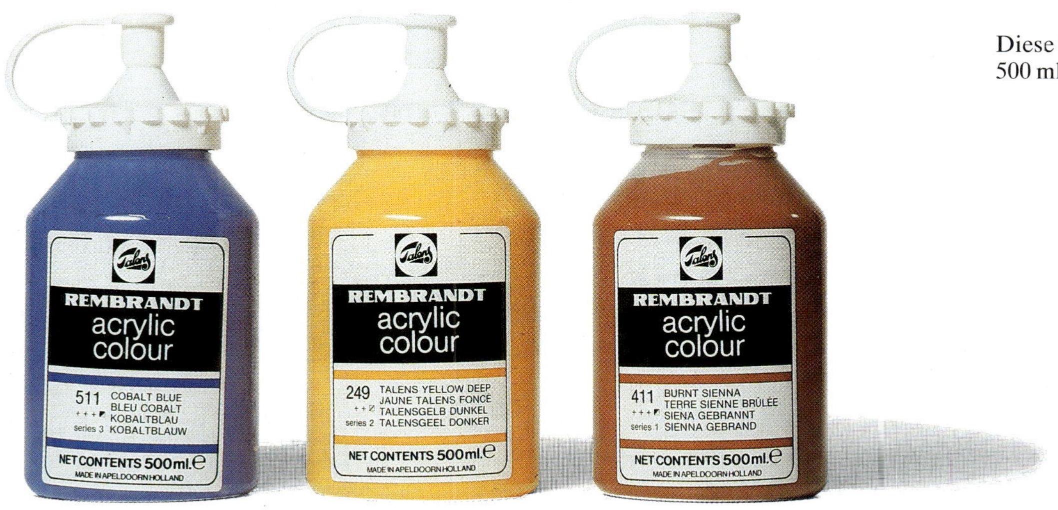

Diese Flaschen enthalten 500 ml Acrylfarbe

völlig geschlossen. Das bedeutet, daß übereinander gemalte Farblagen sich gut miteinander verbinden und doch gewissermaßen porös bleiben.

Das ursprüngliche Volumen einer Acrylfarbmalerei nimmt nach der Verdunstung des Wassers etwas ab, ohne daß es dabei zu Rissen in der Farboberfläche kommt. Dieses Schrumpfen hat keinen Einfluß auf die Struktur des Pinselstrichs. Unverdünnte, pastos aufgetragene Acrylfarbe ergibt eine weichglänzende Oberfläche; Verdünnungen mit Wasser oder Malmittel führen zu Glanzunterschieden, die durch Firnis behoben werden können.

Eine besondere Eigenschaft dieser Künstlerfarbe ist es, daß die Farboberfläche weder vergilbt noch Alterungserscheinungen zeigt.

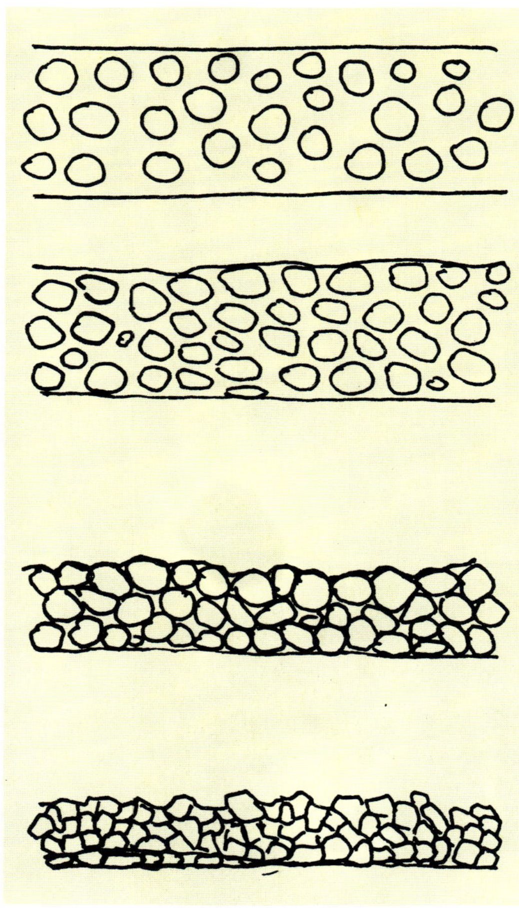

a) Die Kunststoffpartikel schweben in der Flüssigkeit

b) Das Wasser verdampft, das Volumen nimmt ab.

c) Die Filmbildung beginnt; die Kunststoffteilchen berühren sich.

d) Im getrockneten Bindemittel sind die Kunststoffteilchen miteinander verklebt. Ein flexibler Film ist entstanden.

Da Acrylfarbe sehr schnell trocknet, ist es möglich, ohne Unterbrechungen zu arbeiten, auch wenn man schichtweise malen möchte. Diese Eigenschaft macht diese Farbsorte ganz besonders für die Freiluftmalerei (»plein air«) anziehend. Daneben ist Acrylfarbe eine besonders geeignete Farbsorte für diejenigen, die auf bestimmte Bestandteile von Ölfarbe allergisch reagieren, etwa Terpentin und Terpentinbalsam.

Mit Acrylfarbe kann sowohl pastos als auch eher transparent gearbeitet werden, die Farbe kann sowohl mit dem Pinsel als auch mit dem Malspachtel aufgetragen werden. Für die Arbeit mit dieser Farbsorte stehen verschiedene Hilfsmittel zur Verfügung, etwa um die Trocknung der Farbe zu verzögern, um sie dicker oder dünner zu machen, oder um die Farbe transparenter oder glänzender zu machen.

Alle diese Möglichkeiten werden noch zur Sprache kommen. Als Leitfaden zur Arbeit mit Acrylfarben wird in diesem Buch von der Acrylfarbe der Firma Talens ausgegangen.

Das Talens-Sortiment besteht aus gut 40 Farben, Weiß, Schwarz und verschiedenen Grautönen. Sie sind alle miteinander mischbar. Es sind Tuben in verschiedenen Größen und Fläschchen erhältlich.

Wichtig sind Lichtechtheitsgrad und Deckkraft der Farben. Sie werden sowohl auf den Tuben als auch auf den Fläschchen wie folgt angegeben:

+++ hohe Lichtechtheit
++ gute Lichtechtheit

deckende Farbe
halbdeckende Farbe
halbtransparente Farbe
transparente Farbe

* Malen Sie mit Acrylfarbe niemals bei Temperaturen unter 10°C. Beim Trocknen bildet sich dann ein schlechter Farbfilm. Das ist eine Eigenschaft aller Farben auf Kunststoffdispersionsbasis.

Paletten und Mischgefässe

Wenn Sie zu malen beginnen, muß die Farbe, die Sie benutzen wollen, auf eine dazu bestimmte Palette gesetzt werden. Für Gouache nimmt man in der Regel eine Wasserfarbenpalette mit eingelassenen Vertiefungen. Für Acrylfarbe eignet sich eine flache Palette am besten. Seltsamerweise sind praktisch alle erhältlichen Paletten nur für Rechtshänder konstruiert. Nur in Einzelfällen kann man auch einmal eine Palette für Linkshänder kaufen.

Wasserfarbpaletten Wasserfarbpaletten gibt es aus Porzellan, Metall und Kunststoff. Die Palette hat eingepreßte Vertiefungen, in die die weniger pastosen Farben gegeben werden können. Auf den meisten Paletten sind auch noch freie Plätze vorgesehen, um die Farben mischen zu können.

Auch für verdünnte Acrylfarben ist eine Palette mit Vertiefungen sehr praktisch.

Eine selbstgebastelte Wasserfarbpalette als Alternative sehen Sie auf Seite *19*.

Hier wurde eine flache Palette genommen und Aluminiumnäpfe von Teelichtern daraufgeklebt. Sie können auch Kunststoffdeckel von Spraydosen dazu verwenden.

Wer mit Gouachetabletten draußen arbeiten möchte, nimmt am besten einen Palettenkasten. Diese Palettenkästen sind in Kunststoff oder lackiertem Metall erhältlich. Durch einen Ring am Boden oder eine Aussparung können Sie den Daumen stecken, wodurch die Palette bequem auf Ihrer Hand im Gleichgewicht bleibt. Wer Gouache in Tablettenform kauft, hat den Vorteil, daß die Farbkästen meist schon als Palette ausgeführt sind.

Flache Paletten Flache Paletten werden aus Holz und Kunststoff angefertigt. Angetrocknete Acrylfarbe muß mit einem Palettmessser oder Grundierspachtel abgehoben werden können.

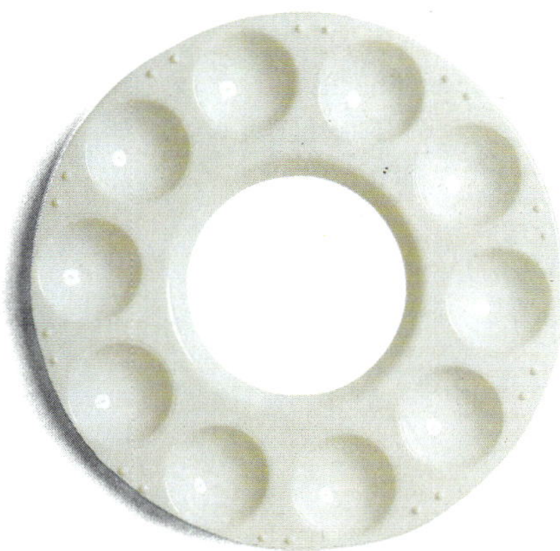

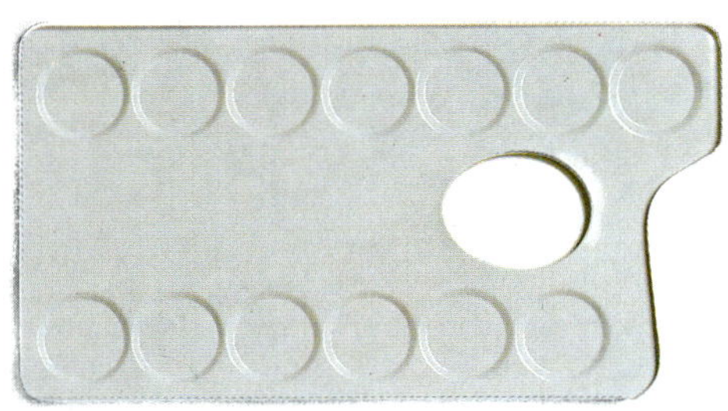

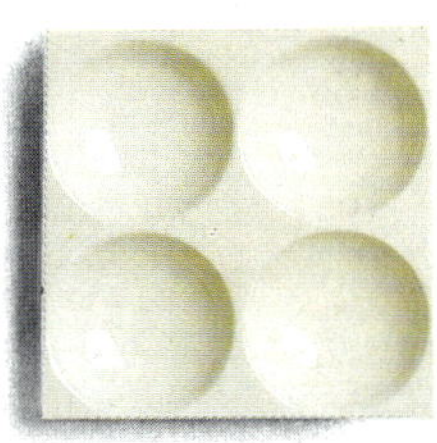

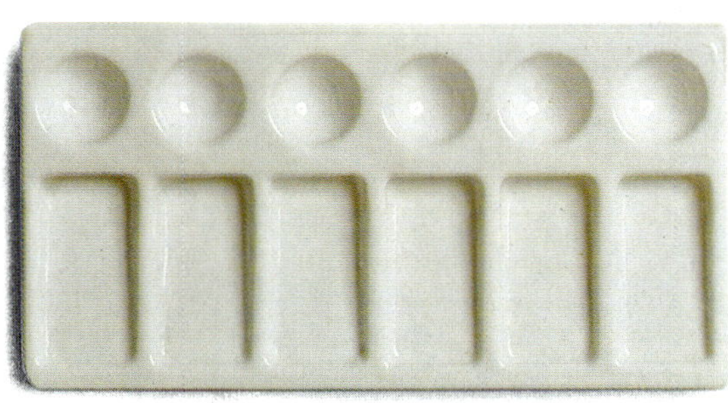

Zum Malen mit Gouache eignen sich Paletten mit eingepreßten Vertiefungen am besten.

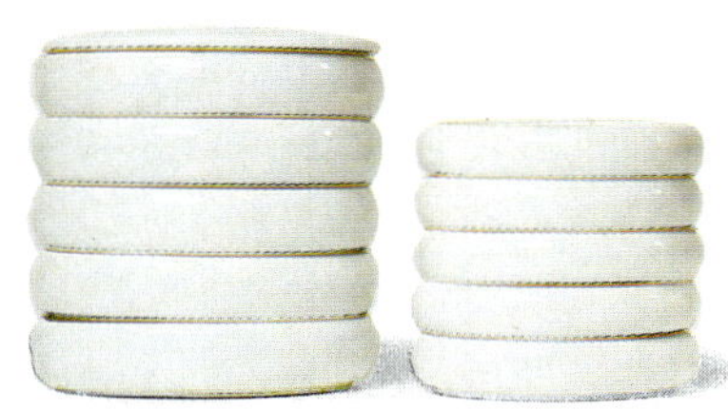

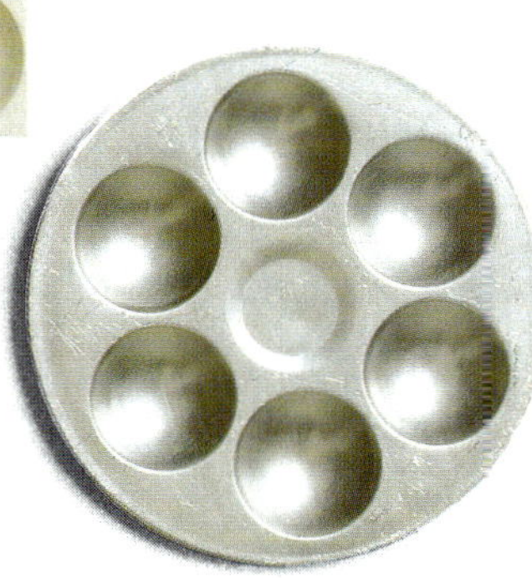

Für größere Mengen Gouache sind Mischgefäße notwendig.

Holzpaletten sind für Acrylfarben nur dann geeignet, wenn sie sehr sorgfältig mit einem stark härtenden Lack behandelt sind.

Zur Arbeit im Freien sind flache Plastikpaletten oder Papierpaletten am praktischsten. Letztere werden aus mit Plastik beschichtetem Papier in Blockform hergestellt. Sowohl die flache Palette als auch die Papierpalette können beim Malen in die Hand genommen und auf den Unterarm gestützt werden. Das oberste Blatt einer Papierpalette wird nach Gebrauch abgerissen und weggeworfen.

MISCHGEFÄSSE Wenn Sie eine größere Menge verdünnter Farbe anmischen müssen, etwa zum Anlegen einer großen Farbfläche, benötigen Sie tiefere Mischgefäße. Auch diese sind in verschiedenen Ausführungen in Porzellan und Kunststoff erhältlich.

Recht praktisch sind die stapelbaren Schälchen, die zum Schutz gegen Staub abgedeckt werden können.

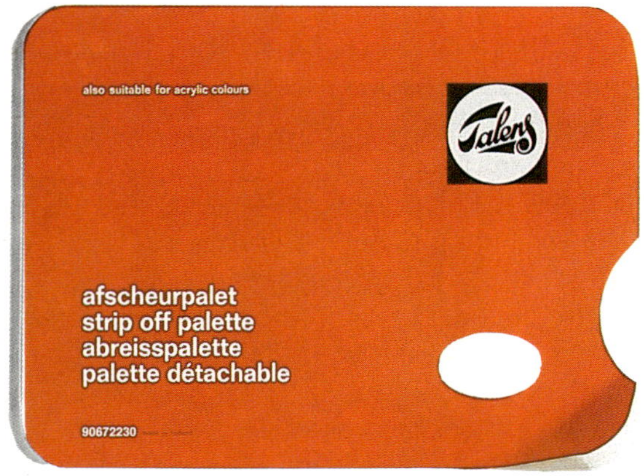

Ein Block mit plastikbeschichteten Abreißpaletten. Jedes Blatt kann nach dem Arbeiten weggeworfen werden.

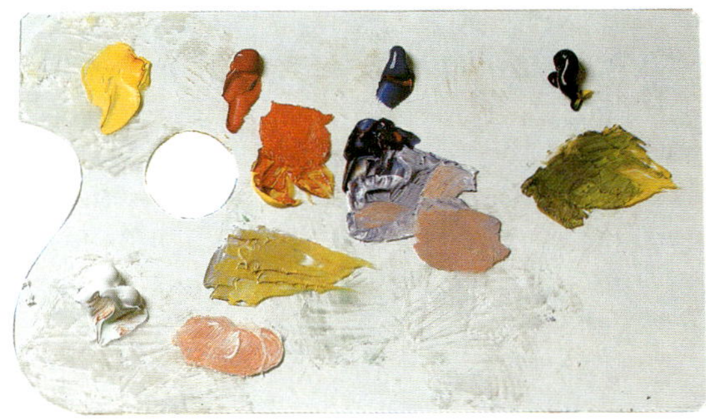

Diese Palette kann sowohl von Rechts- als auch Linkshändern verwendet werden. Die meisten Paletten haben eine profilierte Aussparung für den linken Daumen und sind somit für Rechtshänder gemacht.

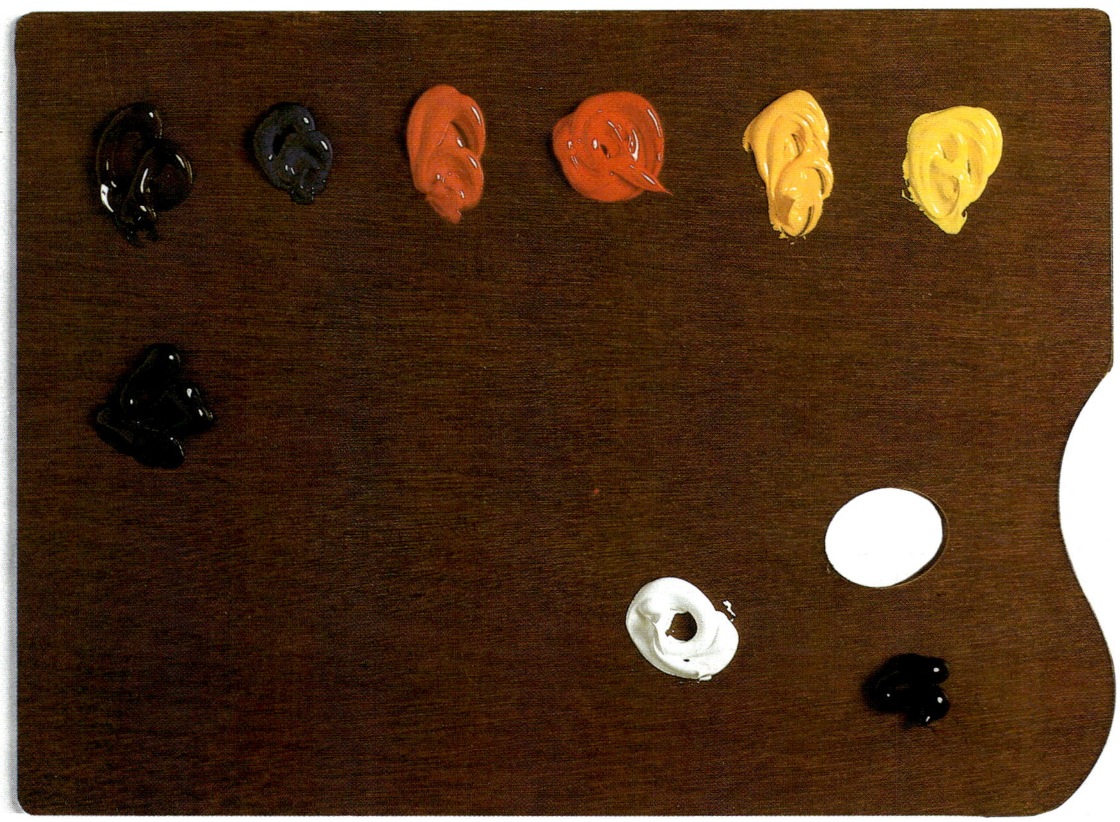

Alle diese Paletten sind für Acrylfarbe geeignet.

Pinsel, Spachtel und Palettmesser

Pinsel Für die Arbeit mit Acrylfarben sind viele Haarsorten brauchbar.

Die Wahl des Pinsels muß auf die Konsistenz der zu verarbeitenden Farbe abgestimmt sein, sie wird sich daher je nach angewendeter Technik unterscheiden.

Haarsorten

Kolinsky Das Schwanzhaar des Kolinsky, einer Marderart, besitzt große Sprungkraft, ist stark, geschmeidig und verschleißfest. Das Haar läuft in eine feine, etwas dunklere Spitze aus. Es ist die teuerste Haarsorte, die zur Herstellung von Pinseln verwendet wird.

Rotmarderhaar (Red sable) Dieses oft rötliche Haar stammt von anderen Tieren der Marderfamilie, ist aber ebenso geschmeidig und elastisch wie Kolinsky. Auch ist diese Haarsorte stark und verschleißfest. Rotmarderhaar wird nur von Kolinskyhaar übertroffen. Das Haar läuft in eine feine Spitze aus. Es gehört auch zu den teureren Haarsorten.

Wieselhaar Wieselhaar hat die gleichen Eigenschaften wie Marderhaar. An den Spitzen ist es etwas dunkler.

Marderimitation Steht auf einem Pinsel »Im. Marderhaar« oder »Marderimitation«, so besteht das Pinselhaar meist aus gefärbtem Rinderhaar oder einem Gemisch aus Marder- und Rinderhaar. Gelegentlich werden noch weitere Haarsorten verarbeitet. Da die verwendeten Haarsorten nicht immer bekannt sind, können hier Qualitätseigenschaften von Marderimitathaar nicht angegeben werden.

Iltishaar Die Schwanzhaare des Iltis sind an der Wurzel weiß-grau, im Mittelteil meliert und an der Spitze schwarz-braun oder auch sehr hellfarbig. Es ist recht teures, weiches und feines Haar, nicht ganz so elastisch wie Marderhaar. Die Haare halten die Farbe gut. Iltishaar ist nicht so verschleißfest wie Kolinsky- und Marderhaar.

Fehhaar Es werden auch Schwanzhaare von Eichhörnchenarten (Feh) zu Pinseln verarbeitet. Es ist sehr feines und weiches, aber nur wenig elastisches Haar und nicht besonders verschleißfest. Die Farbe schwankt von braun-blau bis grau-blau meliert.

Ziegenhaar Das Haar aus dem Fell von Ziegen aus südeuropäischen Ländern und aus China ist weiß oder schwarz. (Wobei das weiße Haar auch schwarz gefärbt wird.) Es wird u. a. zu chinesischen Pinseln und Firnispinseln verarbeitet. Es ist sehr feines, weiches Haar, das gut Feuchtigkeit aufnimmt, sich aber schnell abnützt. Es ist eine recht billige Haarsorte.

Kamelhaar Gelegentlich können Sie auf dem Pinselstiel »Kamelhaar« (»Camel«) angegeben finden. Eine seltsame Bezeichnung, denn dieses Haar hat weder etwas mit Kamelen zu tun, noch mit der entsprechenden Farbe. Es besteht hauptsächlich aus Ponyhaar und variiert in der Farbe von rotbraun bis dunkelgrau. Es ist sehr regelmäßiges Haar, ist aber kaum elastisch und verschleißt schnell. Diese Haarsorte wird zu billigen Pinseln verarbeitet, hauptsächlich zu sog. Schulpinseln.

Rinderhaar Die beste Rinderhaarsorte wird aus der Innenseite der Ohrmuscheln von Rindern geschnitten, wo sie recht lang sein können. Das Haar ist an den Enden meist heller als in der Mitte. Es läuft in eine feine Spitze aus.

Im allgemeinen sind blonde Haare von besserer Qualität als dunkle. Das Haar ist weich und geschmeidig, aber nicht besonders elastisch, verschleißfest und formtreu. Es stellt eine gute und preiswerte Alternative zum teuren Marderhaar dar und eignet sich ganz besonders gut für die Verarbeitung nicht so pastoser Farbe.

Schweineborsten Schweineborsten sind steif und dick; jede Borste läuft in zwei oder mehr Spitzen aus. Die beste Sorte ist Chunking, gebleichte chinesische Schweineborsten. Pinsel aus den steifen Schweineborsten sind besonders für das Arbeiten mit pastosen Farben geeignet.

SONSTIGE HAARSORTEN Neben den hier aufgeführten Haarsorten werden noch zahlreiche andere zur Herstellung von Pinseln benutzt. Meistens handelt es sich dann um Pinselsorten, die zu speziellen Techniken, wie z. B. dem technischen Zeichnen, herangezogen werden. Man verwendet hierzu u. a. Haare vom Dachs, Pony und Bär. In den billigsten Pinseln sind wenig dauerhafte, oft melierte Haarsorten verarbeitet.

Filament Eine Alternative zu Naturhaar ist das sogenannte Filament. Diese Polyesterfaser wurde Mitte der siebziger Jahre in Japan entwickelt. Besonders für diejenigen, die aus Gründen des Tierschutzes Bedenken gegen den Gebrauch von natürlichem Haar haben, ist Filament eine wirklich gut brauchbare Alternative. Es hat viele Eigenschaften mit dem Marderhaar gemein. Es ist geschmeidig und elastisch, formtreu und verschleißfest, also langlebig. Es hält allerdings die Farbe etwas weniger gut, weshalb mit Filament öfter Farbe aufgenommen werden muß.

PINSELFORMEN Nicht nur bei den Haarsorten, auch in den Pinselformen besteht eine große Vielfalt. Die Form eines Pinsels hängt von der verarbeiteten Haarsorte, aber auch von der Farbe, mit der gearbeitet werden soll, oder auch von einer bestimmten Maltechnik ab. Es gibt flache und runde Pinsel mit langen und kurzen Stielen. Pinsel mit langem Stiel haben den Vorteil, daß man beim Malen einen größeren Abstand zum Bild einnehmen kann. Halten Sie Ihren Pinsel also nicht direkt hinter der Zwinge, der lange Stiel ist nicht umsonst da. Führen Sie Ihre Pinsel locker aus dem Handgelenk und vermeiden Sie jegliche verkrampfte Haltung und Bewegung.

Gussow-Pinsel Ein Gussow ist ein kurzhaariger Pinsel mit langem Stiel. Er ist sowohl mit flacher als auch mit runder Zwinge erhältlich. Bei Pinseln mit flacher Zwinge ist das Haar gerade abgeschnitten. Diese Pinsel gibt es mit verschiedenen Haarsorten. Teurere Qualitäten können »interlocked« sein. Das heißt, daß die Haare in der Zwinge zu kleinen Büscheln gebunden und so ausgerichtet sind, daß die Haarspitzen, ihrer natürlichen Biegung folgend, nach innen gerichtet sind (auf Schluß gearbeitet).

Die Form der Haare bleibt so gut erhalten, und die Gefahr, daß der Pinsel Haare verliert, wird durch diese Machart beträchtlich verringert.

Pinsel- und Haarsorten

runder Gussow – Schweineborsten

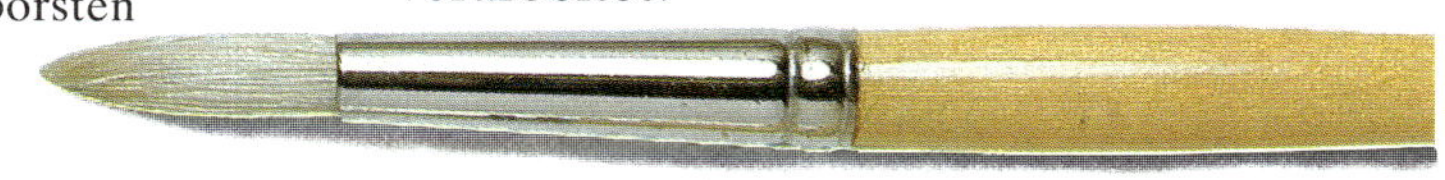

flacher Gussow – Schweineborsten

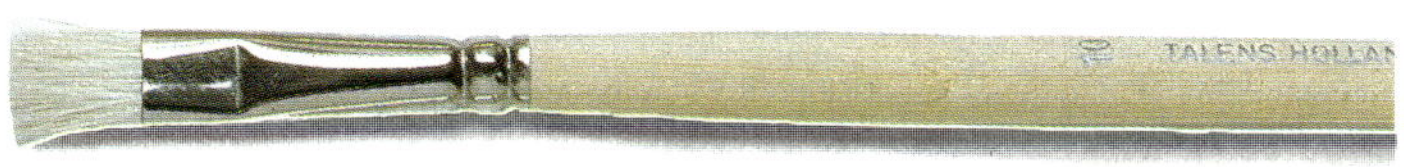

Tamponierpinsel – Schweineborsten

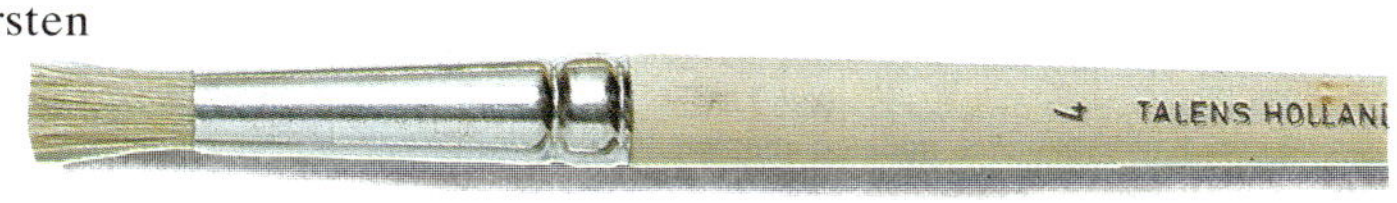

Flacher Gussow-interlokked – Schweineborsten

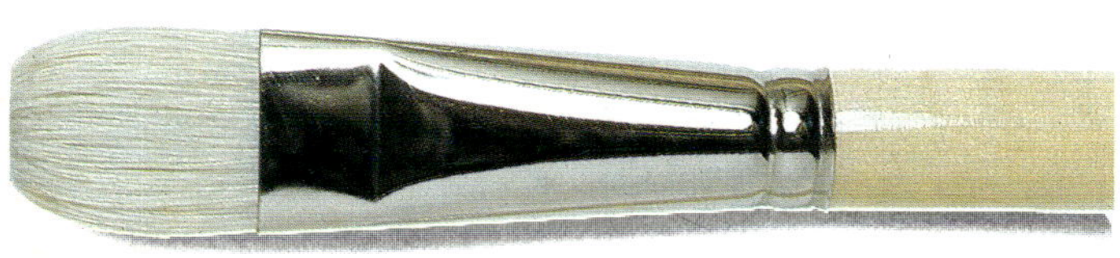

Spalter – Ziegenhaar

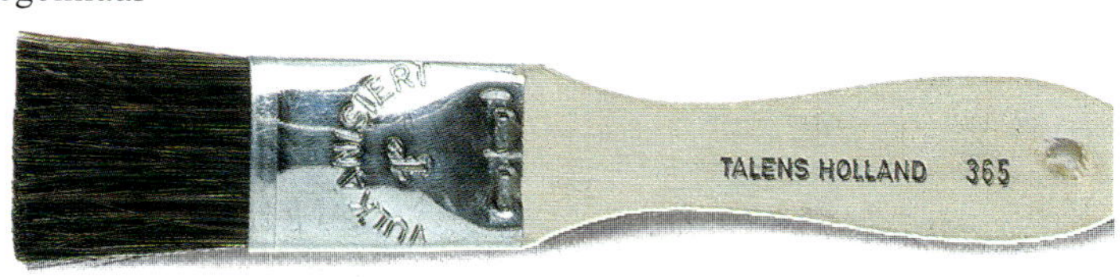

Lyoner Pinsel Er unterscheidet sich vom Gussow durch das längere Haar. Ansonsten stimmt dieser Pinsel völlig mit dem Gussow überein. Ein Lyoner Pinsel wird daher auch langhaariger Gussow genannt. Ein bombierter Pinsel ist ein flacher Pinsel, dessen Haare nicht alle gleich lang sind.

Spitze Pinsel Neben den runden Gussows und den Lyoner Pinseln, deren Haare nach innen gerichtet sind, gibt es auch spitze Pinsel. Die natürlichen Haarspitzen werden u.a. bei Pinseln für die Arbeit mit Wasserfarben genutzt, aber auch beispielsweise bei Lasurtechniken mit Acryl- und Ölfarbe.

In der Regel ist es so, daß die auslaufende Spitze um so sorgfältiger angefertigt ist, je teurer die verarbeitete Haarsorte ist. Es ist die Art des Bindens, die die Genauigkeit der Spitze bestimmt. Bei einem teuren Pinsel werden die Haare niemals zugeschnitten sein, um eine gute Spitze zu erhalten.

Tamponierpinsel Der runde Tamponierpinsel hat gerade abgeschnittene Schweineborsten und einen kurzen Stiel. Man verwendet ihn für Tupf-, Bürst- und Schablonentechniken. Der Pinsel wird dabei senkrecht gehalten.

Spalterpinsel Spalterpinsel sind flache, breite Pinsel mit kurzem Stiel. Sie können aus Schweineborsten, Rinder- oder Ziegenhaar hergestellt sein. Der harte Spalter wird zum Anlegen großer Flächen mit pastoser Farbe gebraucht oder auch zum Firnissen einer rauhen, strukturierten Farboberfläche. Weiche Spalter nimmt man zum Anlegen großer Flächen mit nichtpastoser Farbe und zum Firnissen glatter Farboberflächen. Der Spalter wird auch Firnispinsel genannt.

Katzenzungen Katzenzungen sind flache Pinsel, deren Haare von den Seiten aus in eine Spitze auslaufen. Die Katzenzunge verleiht dem Pinselstrich einen bestimmten Charakter. Die Pinsel werden meist mit den teureren Haarsorten gefertigt, aber auch schon mit Filament. Die Pinselart ist auch als »Filbertpinsel« bekannt.

Fächerpinsel Fächerpinsel sind flach und haben fächerförmig gespreiztes Haar. Man verwendet den Pinsel u. a. zum Verteilen verdünnter Farbschichten über bereits getrockneten Farblagen. So können weiche, gleichmäßige Farbübergänge erzielt werden. Der Pinsel wird dabei ganz locker geführt. Fächerpinsel sind mit Marderhaar, Rinderohren- und Chunkinghaar sowie mit Filament ausgerüstet erhältlich.

Der Fächerpinsel ist auch als »Badger«-(Dachs-)Pinsel oder »Fan«-Pinsel bekannt

Lyoner-Pinsel – Rinderohrhaar

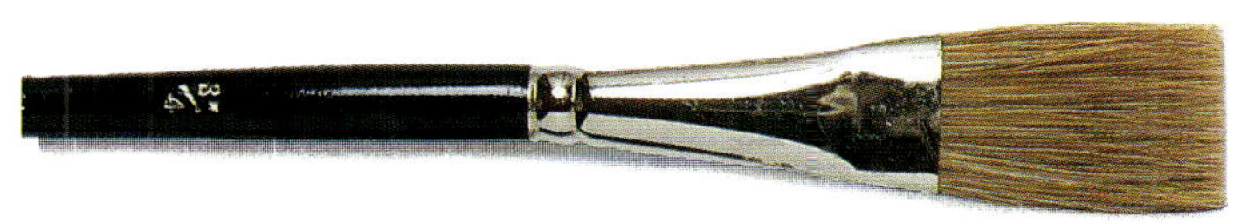

Spitzer Pinsel – Kolinskyhaar

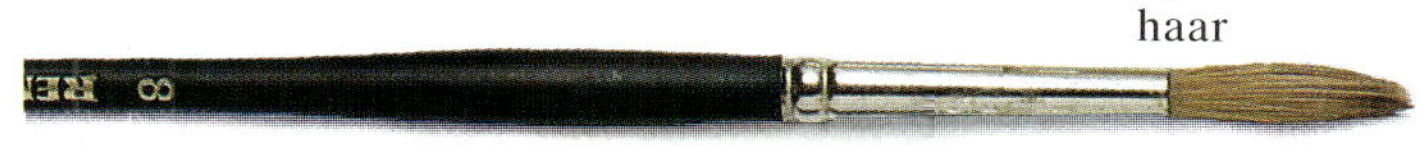

Katzenzunge – Marderhaar

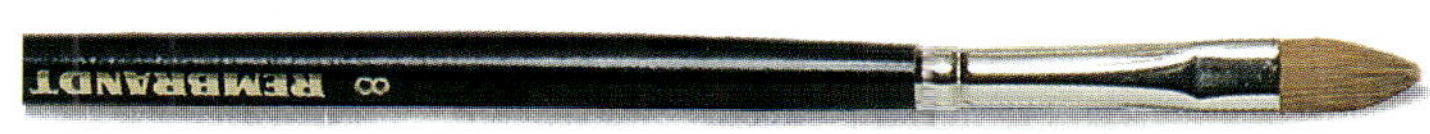

Fächerpinsel – Filament

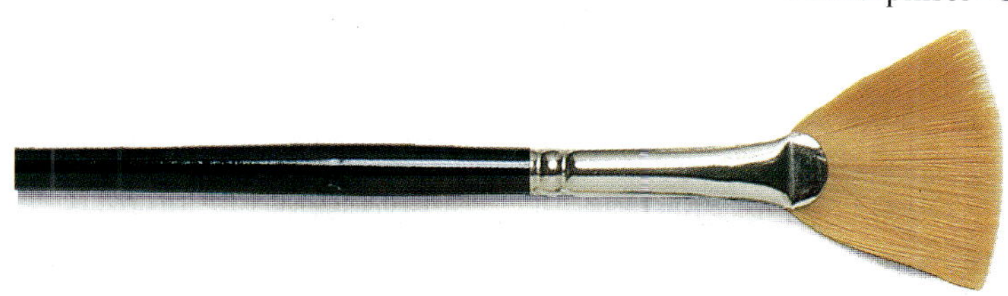

Lavierpinsel – Ziegenhaar

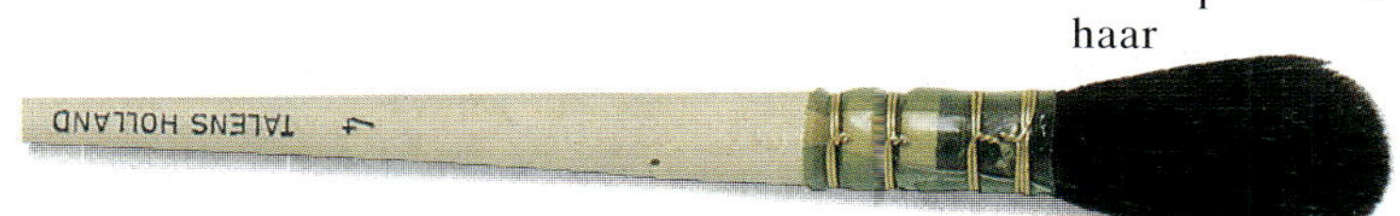

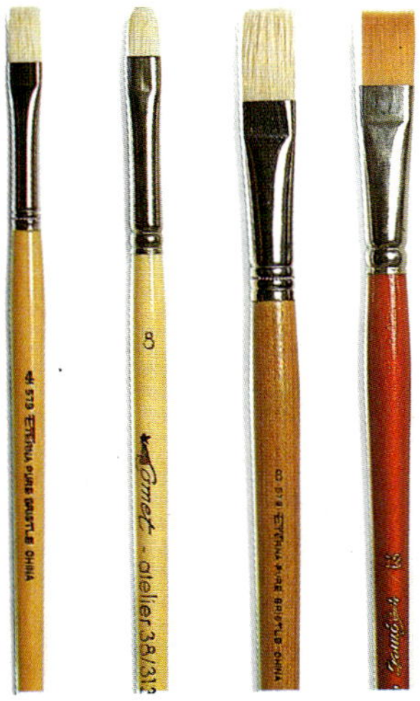

Die Pinselhaarbüschel sind fast alle gleich breit, die Nummern sind verschieden. Es folgen aufeinander die Nummern 4, 8, 10 und 12

Die Numerierung der Pinsel Zur Angabe der Dicke des Haarbüschels werden Pinsel mit Nummern bezeichnet.

Für einige Pinselsorten werden hierzu die geraden Zahlen genommen, z. B. die Nummern 2 bis einschließlich 24; bei anderen Sorten nimmt man die Zahlen aufeinander folgend, z. B. 1 bis einschließlich 12 oder 24.

Daneben werden noch spezielle kleine Pinsel u. a. für die Miniaturmalerei gefertigt. Die Feinheit dieser Pinsel wird oft durch die Verwendung mehrerer Nullen bezeichnet.

Je niedriger die Nummer eines Pinsels ist, desto weniger Haare enthält er.

Das Volumen der Pinselhaare kann allerdings von Hersteller zu Hersteller verschieden sein. Einen Pinsel, der viel dünner ist, als Sie von einer bestimmten Nummer erwarten dürfen, sollten Sie nicht kaufen. Wenn Sie sich einen guten Pinsel anschaffen, müssen Sie auch den entsprechenden Gegenwert für Ihr Geld bekommen.

Dort, wo das Haar das größte Volumen hat, ist es auch am elastischsten. Es ist auch die Stelle, an der die meiste Farbe aufgenommen werden kann. Dieser Punkt befindet sich unmittelbar über der Zwinge. Vor allem beim Umgang mit Farben, die Wasser enthalten, ist diese Eigenschaft äußerst wichtig. Der Pinselstrich kann voller und länger gezogen werden.

Die Wahl des Pinsels Wie schon erwähnt, kommen für die Arbeit mit Gouache und Acrylfarbe mehrere Pinselarten und Haarsorten in Betracht.

Ihre Pinselwahl hängt von der Konsistenz der Farbe ab, die Sie für die jeweilige Maltechnik benutzen wollen.

Die Verarbeitung unverdünnter oder kaum verdünnter Farbe bedarf steifer, harthaariger Pinsel. Die harten, runden und flachen Gussows und Lyoner Pinsel eignen sich hierzu ganz ausgezeichnet.

Wenn Sie mit verdünnter Farbe arbeiten, können Sie flache und runde Gussows, Lyoner Pinsel mit weichem Haar und auch weiche Wasserfarbenpinsel benutzen. Der Pinselstrich wird in diesem Falle verlaufen. Die Wahl der Haarsorte hängt von Ihren Mitteln ab. Marderhaar ist die beste Haarsorte, aber auch Eichhörnchen-, Iltis-, Rinder- und Ziegenhaar sowie weiche Kunstfasern wie Filament sind durchaus geeignet. Zum Tupfen und Bürsten mit relativ trockenen Farben sind die sogenannten Tamponierpinsel das richtige Werkzeug. Gussows, Lyoner Pinsel und Tamponierpinsel sind in verschiedenen Stärken erhältlich.

Pastose Farben eignen sich nicht zum Malen sehr detaillierter Bilder, auch sollten Sie sich für pastoses Arbeiten einige größere Pinsel oberhalb Nr. 12 anschaffen.

Die breiten Spalter-Pinsel sind für verschiedene Zwecke verwendbar. Weichhaarige Spalter-Pinsel mit Rinder- oder Ziegenhaar eignen sich zum Anlegen großer Flächen mit verdünnter Farbe, zum Firnissen Ihrer Bilder und zum Grundieren des Malgrunds. Der Pinselstrich verläuft.

Harte Spalter-Pinsel mit Schweineborsten eignen sich zum Auftragen großer Flächen mit pastosen Farben und zum Grundieren rauher Malgründe. Die Struktur des Pinselstrichs bleibt sichtbar.

Beim Kauf von Pinseln sollten Sie noch folgendes beachten:

Die Pinselhaare sind in einer metallenen Hülse gefaßt. Bei billigeren Ausführungen ist diese Hülse lediglich zugebogen. Das bringt mit sich, daß beim Aufquellen der Pinselhaare beim Gebrauch auch die Hülse ausgeweitet wird und der Pinsel seine Haare verliert. Billige Pinsel entpuppen sich dann oft als die teurere Alternative! Darum sind Pinsel mit gelöteten Zwingen oder besser noch mit nahtlosen, gezogenen Zwingen zweckmäßiger.

Legen Sie einen neuen Pinsel immer kurz ins Wasser, so daß die Haare sich in der Zwinge ausdehnen können. Schlagen Sie dann den Pinsel aus. Wenn Sie das beachten, werden Sie beim Malen kaum Ärger mit ausgefallenen Pinselhaaren haben.

Bedenken Sie, daß Sie besser nur einige wirklich gute Pinsel kaufen sollten, statt einer Vielzahl mit schlechter Qualität.

Haben Sie nach einiger Zeit Ihre bevorzugte Maltechnik herausgefunden, können Sie Ihr Sortiment mit passenden Pinseln erweitern. Es lohnt sich dann auch, einen Marderhaarpinsel anzuschaffen.

Die Dicke oder Breite der Pinsel wird z.T. sicher von Ihrem bevorzugten Format abhängen. Denken Sie aber immer daran, daß auch die dickeren runden Aquarellpinsel eine gute Spitze besitzen, mit der man sehr fein arbeiten kann.

Vor allem der Kauf eines teuren Pinsels mit Marderhaar ist nicht so einfach, wie es scheint. Die Sortenbezeichnung gilt nicht nur für Marderarten wie den Kolinsky, sondern auch für Marderarten wie z. B. das Wiesel. Kolinskyhaar ist allerdings 3mal so teuer wie das Haar anderer Marderarten und kann Zehntausende von Mark pro Kilo kosten.

Die verschiedenen Haarsorten sind nicht immer einfach zu bestimmen. Auch sind die Haare öfters gefärbt, was es für den Laien noch schwerer macht.

Es ist daher dringend anzuraten, Ihre Pinsel nur bei einem anerkannten Fachhändler zu kaufen.

MALSPACHTEL UND PALETTMESSER Wird Acrylfarbe pastos verarbeitet, kann sie anstelle eines Pinsels mit einem Malspachtel aufgetragen werden.

Malspachtel sind zwischen Heft und Klinge gebogen und bestehen aus sehr elastischem Material. Es gibt sie in verschiedenen Formen. Mit dem Spachtel können Farboberflächen interessant strukturiert werden. Der Spachtel wird auch benutzt, um größere Farbmengen von der Palette auf den Malgrund zu übertragen. (Auch wenn Sie mit dem Pinsel arbeiten, ist diese Technik empfehlenswert; sie verlängert die Lebensdauer Ihrer Pinsel enorm.)

Sind Farbpartien nicht zur Zufriedenheit geraten, können sie – solange sie noch nicht getrocknet sind – mit dem Spachtel vom Malgrund entfernt werden.

Palettmesser haben gerade, recht steife Metallklingen und werden zu Arbeiten auf der Palette benutzt, wie z. B. dem Mischen von Farben.

So werden Pinselhaare geschont und die Bildung von Luftblasen vermieden. Farbreste auf der Palette werden mit dem Palettmesser entfernt. Benutzen Sie das Palettmesser nie als Malspachtel, Sie könnten Ihren Malgrund damit beschädigen.

Malmesser in verschiedenen Ausführungen; rechts ein Palettenmesser

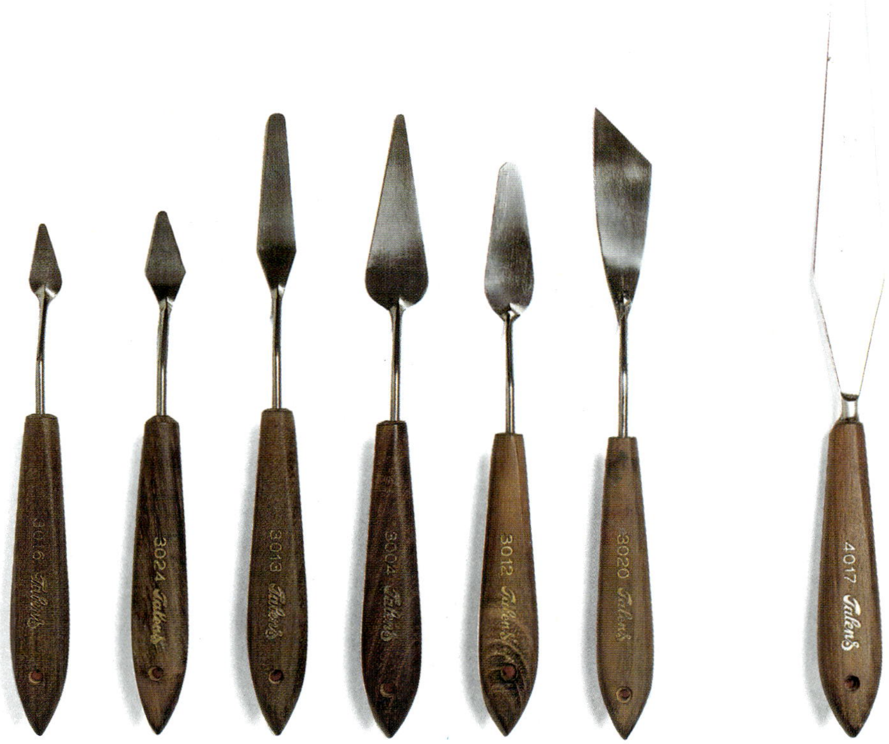

Malgründe

Untergründe zum Zeichnen und Malen werden in weiche, halbharte und harte Mal- und Zeichengründe unterteilt.

Malgründe für Gouache Für die Arbeit mit Gouache eignen sich zahlreiche Untergründe. Die Wahl einer Papiersorte, ob als weicher oder als harter Malgrund, wie Karton oder Spanplatte, hängt eng mit der Art und Weise zusammen, in der die Gouache auf dem Malgrund aufgetragen werden soll.

Wird mit deckender, nur wenig verdünnter Farbe gearbeitet, braucht man eine kräftige, dicke Papiersorte, die auch etwas saugfähig ist, so daß sich die Farbpartikel gut festsetzen können. Geeignete Sorten sind u. a. Einschlagpapier, Ingres, Aquarell- und Zeichenpapier. Die meisten Papiersorten sind neben Weiß auch in zarten Pastelltönen und in kräftigen Farben erhältlich. Als harte Malgründe sind u. a. Karton, Weiß- und Graupappe, die rauhe Seite von Hartfaserplatten, Sperrholz, Spanplatten und Universalkarton verwendbar. Malleinwand ist hierzu weniger geeignet. Vor allem dickere Farbschichten können nach dem Trocknen von diesem flexiblen Malgrund abblättern.

Malgründe für Acrylfarbe Acrylfarbe ist eine Farbsorte, die auf praktisch jedem Untergrund haftet. Holz, Spanplatten, Preßpappe, Karton, Textil, Leinwand, Papier usw. sind sämtlich geeignete Träger.

Einzige Bedingung ist, daß der Malgrund absolut öl- und fettfrei und etwas absorbierend sein muß. Materialien wie Glas und glattes Metall eignen sich daher nicht als Malgrund. Ihre Oberflächenstruktur ist zu dicht, so daß die Farbe nicht haften kann. Die Eignung des Malgrundes hängt auch von der Verarbeitungsweise der Farbe ab. In der Regel sollte pastose Farbe nur auf harten, verdünnte Farbe nur auf weichen Malgründen aufgetragen werden. Zunächst können Sie sich auf einige Papiersorten wie weißes Zeichenpapier, getöntes Einschlagpapier und Universalkarton beschränken. Haben Sie sich einige Fähigkeiten erworben, können Sie die verwendeten Malgründe erweitern.

Papiersorten (flexible Malgründe) Papier wird, je nach Sorte, aus verschiedenen Grundstoffen hergestellt (u. a. Holzschliff, Stroh, Gräser, Hadern und vor allem Zellstoff oder vielmehr Zellulose). Viele Papiersorten enthalten Leim als Bindemittel.

Es gibt ungeleimte, schwach, normal und stark geleimte Papiersorten. Je weniger Leim eine Papiersorte enthält, desto größer ist das Saugvermögen.

Papier kann u. a. auch Talg, Kaolin (Porzellanerde) und Calciumsulfat enthalten. Diese Stoffe machen das Papier weniger durchscheinend.

Man unterscheidet holzfreies und holzhaltiges Papier. Holzfreies Papier darf nicht mehr als 10% Holzschliff enthalten (mindestens 5%). Holzfreies Papier ist dauerhafter und kostspieliger als holzhaltiges, das spröde ist und schnell vergilbt.

Die Oberfläche kann glatt, rauh oder strukturiert sein. Bei Aquarellpapier gibt es verschiedene Oberflächenstrukturen (Prägung). Einige Papiersorten haben eine glatte und eine rauhe Oberfläche, wie z. B. Casing und Packpapier.

Gefärbtes Papier enthält Farbstoffe, deren Reinheit und Lichtechtheit für die Qualität ausschlaggebend sind.

Das Gewicht des Papiers wird in Gramm pro Quadratmeter angegeben.

Unabhängig vom Papierformat spricht man z. B. über Papier von 85, 120 oder 150 Gramm. Ein Bogen von 50 x 50 cm (2500 cm^2) einer Papiersorte mit einem Grammgewicht von 150 Gramm wiegt tatsächlich nur ein Viertel dieses Gewichts, also 37,5 Gramm. Bei gleichem Gewicht können verschiedene Papiersorten unterschiedliche Blattstärken haben (geglättetes bzw. voluminöses Papier).

Alle Papiersorten sind atmosphärischen Einflüssen ausgesetzt. Vor allem zu viel

Sonnenlicht und zu hohe Feuchtigkeit schaden dem Papier und würden es auf lange Sicht pulverisieren.

Es ist daher ratsam, sowohl Ihre Arbeiten als auch das unbearbeitete Papier in einer Mappe aufzubewahren. Eingerahmte Bilder müssen Sie vor Feuchtigkeit und direkter Sonnenbestrahlung schützen. Hängen Sie sie daher nicht in feuchten Räumen oder an einer Wand mit direkter Sonneneinstrahlung auf.

Einige Kenntnisse über die verschiedenen Papiersorten sind erforderlich, wenn Sie zu einer guten Papierwahl fähig sein wollen. Es folgt daher hier die Beschreibung der Eigenschaften einiger für die Arbeit mit Gouache und Acrylfarben gut brauchbaren Sorten.

Werkdruck Werkdruck ist in holzhaltiger und holzfreier Ausführung erhältlich. Das holzfreie Papier hat eine etwas glattere Struktur. Es handelt sich um eine saugende Papiersorte, die sich für schnell hingeworfene Skizzen mit verdünnter Gouache und Acrylfarbe eignet.

Casing Casing ist eine holzhaltige, recht kräftige Papiersorte, die in der Buchbinderei für Vorsatzblätter verwendet wird. Es ist ein leicht ockergelb gefärbtes Papier, das eine glatte und eine rauhe Seite hat und nur wenig lichtecht ist. Die rauhe Seite eignet sich für Arbeiten mit relativ dicken Farben. Die glatte Seite ist nur mit verdünnter Farbe zu bearbeiten; dicke Farbschichten könnten sonst von der glatten Oberfläche wegbersten.

Packpapier Das bekannte, braun und gelb gefärbte Packpapier hat dieselben Eigenschaften wie das oben beschriebene Casing. Es ist auch auf die gleiche Weise zu bearbeiten. Packpapier ist eine billige Alternative zu den teureren Papiersorten wie Einschlag-, Zeichen- und Ingrespapier.

Das Papier ist kaum lichtecht, was aber bei deckender Bemalung der Oberfläche kein Nachteil sein muß.

Einschlagpapier Einschlagpapier wird in verschiedenen Farben hergestellt, sowohl holzfrei als auch holzhaltig. Es ist nur schwach lichtecht und eignet sich daher nur zum Bemalen, wenn die gesamte Papieroberfläche mit einer deckenden Farbschicht versehen wird. Da es sehr wenig Leim enthält, nimmt es leicht Feuchtigkeit auf.

Papiersorten, von links nach rechts:
feines Aquarellpapier,
Zeichen-, Aquarellpapier,
Packpapier,
marmoriertes Papier,
grobes Aquarellpapier,
Zeichenpapier,
Casing,
Elfenbeinkarton (Bristolkarton),
Papier mit Leinenbezug,
Hadernpapier,
Ingrespapier,
Einschlagpapier.

Ingrespapier Ingrespapier ist eine dünne, aber steife Papiersorte. Sie können es in Weiß, in Schwarz und farbig bekommen. Das Papier ist gerippt, d. h. es weist dünne eingepreßte Linien auf, die durch ein speziell hierfür bestimmtes Papiersieb verursacht werden (Vergépapier). Diese Linien sind bereits mit bloßem Auge sichtbar, fallen aber noch deutlicher auf, wenn Sie das Papier gegen das Licht halten.

Ingrespapier ist geleimtes Papier, das nur langsam Feuchtigkeit aufnimmt. Wenn es auch eine der teureren Papiersorten ist, gibt es doch noch Unterschiede in der Qualität. Vor allem der Lichtechtheitsgrad ist wichtig. Sie können ihn überprüfen, wenn Sie einige Streifen einen Monat lang der Sonne aussetzen. Auf diese Art können Sie selbst feststellen, welche Sorte die höchste Lichtechtheit aufweist.

Ingrespapier eignet sich für die Arbeit mit etwas verdünnten Gouachen und Acrylfarben. Vor allem bei guten Papierqualitäten braucht nicht die gesamte Papieroberfläche bedeckt zu werden.

Zeichenpapier Zeichenpapier stellt oft einen Sammelbegriff für diverse Papiersorten dar. Das Papier ist holzfrei und hat eine glatte Oberfläche. Es ist in zahlreichen Grammgewichten erhältlich und für alle in diesem Buch genannten Farbsorten geeignet. Auf nicht zu leichtem Zeichenpapier kann die Farbe sowohl pastos wie auch transparent verarbeitet werden.

Hadernpapier Hadernpapier ist eine der ältesten bekannten Papiersorten. Das Papier wird ausschließlich aus Hadern (Lumpen) hergestellt. Es ist eine sehr kostspielige Papiersorte, die gegenwärtig eigentlich nur noch für Wertpapiere und Banknoten verwendet wird. Obwohl reines Hadernpapier, das zu den besten Papiersorten überhaupt gehört, noch immer käuflich ist, wird Papier, das nur zu 60% Hadern enthält, ebenfalls unter dem Namen Hadernpapier verkauft.

Hadernhaltiges Papier muß zu mindestens 15% aus Textilfasern bestehen.

Hadernpapier und hadernhaltiges Papier können Sie immer an den Textilfasern erkennen, die an der Papieroberfläche sichtbar sind. Diese Papiersorten sind sowohl für die Malerei mit Gouache als auch mit Acrylfarbe geeignet.

Marmoriertes Papier (Dutch Marble Paper) Marmoriertes Papier ist ebenfalls hadernhaltig. Während des Herstellungsprozesses werden gefärbte Textilfasern zugefügt. Die Papiersorte ist für deckende Maltechniken gut geeignet. Ob sich das Papier auch für die transparente Verarbeitung der Farbe eignet, hängt vom Prozentsatz des enthaltenen Holzschliffs ab. Ein zu hoher Holzschliffanteil macht das Papier dazu zu porös.

Gefärbtes Zeichenpapier Bei gefärbtem Zeichenpapier kann es sich um Einschlag-, Ingres- oder Marmorpapier handeln.

Aquarellpapier Aquarellpapier wurde speziell für das Aquarellieren entwickelt. Die guten Sorten sind holzfrei. Sie werden mit einer speziellen Prägung versehen, die dem Papier seine Oberflächenstruktur verleiht. Die Prägung kann fein, grob oder sehr grob sein. Diese Papiersorte ist stark geleimt und nimmt Feuchtigkeit nur langsam auf.

Vor allem schwerere Qualitäten eignen sich vorzüglich für die Verarbeitung pastoser Gouache und Acrylfarbe. Soll eher transparent gearbeitet werden, kann auch eine leichtere Qualität verwendet werden. Dann ist es auch ratsam, das Papier erst aufzuspannen. Gerade Aquarellpapier mit grober Prägung verleiht dünnen Farbschichten eine besondere Struktur.

Elfenbeinkarton Elfenbeinkarton, auch Bristolkarton genannt, ist ein steifes, glattes Papier, das aus Schichten besteht. Es ist stark gebleicht und in verschiedenen Stärken erhältlich. Vor allem für Bilder, bei denen die Farbe dünn verarbeitet wird, eignet sich

Elfenbeinkarton besonders. Der Strich harthaariger Pinsel bleibt sichtbar. Wird Farbe pastos aufgetragen, ist die Haftung nur ungenügend.

HALBHARTE UND HARTE MALGRÜNDE
Zur Arbeit mit Gouache und Acrylfarbe können neben verschiedenen Papiersorten auch halbharte und harte Malgründe verwendet werden. Unter halbharten Bildträgern versteht man u. a. Karton und Malleinwand; unter harten Trägern u. a. Spanplatten und Holz. Im allgemeinen müssen alle diese Malgründe grundiert werden, damit sie sich zum Bemalen eignen. Harte Träger können auch mit Papier oder Stoff beklebt werden, bevor man sie grundiert. Alle diese Möglichkeiten werden im Kapitel Grundieren, Bekleben und Aufspannen S. 109 besprochen.

Holz Über lange Zeit hinweg dienten hölzerne Paneele als Malgrund für Tempera- und Ölgemälde. Die Leinwand kam erst im 15. Jh. auf. Wirklich geeignetes, abgelagertes Holz gibt es heute kaum noch. Mit viel Glück können Sie sich vielleicht noch ein paar schöne Holztafeln beschaffen.

Meistens stammen diese dann von alten Eichenmöbeln und sind mit Öl, Firnis oder Wachs bearbeitet. Wollen Sie solches Holz z. B. mit Acrylfarben bemalen, müssen Sie es erst ablaugen, schleifen und grundieren.

Junges Holz eignet sich nicht zum Bemalen. Es enthält noch zu viel Feuchtigkeit und Harz, es beginnt zu arbeiten. Im Holz bilden sich Risse, und die aufgetragene Farbschicht kann abblättern.

Sperrholz (Triplex und Multiplex) Sperrholz besteht aus miteinander verleimten dünnen Holzplatten. Man verwendet es oft als harten Malgrund. Zu Studienzwecken eignet es sich hervorragend, sofern die Platten gut präpariert werden.

Für Bilder aber, die dem Zahn der Zeit mehr oder weniger trotzen sollen, müssen wir von solchem Malgrund dringend abraten.

Die bei der Herstellung verwendete Leimsorte ist nicht von vorneherein zu bestimmen. Werden die Platten feucht, kann der Leim nachgeben. Oder der Leim zersetzt sich und die Platten reißen. Außerdem kann der Leim Säuren enthalten, die die Farbschicht schädigen.

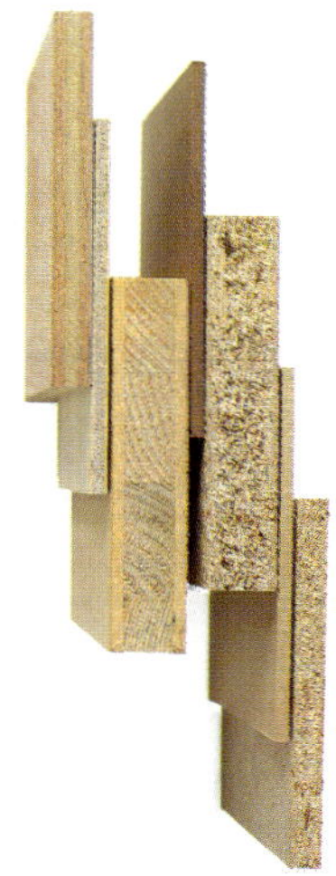

Querschnitte harter Malgründe von links nach rechts: Sperrholz (Multiplex), Sperrholz (Triplex), Tischlerplatte, ölimprägnierte Hartfaserplatte, Spanplatte, Hartfaserplatte, extra gepreßte Spanplatte

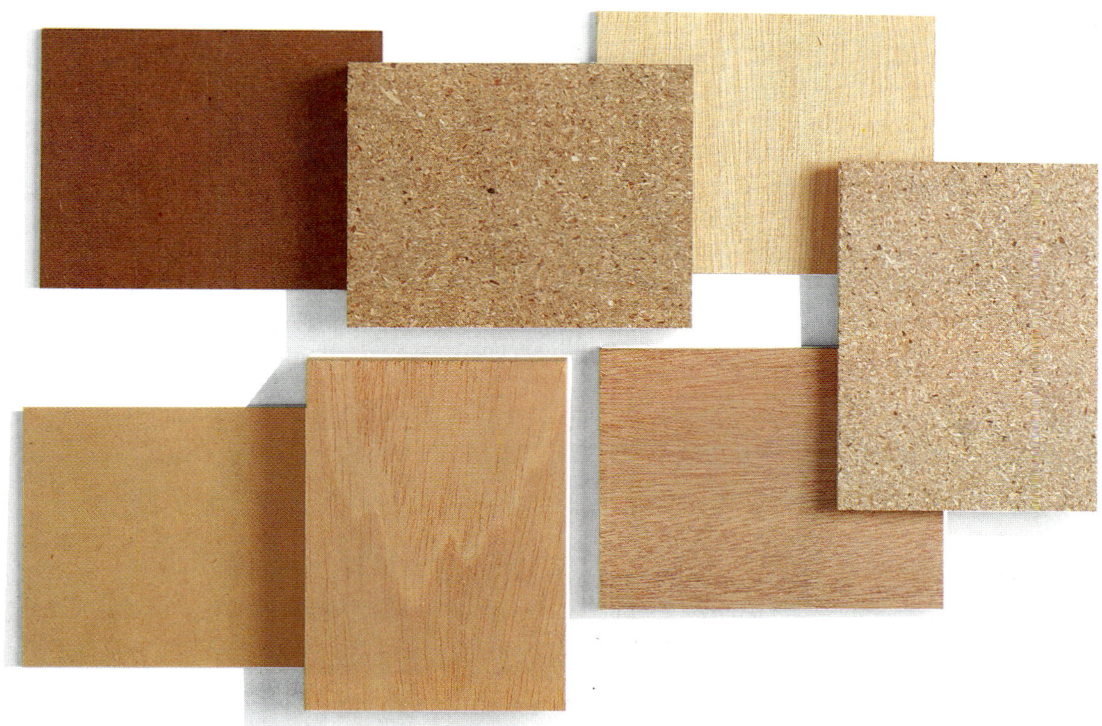

Harte Malgründe von links nach rechts: mit Öl imprägnierte Hartfaserplatte, extra gepreßte Spanplatte, Sperrholz (Triplex), Hartfaserplatte, Sperrholz (Multiplex), Spanplatte.

Wasserfest verleimtes Sperrholz Neben dem gewöhnlichen Sperrholz sind auch wasserfeste Sorten erhältlich. Diese eignen sich bestens als harter Malgrund für Acrylbilder, denn sie weisen die Nachteile der erstgenannten Sorten nicht auf.

Tischlerplatten Tischlerplatten bestehen aus zwei Holzplatten, zwischen die eine aus Stäben zusammengesetzte Holzlage geleimt ist. Das Holz kann sich dadurch nicht mehr verziehen. Ebenso wie beim einfachen Sperrholz kann die verwendete Leimsorte fragwürdig sein. Diese Holzsorte ist nicht immer wasserfest. Zu Studienzwecken kann man Tischlerplatten aber ohne weiteres mit Acrylfarben bemalen.

Spanplatten und Faserplatten Spanplatten und Faserplatten können beide als harter Malgrund verwendet werden. Das Material ist allerdings für eine Beurteilung der Langzeiteigenschaften noch zu jung. Vorläufig kann man feststellen, daß ein auf gut grundiertem Untergrund angebrachtes Gemälde mindestens 60 Jahre erhalten bleibt, wahrscheinlich noch wesentlich länger.

Denken Sie daran, daß große Formate ziemlich schwer sein können. Nehmen Sie daher eine nicht allzu dicke Sorte. Große Formate müssen auch, um ein Durchbiegen zu vermeiden, mit Stützlatten verstärkt werden. Span- und Faserplatten sind ganz besonders gut für die Impastotechnik mit dicken Acrylfarben geeignet. Behandeln Sie diese Bildträger aber immer vorsichtig. Da sie aus gepreßten Fasern bestehen, werden die Bildecken bei rauher Behandlung leicht beschädigt. Am besten bringen Sie daher rundum schützende Leisten an.

Hartfaserplatten Hartfaserplatten sind wie Span- und Faserplatten aus gepreßten Holzfasern gefertigt. Sie können diese Platten beim Kauf zu verschiedenen Maßen zurechtsägen lassen. Die Plattenbreite ist fertigungstechnisch bedingt (Standardmaß ist 122 cm). Hartfaserplatten sind als harter Malgrund für Gouache und Acrylfarben verwendbar. Wenn sie entsprechend grundiert werden, können sowohl die glatte Vorderseite als auch die profilierte, rauhe Rückseite benützt werden.

Gouache braucht durchaus nicht immer auf harten Gründen verarbeitet zu werden, da diese Farbsorte nicht in dicken Schichten aufgetragen werden kann. Gute, kräftige Papier- oder Kartonsorten reichen meist völlig aus. Ohne Stützleisten können sich Hartfaserplatten größer als ca. 50 x 65 cm leicht verziehen.

Leinwandkarton (Universalkarton) Universalkarton ist auf der zu bemalenden Seite mit bereits grundiertem Baumwolltuch bezogen. Auf der Rückseite ist der Karton mit Papier beklebt, so daß er sich nicht verziehen kann. Leinwandkarton ist in erster Linie ein guter Malgrund für Studien, kann aber auch für Bilder verwendet werden, die über viele Jahre hinweg erhalten bleiben sollen. Es ist aber ein Material, das leicht Feuchtigkeit anzieht und reagiert somit empfindlich auf Temperaturschwankungen.

Weißpappe und Grau-Pappe Weiß- und Grau-Pappe sind gepreßte Kartonsorten. Diese Pappen sind in verschiedenen Stärken erhältlich. Wird sie entsprechend präpariert, kann man sowohl mit Gouache als auch mit Acrylfarben darauf arbeiten. Um das Verziehen der Pappe zu verhindern, sollten Sie gleich eine dickere Sorte wählen.

Es gibt auch mit Papier bezogene Pappen, die ebenso erst grundiert werden müssen. Werden die Farben mit reichlich Wasser verdünnt, kann sich die Leimschicht zwischen Papier und Pappe lösen. Verwenden Sie also lieber unbezogene Pappe.

Strohpappe (Karton) Der bekannte, schlichte braune Karton eignet sich lediglich für Studien. Er muß dazu immer erst grundiert werden. Die braune Farbe des Materials kann bei einem Gouachebild durchschlagen. Karton reagiert empfindlich auf atmosphärische Einflüße; ist es feucht, quillt der Karton, wodurch das Bild verloren geht. Auf lange Sicht zerfällt Karton zu Pulver.

Malpapier Malpapier, auch Ölmalpapier genannt, ist mit einem Universalprimer präpariert. Es wurde für das Arbeiten mit verschiedenen Farbsorten entwickelt und ist in verschiedenen Formaten, u. a. 50x65 cm, sowie in Blocks erhältlich. Malpapier kann sowohl mit Gouache als auch mit Acrylfarbe in nicht zu dicker Schicht bemalt werden. Man kann es evtl. auf einen harten Träger, wie z. B. Grau-Pappe, kleben, wodurch man dann auch dickere Acrylschichten auftragen kann. Es gibt glattes Ölmalpapier, Papier mit Leinenprägung und solches, in das ein Leinen- oder Baumwollgewebe eingepreßt ist.

MALTUCH (Leinwand) Die gebräuchlichsten Maltücher werden aus Leinen, Baumwolle und Mischungen daraus angefertigt, mittlerweile beginnt man aber auch, synthetische Fasern wie Rayon zu benutzen. Kunstfasern haben sich aber noch nicht ganz durchsetzen können; noch steht der Beweis dafür aus, daß sie für diese Aufgabe ausreichend haltbar sind.

Maltücher können auf verschiedene Weisen gewoben sein. Ein Gewebe besteht aus Kettfäden und Schußfäden. Art und Weise der Verflechtung dieser Fäden nennt man die Bindungsart. Die gebräuchlichste Bindung für Maltücher ist die Leinen- oder Flachbindung, bei der der Schußfaden abwechselnd über und unter den nebeneinanderliegenden Kettfäden durchgeführt wird (Flechttechnik). So entsteht ein einfädiges Gewebe, das stark und gleichmäßig sein kann. Manche Maltücher haben eine doppelfädige Leinenbindung.

Maltuch wird in verschiedenen Fasersorten angeboten und kann aus feinem, mittlerem oder grobem bis sehr grobem Gewebe bestehen. Das hängt von der Dicke und Gleichmäßigkeit des gesponnenen Fadens und der Fadenzahl pro Quadratzentimeter Gewebe ab. Mit entscheidend für die Qualität ist die Länge der unversponnenen Fäden.

Halbharte Malgründe von links nach rechts: Universalkarton, weiß kaschierter Graukarton, Strohkarton

Das übliche Maltuch ist bis zu 210 cm breit, aber es gibt auch solches von 3 bis 4 m Breite. Letztere Breiten werden aber meist nur auf Bestellung geliefert. Maltuch wird grundiert und ungrundiert verkauft. Sie können es in jeder gewünschten Länge von der Rolle kaufen und selbst aufspannen. Bereits aufgespannte Leinwände gibt es in vielen Formaten. Auf Bestellung sind auch Sonderformate erhältlich.

Pflanzliche Textilfasern bestehen überwiegend aus Zellulose und unterliegen daher einem Alterungsprozeß. Dieser Prozeß wird von Sauerstoff, Licht- und Temperaturschwankungen sowie von Feuchtigkeit beeinflußt. Man muß heute auch mit chemischen Einwirkungen rechnen.

Erhebliche Schwankungen von Temperatur und Luftfeuchtigkeit lassen textile Gewebe schneller altern (Dehnung, Schrumpfung, Zersetzung). Bei zu hohen Temperaturen trocknet das Gewebe aus. Damit kommt es zu einer zu hohen Spannung, das Tuch kann reißen und damit bilden sich auch Risse in der Farbschicht. Die Luftfeuchtigkeit bringt unabhängig von der Temperatur eine Dehnung des Gewebes mit sich, so daß die Leinwand Wellen wirft und schlapp wird. Bei extremer Kälte wird die

Farbschicht hart und spröde. (Die Temperatur in Museen liegt zwischen 10° und 20,5°C, die relative Luftfeuchtigkeit beträgt 50–60%.)

GEWEBESORTEN

Leinen (Linum) Leinen wird aus Flachs hergestellt, der glatt, stark, biegsam und praktisch nicht dehnbar ist.

Maltuch aus Leinen – die eigentliche Leinwand – ist zweifellos der idealste Malgrund zur Malerei mit Ölfarben und Acrylfarben.

Der Handel bietet aber zahlreiche verschiedene Qualitäten an, es ist daher ratsam, Ihre Leinwand ausschließlich in einem renommierten Fachgeschäft zu kaufen. Halten Sie das Tuch gegen das Licht und kontrollieren Sie die Webdichte und die Fadenqualität. Es dürfen keine Knoten im Gewebe sein, denn solche sind kaum noch zu verdecken, auch nicht durch die Grundierung, lediglich bei sehr pastoser Verarbeitung von Acrylfarbe werden solche Gewebefehler verdeckt. Die Leinwand muß möglichst gleichmäßig und nicht zu locker gewoben sein. Reines Leinen ist recht teuer.

Hanf (Cannabis) Auch aus Hanffasern wird ein Maltuch hoher Qualität hergestellt, aber da die Betäubungsmittelgesetze den Hanfanbau in zahlreichen Ländern verbieten, da Hanf der Rohstoff für Haschisch und Marihuana ist, ist Hanfgewebe nicht oder nur sehr schwer erhältlich.

Baumwolle (Gossypium) Baumwollgewebe (Kattun) wird aus den weißen Samenhaarknäueln hergestellt, die aus den aufgesprungenen Samenkapseln der Baumwollpflanze hervorquellen.

Aufgespanntes Baumwollgewebe neigt zum Ausleiern, bemalte Baumwolle kann sogar solche Falten werfen, daß ein erneutes Spannen nötig ist – und noch nicht einmal das ist in allen Fällen ausreichend. Baumwolle bietet der Verwitterung keinen allzu großen Widerstand, und bemalte Baumwollgewebe haben auch keine besonders lange Lebensdauer.

Man sollte wegen der Nachgiebigkeit des Materials baumwollene Maltücher in nicht zu großen Formaten aufspannen und nur für Techniken verwenden, die mit dünnen Farblagen auskommen. Zum Bekleben harter Trägermaterialien eignet sich aber diese Gewebeart außerordentlich gut. Dem Alterungsprozeß wird dadurch Einhalt geboten.

Halbleinen Halbleinen ist ein Mischgewebe aus Baumwolle und Leinen. Im günstigsten Fall enthält Halbleinen 60% Leinen und 40% Baumwolle, aber häufig ist der Anteil Leinen wesentlich kleiner. Halbleinen hat als Maltuch die gleichen Nachteile wie Baumwolle, ja es wirft sogar noch ein zusätzliches Problem auf: die verschiedenen Faserarten haben auch verschiedene Dehnungsfaktoren, was den Faltenwurf des Gewebes noch verstärkt. Ebenso wie Baumwollgewebe kann Halbleinen aber sehr gut auf einen harten Untergrund aufgezogen werden, womit die genannten Probleme praktisch gelöst sind. Wird Halbleinen so verarbeitet, ist es ein ausgezeichneter Malgrund.

Jute Jute besteht aus harten Fasern, die zu einem relativ groben Gewebe verarbeitet werden. Die Fasern sind äußerst feuchtigkeitsempfindlich und werfen, wenn sie als Maltuch verwendet werden, schnell Falten. Zudem sind sie gegenüber Sauerstoff und Licht nur wenig beständig. Ungeachtet dieser Nachteile wird Jute aber von etlichen Malern wegen ihrer rauhen Oberfläche besonders geschätzt. Ein Maltuch aus Jute muß daher vor dem Bemalen sehr sorgfältig grundiert werden. Hier muß ein ölfreier Primer benutzt werden, da Öl die Jutefasern angreift. Man muß also einen Universalprimer wie z. B. Gesso (Talens) verwenden, der kein Öl enthält (beim Imprägnieren von Malgründen zur Bearbeitung mit Acrylfarbe darf niemals ölhaltiger Primer verwendet werden!).

Maltuchsorten, von links nach rechts:
Doppelfädiges Leinen
Leinen fein
Leinen mittel

Leinen
Halbleinen
Porträt-Leinwand

Baumwolle
gefärbte feine Baumwolle
Jute/Leinen fein

Jute grob
Kunstfaser

Eine Juteleinwand, deren Struktur sichtbar bleiben soll, muß mit mehreren Lagen stark verdünnten Primers grundiert werden. Wenn man die Rückseite einer bemalten Juteleinwand mit einer dünnen Platte aus Holz oder Pappe versieht, in der etliche Lüftungslöcher angebracht sind, kann man den schlimmsten Einflüssen von Feuchtigkeit, Sauerstoff und Licht zum großen Teil entgegenwirken.

Synthetische Fasern Es ist leicht verständlich, daß man immer noch nach einem Material zum Bemalen sucht, das die Anforderungen bezüglich der Widerstandskraft gegen Feuchtigkeit, Sauerstoff und Licht zu 100% erfüllt. Dieses Ziel scheint nicht einfach zu erreichen zu sein, aber eines Tages wird es zweifellos glücken. Mit Dralon und Rayon-Fasern hat man auf jeden Fall einen Schritt in die richtige Richtung getan, da Feuchtigkeitsprobleme aller Art nicht mehr auftreten. Dennoch weisen Gewebe aus diesen Fasern noch eine starke Dehnung auf. Auch gibt es diese Kunststoffasern noch nicht lange genug, um ihre Haltbarkeit und Beständigkeit gegenüber den verschiedensten Einflüssen über sehr lange Zeiträume beurteilen zu können.

DIE WAHL DES MALGRUNDES Die Wahl Ihres Malgrundes hängt ab von der Farbsorte, der Verarbeitungsart und dem Effekt, den Sie erreichen wollen.

Gouache und Acrylfarbe, die ja beide auch mit Wasser verdünnt werden können, haften an praktisch jedem Träger, der für Künstlerfarben in Betracht kommt. Dabei sind sowohl flexible Malgründe wie Papier als auch halbharte und harte Malgründe wie Karton und Holz verwendbar. Bedenken Sie bei Ihrer Auswahl, daß zwar Acrylfarbe elastisch ist, Gouache aber nicht. Eine etwas zu dicke Gouacheschicht kann also leicht von einem elastischen Malgrund abplatzen. Der Malgrund muß stets absolut fettfrei und auch etwas saugend sein. Eine fettige Oberfläche stößt die aufgetragene Farbe ab, wodurch sich diese zusammenzieht und abperlt. Entfetten Sie die Oberflächen vor dem Bemalen daher stets mit einigen Tropfen Ochsengalle, Spiritus oder etwas mit Wasser verdünntem Ammoniak. Eine vollkommen glatte, nicht saugende Oberflächenstruktur macht eine gute Haftung zwischen Untergrund und Farbe unmöglich.

In einigen Fällen wird es notwendig sein, den Malgrund vor dem Bemalen zu imprägnieren, z. B. wenn dieser zu porös ist. Ein zu stark absorbierender Malgrund entzieht der Farbe zuviel Bindemittel, wodurch diese ihr Haftvermögen verliert. Universalkarton ist bereits mit einem Primer grundiert. Unpräpariertes Maltuch können Sie selbst grundieren und bereits grundiertes Maltuch sollten Sie nochmals mit einer dünnen Lage Universalprimer versehen. Man kann auch Trägermaterialien, die eine zu glatte Oberflächenstruktur haben, mit einer Grundierung versehen und so für eine bessere Haftung zwischen Farbe und Untergrund sorgen. Hartpappe stellt hier ein gutes Beispiel dar. Hartpappe hat eine glatte und eine rauhe Seite. Die Oberfläche der glatten Seite ist zu geschlossen und die rauhe zu porös. Hartpappe muß also immer vor Gebrauch grundiert werden. Dünne Papiersorten können sich während des Bemalens aufwerfen. Dem können Sie vorbeugen, indem Sie das Papier an der Rückseite anfeuchten. Eine andere Möglichkeit ist es, den Malgrund auf eine stabile Unterlage zu kleben oder vor dem Bemalen aufzuspannen. Gefällt Ihnen eine bestimmte Papierfarbe nicht, können Sie das Papier ebenso mit einer dünnen Schicht Primer versehen.

Wird getöntes Papier nicht vollkommen mit Farbe bedeckt, ist die Lichtechtheit des Papiers wichtig. Möchten Sie sich über den Lichtechtheitsgrad vergewissern, so hängen Sie eine Anzahl Papierstreifen, die zur Hälfte abgedeckt sind, einige Wochen lang in die Sonne. So können Sie leicht feststellen, welche Sorte die lichtechteste ist. Benützen Sie nicht-lichtechte Sorten nur für Bilder, bei denen die gesamte Papieroberfläche mit Farbe bedeckt ist.

Staffeleien

Zum Malen verwendet man oft eine Staffelei. Bildträger können hierauf in verschiedenen Stellungen angebracht werden. Nach vorne oder nach hinten geneigt oder vertikal stehend. Auch die Höhe ist verstellbar, so daß Sie sitzend oder im Stehen malen können. Eine Malarbeit, die auf einer Staffelei steht, ist gut zu überblicken, und Farbe, Pinsel und Spachtel lassen sich leichter handhaben.

Der Kauf einer Staffelei ist eine wichtige Angelegenheit. Die üblichen Arten sind die Tischstaffelei, die Atelier- und die Feldstaffelei. Ihre Wahl wird wohl von Ihren Plänen abhängen:

Wollen Sie drinnen oder im Freien arbeiten?

Wie groß ist Ihr Arbeitsraum?

Welche Bildformate bevorzugen Sie?

All das sind Faktoren, die bei der Auswahl der Staffelei berücksichtigt werden müssen. Natürlich spielt auch der Preis eine Rolle. Vor allem Atelierstaffeleien sind in zahlreichen Ausführungen und Preislagen erhältlich.

Achten Sie beim Kauf auf jeden Fall auf folgende Punkte: Gute Holzstaffeleien sind u. a. aus gedämpftem oder geöltem Buchenholz. Vergewissern Sie sich, daß der Schieber zum Befestigen des Bildträgers sowie die Höhenverstellung stabil ausgeführt sind, denn dieses sind oft die Schwachstellen einer Staffelei.

Tischstaffelei Haben Sie nur wenig Platz zur Verfügung, so sollten Sie sich für eine Tischstaffelei entscheiden. Sie eignet sich für Bildträger bis zu etwa 60 cm Größe. Eine solche Staffelei darf nicht zu klein sein und muß zusammenklappbar sein, so daß sie wenig Raum einnimmt. Sie können sie sogar an die Wand hängen. Die Staffelei muß natürlich auch so verstellbar sein, daß der Bildträger nach vorne oder hinten geneigt befestigt werden kann.

Atelierstaffelei Auch die große Dreibeinstaffelei nimmt nicht sehr viel Raum ein. Sie ist zusammenklappbar und kann flach an die Wand gelehnt werden. Diese Staffeleien sind für Bildträger bis zu 135 cm Größe geeignet. Die Höhe ist auch hier verstellbar, so daß Sie im Sitzen oder Stehen malen können, zudem ist der Neigungswinkel einstellbar, damit die Malfläche nach vorne oder hinten geneigt werden kann.

Große Atelierstaffeleien sind in vielerlei Ausführungen erhältlich. Einfache und daher auch billigere Modelle bis hin zu sehr teuren, mit elektrisch verstellbarem Bildträger.

Alle diese Staffeleien haben einen verstellbaren Bildhalter, so daß Sie im Sitzen oder Stehen malen können, sowie einen einstellbaren Neigungswinkel. Je nach Schwere der Ausführung sind diese Modelle für Bildträger von 120 bis zu 235 cm geeignet.

Denken Sie beim Kauf einer großen Atelierstaffelei an die Höhe Ihrer Zimmerdecke. Der Bildhalter ragt beim Befestigen eines großen Bildträgers und bei stehendem Arbeiten recht weit empor.

Feldstaffelei Eine Feldstaffelei ist zur Arbeit im Freien vorgesehen, aber man kann sie auch im Haus verwenden, wenn der Bildträger nicht allzu groß ist. Für größere Formate sind diese Staffeleien nicht stabil genug. Der Träger kann dabei sowohl vertikal als auch horizontal fixiert werden.

Feldstaffeleien sollten nicht mehr als 1½ bis 2 kg wiegen.

Eine Atelierstaffelei ist für Bildträger bis zu 235 cm geeignet

Eine aufklappbare Dreibeinstaffelei kann für Bildträger bis zu 135 cm benützt werden.

Eine Feldstaffelei kann recht große Malgründe vertragen.

Eine Tischstaffelei eignet sich für Träger bis zu ca. 60 cm.

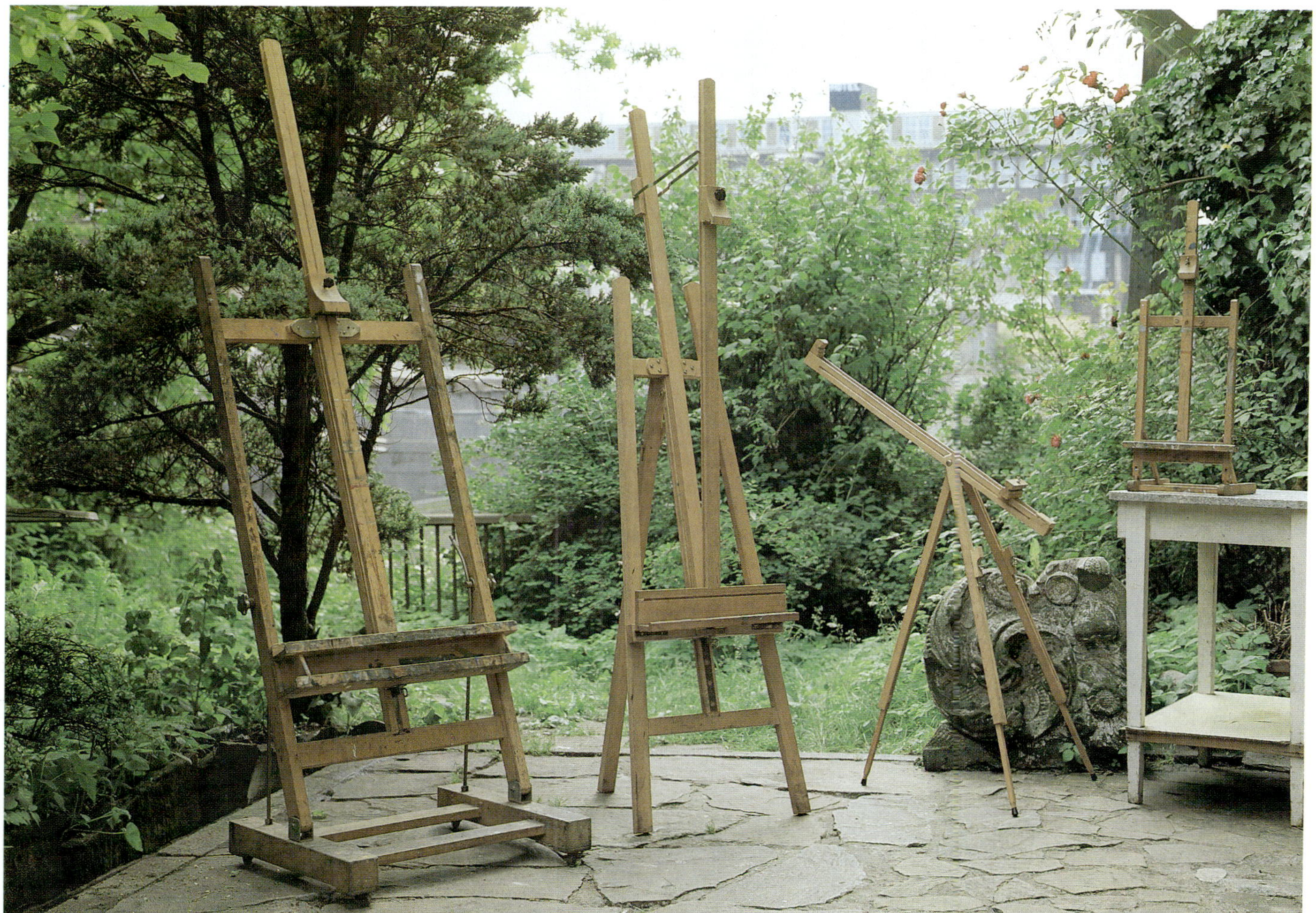

Hilfsmittel

Bei der Arbeit mit Gouache und Acrylfarbe können verschiedene Hilfsmittel zur Anwendung kommen. Man benützt diese Mittel zum Verdünnen oder Andicken der Farbe, beim Präparieren eines Malgrundes oder zum Firnissen einer Arbeit. Die Anwendung der entsprechenden Mittel wird in den Kapiteln »Das Arbeiten mit Gouache« (Seite 41 ff.) und »Das Arbeiten mit Acrylfarbe« (siehe Seite 75 ff.) beschrieben.

Hier sollen die Zusammensetzung und die Eigenschaften der einzelnen Hilfsmittel besprochen werden.

Wasser Wasser ist eine der Flüssigkeiten, mit denen Gouache und Acrylfarbe verdünnt werden können.

Es kommt allerdings vor, daß – je nach Wohnort – das Leitungswasser zuviel Kalk oder zuviel Eisen enthält. Stark kalkhaltiges Wasser kann zur Bildung eines fahlen Films auf Ihrem Bild führen, während Eisen braune Flecken im Papier hervorrufen kann. Stark kalkhaltiges Wasser können Sie abkochen. Lassen Sie das Wasser abkühlen und einige Zeit stehen. Gießen Sie dann den Überstand vorsichtig durch einen Papierfilter. Wenn Sie dieses Wasser in einer geschlossenen Flasche aufbewahren, können Sie es geraume Zeit benützen. Stark eisenhaltiges Wasser muß mit Hilfe eines Aktivkohlefilters gereinigt werden. Es ist allerdings wesentlich einfacher, destilliertes Wasser zu kaufen, das Sie in jeder Drogerie oder Apotheke erhalten können.

Ochsengalle Ochsengalle wird heute synthetisch hergestellt. Es handelt sich dabei um eine oberflächenaktive Substanz, die in Wasser gelöst ist. Man benützt Ochsengalle zum Entfetten von Bildträgern. Man kann sie aber auch in kleinen Mengen der Farbe zufügen und so dem Abperlen der Farbe entgegenwirken.

Gouache-Malmittel Gouache-Malmittel ist eine klare braune Flüssigkeit, auf der Basis von Dextrin, in Wasser gelöst. Man benützt es beim Malen mit Gouache auf stark saugenden Untergründen. Der Malgrund kann mit diesem Medium imprägniert werden, aber es kann auch in beschränktem Umfang der Farbe zugefügt werden. Allerdings wird die Farbe dann etwas transparenter und verliert auch teilweise ihren matten Schimmer. Die verwendeten Pinsel können mit Wasser ausgewaschen werden.

Acryl-Malmittel Acryl-Malmittel basiert auf Acrylatharz-Dispersionen. Es handelt sich um eine milchig-weiße Flüssigkeit, die transparent und wasserfest auftrocknet. Das Malmittel ist sowohl matt als auch glänzend erhältlich. Man benützt es zum Verdünnen von Acrylfarben, die, je nach Art des

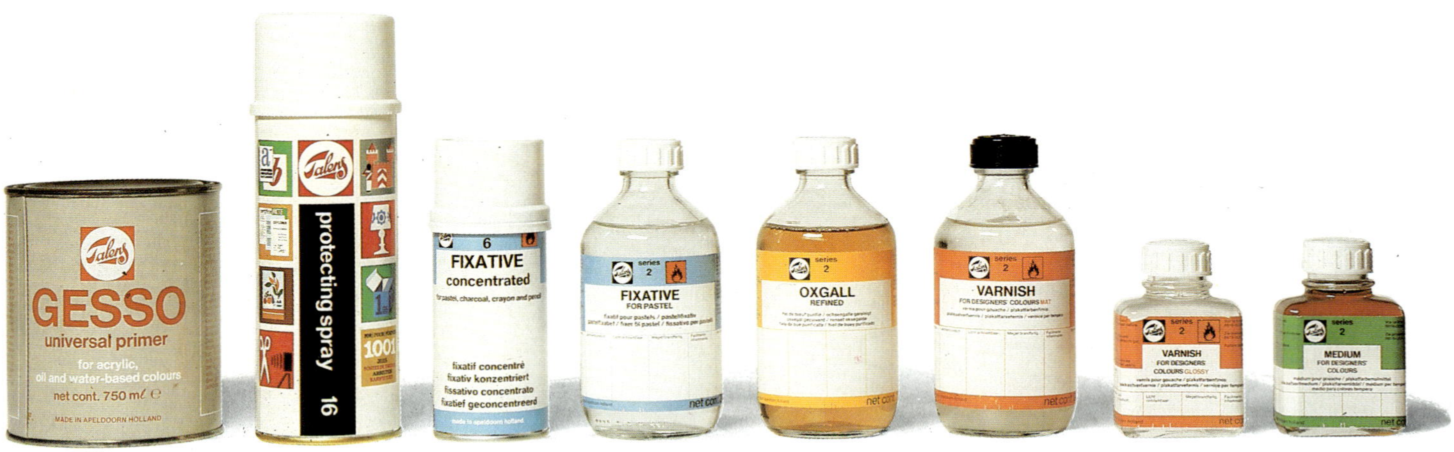

Hilfsmittel für Gouache

Primer,
Protecting Spray,
Fixativ (Sprühdose),
flüssiges Fixativ,
Ochsengalle,
Gouache-Firnis matt,
Gouache-Firnis glänzend,
Gouache-Malmittel

verwendeten Malmittels, glänzender oder matter werden. Pinsel sofort mit Wasser ausspülen. Nach dem Trocknen kann man sie nur noch mit Aceton oder ähnlichem reinigen.

Gel-Medium (Malpaste) Dieses Malmittel für Acrylfarben enthält Acrylatharz-Dispersionen und Verdickungsmittel. Das milchige, pastose Gel trocknet transparent auf. Es macht Acrylfarbe durchscheinender und glänzender, während es die Konsistenz der Farbe nicht beeinflußt.

Rembrandt-Retarder (Trocknungsverzögerer) Dieser Retarder enthält langsam verdampfende Verdünnungsmittel. Er ist transparent und farblos. Wenn man ihn, bis zu maximal 2,5%, der Acrylfarbe zusetzt, wird die Trockenzeit der Farbe um 20% verlängert. Die Pinsel können mit Wasser gereinigt werden.

Modeling-Paste Diese Modellierpaste besteht aus einer weißen pigmentierten Kunststoffdispersion. Man benützt sie zur Herstellung von Reliefuntergründen für Acrylfarbbilder. Modeling-Paste trocknet, je nach Schichtdicke, zwischen einigen Minuten und einigen Stunden elastisch auf. Sie ist mit Acrylfarbe, Acryl-Malmittel und Gel-Medium mischbar. Pinsel und Spachtel nicht eintrocknen lassen, sondern sofort mit Wasser reinigen.

Universalprimer Gesso ist ein universeller Primer und besteht aus stark pigmentierter Acrylatharz-Dispersion. Der Primer eignet sich zum Grundieren verschiedenster Malgründe, die dann mit ganz unterschiedlichen Materialien bearbeitet werden können. Der Primer ist mit Wasser verdünnbar. Pinsel und Spachtel sofort nach Gebrauch mit Wasser reinigen.

Gouache-Firnis Dieser Firnis basiert auf farblosen synthetischen Harzen, gelöst in Terpentin. Der Firnis ist sowohl glänzend als auch matt erhältlich. Dem matt trocknenden Firnis ist ein Mattierungsmittel zugefügt. Der glänzende Firnis verdunkelt die Farben der Gouache etwas und macht sie transparenter. Der matte Firnis beeinflußt die Farben kaum. Gouache-Firnis trocknet innerhalb einiger Stunden. Firnis-Pinsel mit Terpentin reinigen.

Acryl-Firnis Acryl-Firnis enthält Acrylatharz-Dispersionen, die in Terpentin gelöst sind. Der Firnis ist als Glanz- und Mattfirnis erhältlich, wobei der Mattfirnis Silikate als Mattierungsmittel enthält, die dem Gemälde einen weichen Seidenglanz verleihen. Die Firnispinsel müssen mit Terpentinöl oder Terpentinersatz gereinigt werden.

Van-Gogh-Gemäldefirnis Der Firnis enthält nicht-vergilbende Acrylharze, die u.a. in Terpentinöl gelöst sind. Er ist

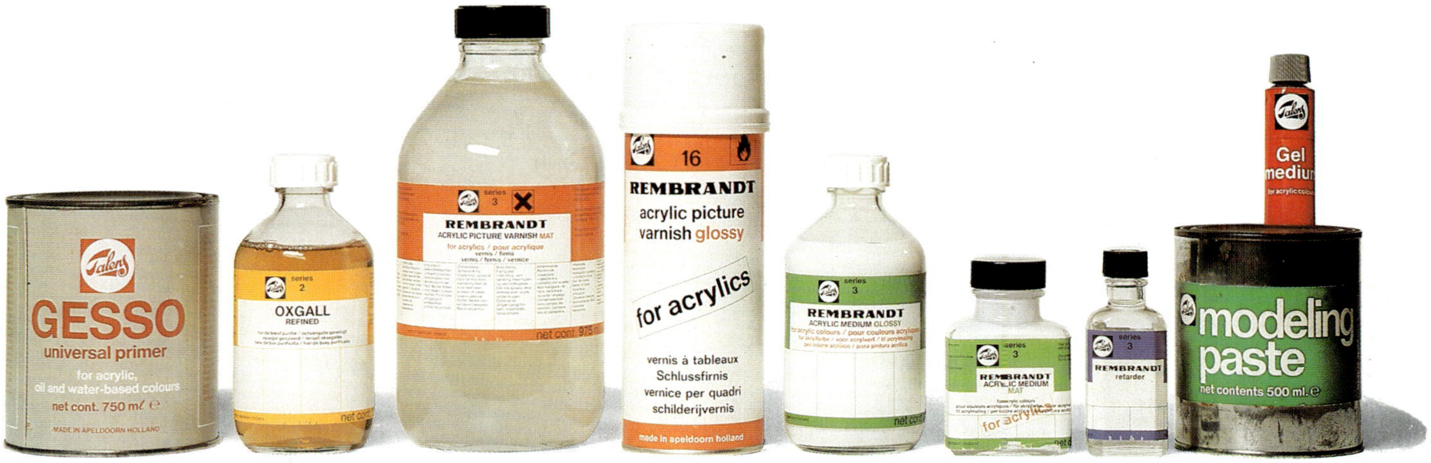

Hilfsmittel für Acrylfarbe:

Primer, Ochsengalle, Acryl-Firnis-matt, Acryl-Firnis-glänzend, Acryl-Malmittel glänzend, Acryl-Malmittel matt, Verzögerer für Acrylfarbe, Gel-Medium, Modellierpaste glänzend und matt erhältlich. Er kann auf Öl-, Acryl- und Gouachebildern als Schlußfirnis aufgetragen werden. Firnispinsel mit Terpentin oder Terpentinersatz reinigen.

Protecting Spray Protecting Spray enthält nicht vergilbendes Acrylharz in einem leicht verdunstenden Lösungsmittel. (Das Protecting Spray von Talens arbeitet mit einem für die Ozonschicht ungefährlichen Treibgas.) Das Spray eignet sich zum Fixieren von Gouache- und Acrylgemälden. Eine dünne Schicht führt zu weichem Glanz, mehrere Schichten ergeben eine hochglänzende Oberfläche. Protecting Spray macht die matten Gouachefarben etwas transparenter und dunkler im Ton.

Pastellfixativ Dieses Fixativ ist eine sehr verdünnte Lösung farbloser Harze, u. a. in Alkohol. Es eignet sich vorzüglich zum leichten Fixieren einer Gouache. Die Farbschicht wird dadurch einigermaßen geschützt, ohne daß sich die Farben nennenswert verändern. Dünn auftragen!

Säurefreies Klebeband In Fachgeschäften gibt es spezielle säurefreie Klebebänder zum Aufspannen von Papier. (Die verarbeitete Klebstoffsorte in nicht säurefreiem Klebeband kann das Bild auf Dauer angreifen.)

Das Grundsortiment an Gouachepinseln eignet sich ebenso für das Malen mit Acryl

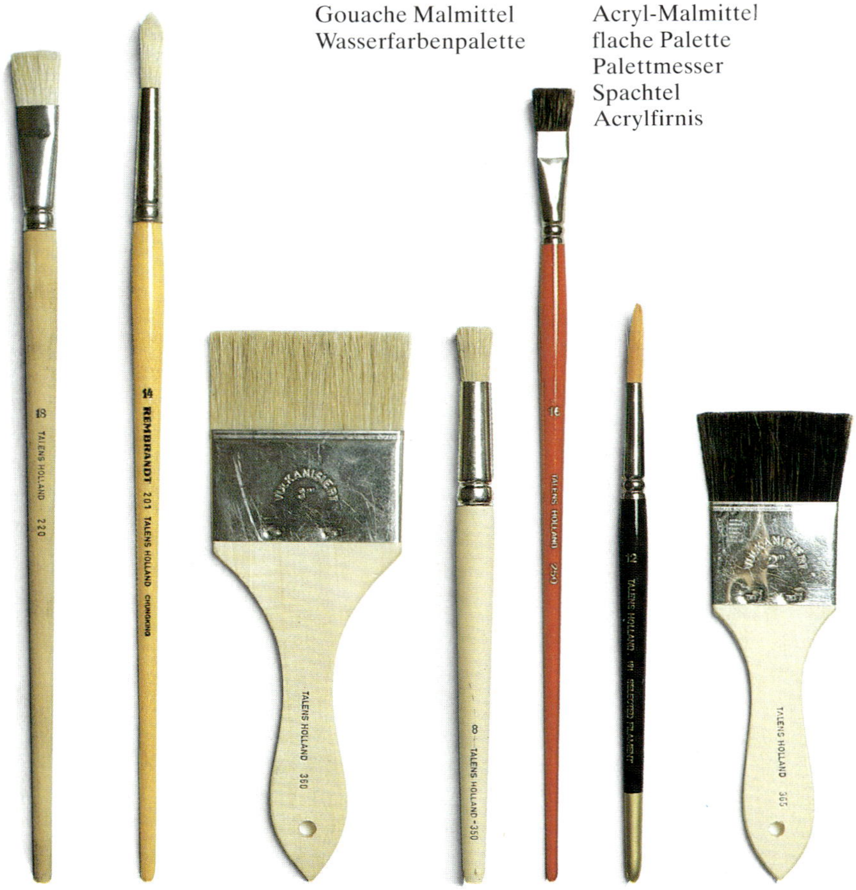

DIE GRUNDAUSSTATTUNG

GOUACHE

10 Farbtöne
Weiß und Schwarz
Gouache Malmittel
Wasserfarbenpalette

ACRYLFARBE

10 Farbtöne
Weiß und Schwarz
Acryl-Malmittel
flache Palette
Palettmesser
Spachtel
Acrylfirnis

FÜR BEIDE FARBSORTEN:

Universalprimer

Malgründe
Ingres
weißes Zeichenpapier
Aquarellpapier
Casing
präpariertes Malpapier
Hartfaserplatte oder Leinwandkarton

Pinsel
hart:
ein flacher Gussow mit Schweineborsten Nr. 18 (kurzhaarig)
ein runder Gussow mit Schweineborsten Nr. 14 (kurzhaarig)
ein Spalter (Firnispinsel) mit Schweineborsten 3 Zoll breit
ein Tamponierpinsel mit Schweineborsten Nr. 8

weich:
ein flacher Lyoner Pinsel mit Rinderhaar oder Filament Nr. 16 (langhaarig)
ein runder Wasserfarbenpinsel mit Rinder- oder Eichhornhaar oder Filament Nr. 12
ein Spalter mit Rinder- oder Ziegenhaar 2 Zoll breit

Zeichenmappe

Diese Grundausstattung können Sie natürlich jederzeit erweitern, wenn Sie für eine bestimmte Maltechnik weitere Materialien benötigen.

Der Arbeitsplatz

Malen im Haus

Der Platz im Haus, an dem Sie malen wollen, hängt natürlich weitgehend von den Räumlichkeiten ab, die zur Verfügung stehen; aber den wesentlichsten Faktor stellt das einfallende Tageslicht dar. Tageslicht brauchen Sie auf jeden Fall. Wenn Sie Rechtshänder sind, muß das Licht von links einfallen, sind Sie Linkshänder, muß es von rechts kommen. Damit vermeiden Sie Schlagschatten auf der Arbeitsfläche. Das Licht muß ausreichen, um die ursprünglichen Farbtöne erkennen zu können. Direktes Sonnenlicht ist hinderlich, vor allem bei einem weißen Malgrund blendet es stark.

Arbeiten Sie für ein Bild mehrmals hintereinander vor demselben Motiv, so tun Sie es, wenn irgend möglich zur gleichen Tageszeit wie bei der ersten Sitzung und – wenn es möglich ist – bei gleichen Wetterbedingungen. Licht und Schatten stimmen dann am ehesten überein.

Kunstlicht beeinflußt die Farbtöne in noch stärkerem Maße als Tageslicht. Durch einen zu geringen Blauanteil im Licht normaler Glühlampen überwiegt das gelbe Licht. Wir nehmen Kunstlicht aber nicht immer als gelbes Licht wahr, erst wenn man abends von außen her erleuchtete Fenster mit ihrer gelben Glut sieht, wird es deutlich.

Vor allem Blau und Violett, Farben aus dem kurzwelligen Spektralbereich wirken unter dem Einfluß von Kunstlicht leicht grau oder schwarz.

Rot- und Orangetöne werden dagegen aktiviert und scheinen brillanter zu werden. Gelb und Grün, bei Kunstlicht vermalt, scheinen untertags einen völlig anderen Farbwert zu haben. Kurzum: Glühbirnen eignen sich zum Malen nicht als Lichtquelle.

Dennoch ist dieses Problem relativ leicht zu lösen. Es gibt nämlich sogenannte Tageslichtlampen zu kaufen. Ihre Lichtquelle bedarf also im einfachsten Falle lediglich des vorübergehenden Auswechselns der Glühbirnen.

Vielleicht haben Sie auch die Möglichkeit, Ihren Arbeitsraum mit Leuchtstoffröhren auszustatten. Wählen Sie in diesem Falle die Tageslichtröhren mit dem weißesten Licht, so kommen Sie dem natürlichen Tageslicht am nächsten.

Lassen Sie sich von einem Fachmann beraten, auf dem Markt werden zahlreiche Leuchtstoffsysteme angeboten. Eine etwas teurere, aber sehr effektive Lösung stellt die Halogenbeleuchtung dar.

Wenn Sie ein Objekt in Ihrem Arbeitsraum malen, sollten Sie möglichst gerade davor sitzen. So bildet das Motiv mit dem Malgrund eine mehr oder weniger gerade Linie. Sitzen Sie nicht zu nahe am Objekt. Sie haben sonst keinen rechten Überblick. Setzen Sie sich auch nicht zu weit weg, Sie können sonst gewiße Formen nicht mehr wahrnehmen und werden zudem durch umgebende Gegenstände abgelenkt.

Sie können das Objekt so stellen, daß Sie direkt darauf schauen, auf es herabschauen oder zu ihm hinaufsehen. Den unterschiedlichen Gesichtspunkten werden die Formen entsprechend wiedergegeben. Versuchen Sie das zu malen, was Sie sehen, nicht die Form, die Sie kennen. So lösen Sie schon viele perspektivische Probleme.

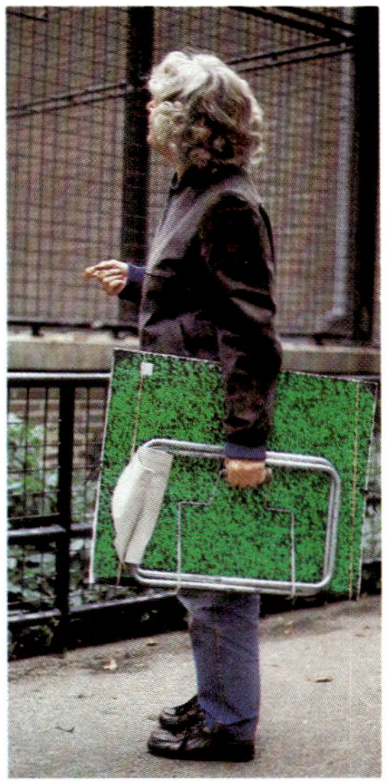

Eine simple Erfindung ist der sogenannte Mappenträger. Mappe und Hocker können damit transportiert werden.

Mit dieser einfachen Ausrüstung können Eindrücke auf einer Ferienreise schnell festgehalten werden und später weiter ausgearbeitet werden.

Freilichtmalerei

Wenn Sie im Freien malen wollen, sollten Sie sich Ihr Motiv schon vor dem Malbeginn aussuchen, so daß Sie es auf seine Möglichkeiten hin studieren können. Achten Sie auf den Lichteinfall und die äußeren Umstände. Sie können dann schon im vorhinein die Situation an Ort und Stelle berücksichtigen, um das richtige Material auszuwählen, was Ihnen später eine Menge Schlepperei ersparen kann.

Der Blickpunkt, von dem aus Sie Ihr Motiv betrachten, ist äußerst wichtig. Beachten Sie dabei, daß der Horizont stets in Augenhöhe bleibt, egal, ob Sie auf dem Boden sitzen oder ob Sie stehen; das ist für die Bildkomposition sehr wichtig.

Studieren Sie die Farben Ihres Motivs genau. Machen Sie Ihre Beobachtungen etwa zu der Tageszeit, in der Sie später malen wollen. Das Licht und damit die Farben und Schattenpartien verändern sich schnell. Es ist daher auch nicht möglich, länger als ein paar Stunden an einem Motiv zu arbeiten. Wenn das Bild nicht fertig wird, malen Sie an einem anderen Tag zur selben Tageszeit, an der die erste Sitzung stattfand, weiter.

Nehmen Sie nicht mehr Material mit, als Sie unbedingt brauchen, es ist sonst nur lästig.

Sowohl Gouache als auch Acrylfarbe sind zum Malen im Freien hervorragend geeignet. Sie trocknen schnell und sind dann leicht zu transportieren.

Sie können dazu eine Mappe nehmen, die gelegentlich auch als Unterlage für Ihren Malgrund dienen kann. Nehmen Sie sich evtl. einen Hocker mit.

Das Verzögern der Trockenzeit Das schnelle Trocknen der Farben kann vor allem beim Malen im Freien Probleme aufwerfen. Hier kann z. B. eine Pflanzenspritze, mit der Sie Ihre Arbeit zwischendurch leicht mit Wasser besprühen, Abhilfe schaffen. Für Acrylfarbe gibt es hier noch eine zusätzliche Möglichkeit in Form eines Trocknungsverzögerers.

Dieser »Retarder« (Talens) wird zu der Farbe gegeben. Ein Zusatz von 2 bis 5% Retarder kann bereits zu einer Verlängerung der Trocknungszeit um 20% führen. Nachdem er als Weichmacher gewirkt hat, verdunstet der Retarder beim Trocknen rückstandsfrei. Zu hohe Dosierung setzt die filmbildende Eigenschaft der Farbe herab.

Der Retarder erweitert die Möglichkeiten vor allem beim Malen in der Alla-Prima-Technik (Naß-in-Naß) und beim Anlegen aquarellartiger Effekte, wobei die Farbschichten so lange wie möglich feucht bleiben müssen.

Zur chemischen Zusammensetzung des Retarders siehe S. 37.

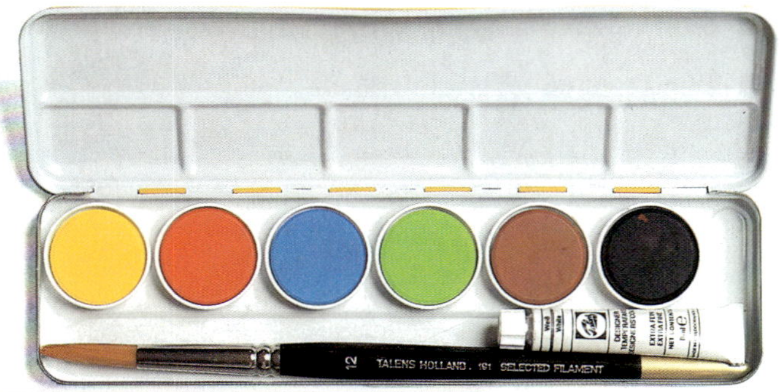

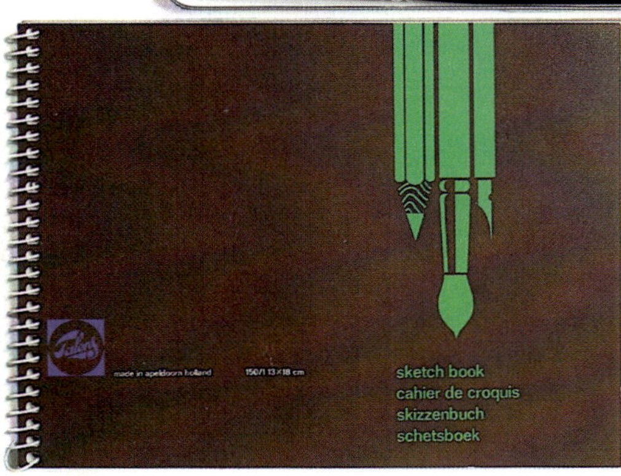

DAS ARBEITEN MIT GOUACHE

EINFÜHRUNG Gouache ist eine Farbsorte, die sowohl deckend als auch mehr oder weniger transparent verarbeitet werden kann. Der Umgang mit dieser Farbe ist nicht immer einfach. Es ist also notwendig, die Eigenschaften der Gouache durch Experimentieren erst einmal kennenzulernen, bevor Sie mit dem Malen selbst beginnen.

Für diese Materialerprobung werden hier jeweils Materialstudien gezeigt, die die entsprechenden Eigenschaften deutlich machen. Dabei werden auch verschiedene Maltechniken besprochen. Wenn Sie die genannten Materialstudien aufmerksam durchlesen und ausführen, kann Ihnen das vielleicht manche unliebsame Überraschung beim Malen ersparen.

Führen Sie die Studien auf unterschiedlichen Papiersorten und -farben auf kleinen Formaten aus und bewahren Sie sie zur Dokumentation auf.

DAS MISCHEN VON FARBEN

Für Malanfänger ist es sehr wichtig, sich das Mischen von primären zu sekundären und tertiären Farben anzueignen. Sie brauchen dann später beim Malen nicht ständig nach einer gewünschten Mischfarbe zu suchen.

Speziell für diese Mischtechnik hat die Fa. Talens ein eigenes Mischsortiment für Gouache zusammengestellt, das die drei Primärfarben Rot, Gelb und Blau sowie Weiß und Schwarz enthält. Experimentieren Sie mit diesem Farbensatz.*

Nehmen Sie dafür z. B. den runden, weichen Pinsel Ihrer Grundausstattung (siehe S. 39 ff.). Führen Sie die Mischungen in einem kleinen Skizzenbuch aus. Ein solches Büchlein kann dann ein kleiner, handlicher Führer sein.

*Auch von »lefranc« erhältlich: Couleurs primaires

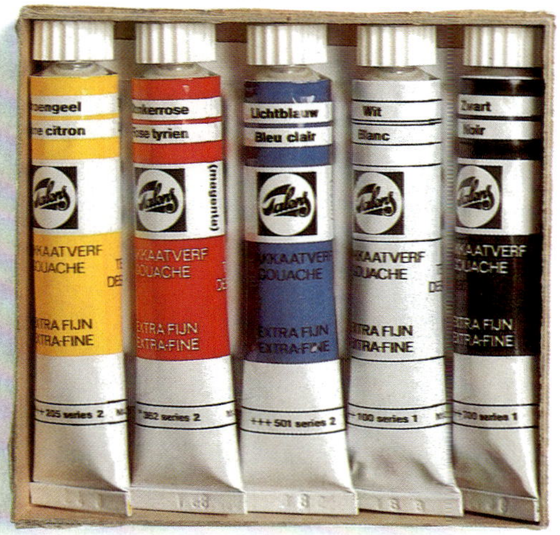

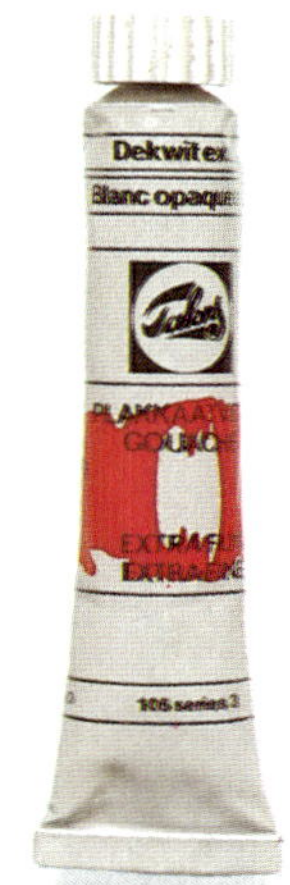

Das Mischsortiment von Talens zum Experimentieren mit der Farbe.

Das primäre Rot im Mischsortiment besteht aus einem dunklen Rot und ist auch unter dem Namen Magenta als Druckfarbe bekannt. Ebenso ist es beim Blau (Cyan) und Gelb.

Primäre Farben, also Rot, Gelb und Blau, sind Farben, die nicht durch Mischungen zustandekommen. Mischt man Rot mit Gelb entsteht Orange; Gelb und Blau ergeben beim Vermischen Grün und Rot und Blau Violett.

Durch Mischen zweier Primärfarben entsteht eine Sekundärfarbe. Das jeweilige Mischungsverhältnis entscheidet darüber, ob die Sekundärfarbe hell oder dunkel wird.

Durch das Mischen zweier Primärfarben entsteht eine sekundäre Farbe.

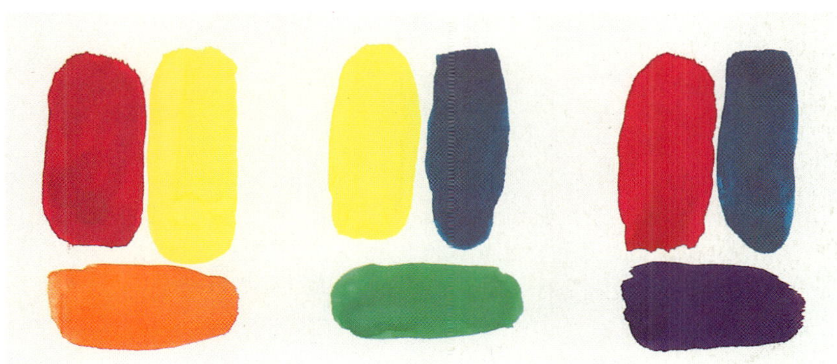

Zu jeder Farbe gibt es eine Komplementärfarbe, zu der sie einen starken Konstrast bildet. Dieser Kontrast ist so groß, daß sich die Farben ungünstig aufeinander auswirken, wenn sie in gleicher Intensität nebeneinander gestellt werden. Es entsteht Unruhe.

Ordnet man primäre und sekundäre Farben sternförmig an (siehe S. 42), dann stehen sich die stark kontrastierenden Farben gegenüber. (Auch in umfangreicheren Farbenkreisen stehen sich Komplementärfarben immer direkt gegenüber.)

Die Farben im Stern haben dieselbe Reihenfolge wie die Regenbogenfarben. Die Reihenfolge dieser Spektralfarben ist: Rot, Orange, Gelb, Grün, Blau und Violett.

Nebeneinanderliegende Farben harmonieren stets.

So: Rot und Orange
Orange und Gelb
Gelb und Grün
Grün und Blau
Blau und Violett

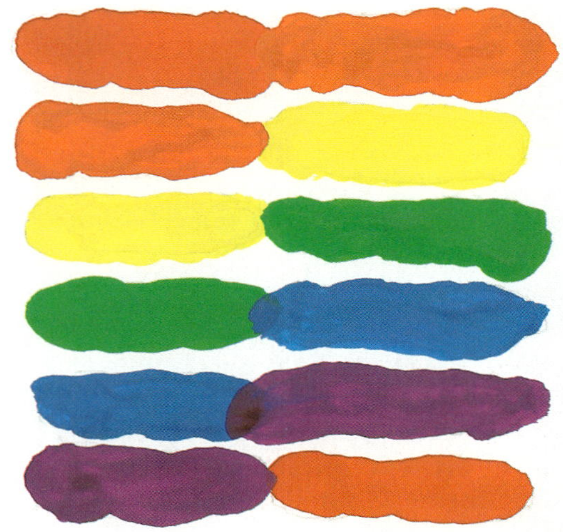

Aber auch: Rot, Orange, Gelb
Orange, Gelb, Grün
Gelb, Grün, Blau
Grün, Blau, Violett
Blau, Violett, Rot und
Violett, Rot, Orange

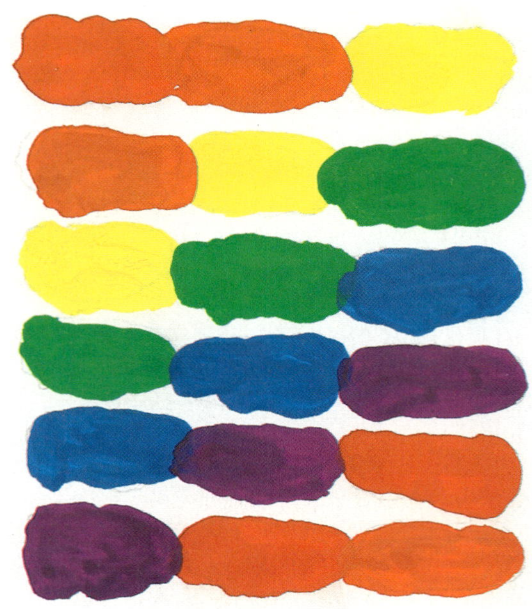

Jede Farbe hat ihre Komplementärfarbe. In allen Farbkreisen, klein oder groß, stehen sie sich immer direkt gegenüber.

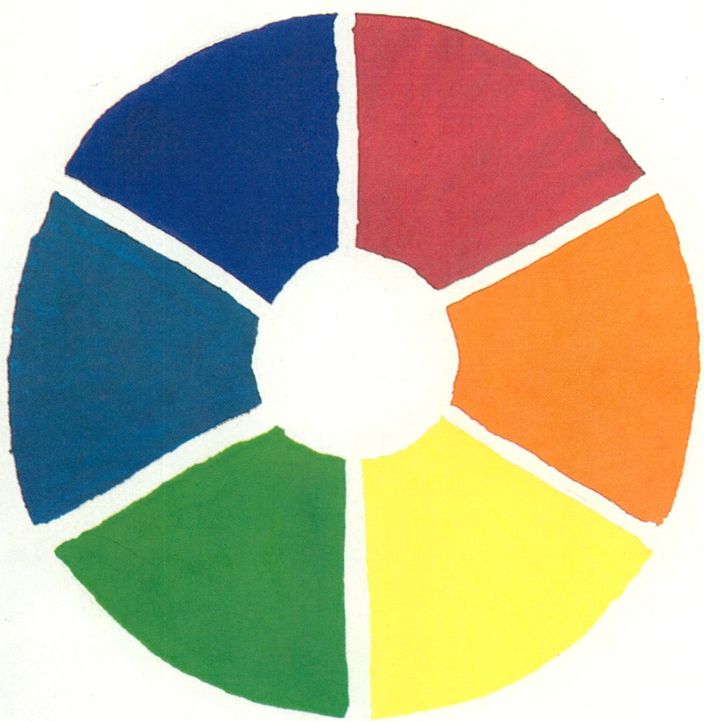

Tertiäre Farben umfassen drei Primärfarben. Sie entstehen durch das Mischen primärer mit sekundären Farben.

Zum Beispiel:
vermischt man Grün (Sekundärfarbe) mit Orange (Sekundärfarbe) erhält man ein Moosgrün. Dabei besteht Grün aus den beiden Primärfarben Gelb und Blau, Orange aus den Primärfarben Rot und Gelb.

Das entstandene Moosgrün umfaßt also die drei Primärfarben Rot, Gelb und Blau.

Orange (Sekundärfarbe) vermischt mit Blau (Primärfarbe) ergibt ein Hellbraun.

Orange enthält Rot und Gelb, Blau ist eine Primärfarbe, das erhaltene Hellbraun ist eine Tertiärfarbe, da sie die drei Primärfarben enthält.

Fügt man einer Farbe Weiß hinzu, entsteht ein Pastellton. Die Farbpigmente werden abgeschwächt (gebrochen).

Fügt man einer Farbe Schwarz zu, wird sie dunkler. Die Farbpigmente werden abgestumpft (»Abstumpfen und Brechen« sind die jeweiligen Fachausdrücke).

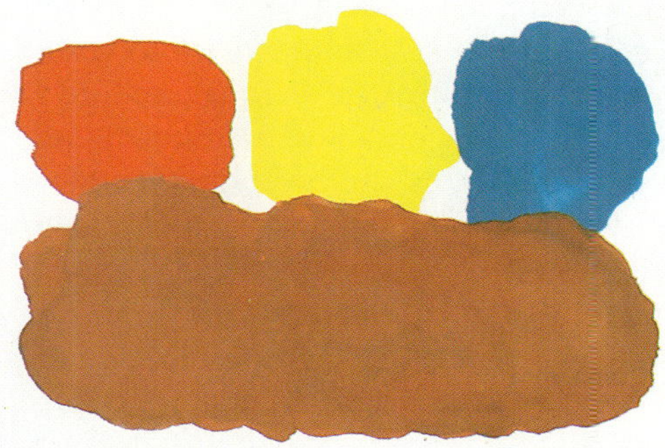

Tertiäre Farben enthalten immer die drei Primärfarben.

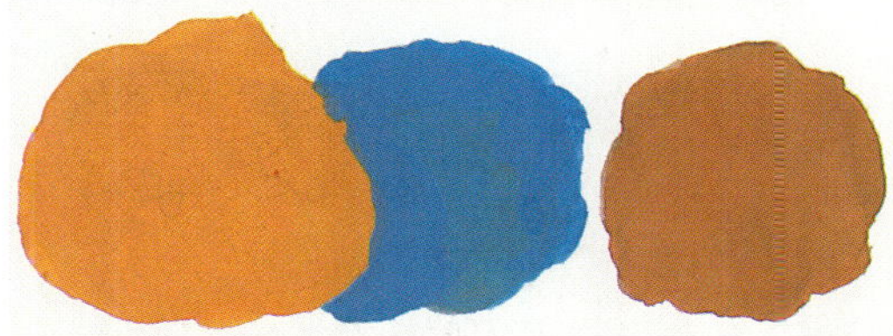

Eine aus einer Primärfarbe und einer Sekundärfarbe gemischte Farbe enthält ebenfalls drei Primärfarben.

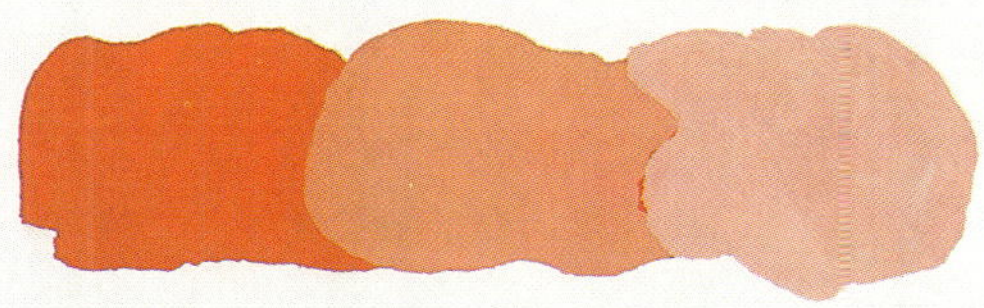

Gibt man Weiß zu einer Farbe wird diese abgeschwächt (gebrochen).

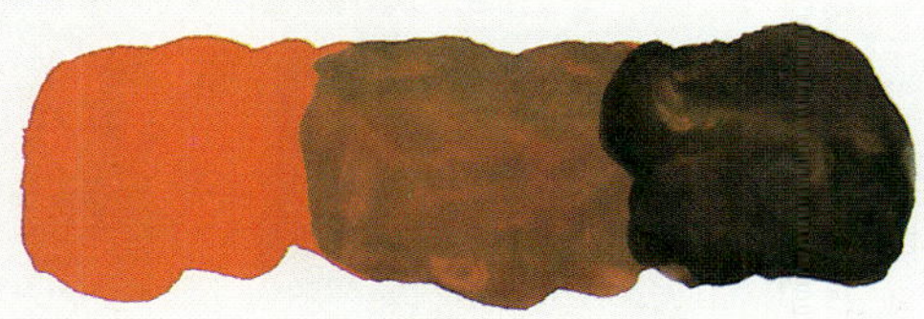

Gibt man Schwarz zu einer Farbe wird diese abgestumpft.

DIE GRUNDAUSSTATTUNG

Bei der Anschaffung eines Farbsortiments zum Malen mit Gouache fangen Sie am besten mit einer kleinen Farbauswahl an. Das regt Sie erstens zum Herstellen von Mischfarben an, soweit es mit Ihrem Sortiment möglich ist, zweitens können Sie Ihre Farbpalette dann sinnvoll um Töne erweitern, die Sie durch Mischen nicht herstellen konnten oder mit denen Sie die Mischungsmöglichkeiten ausbauen können.

In den Gouachen (Plakatfarben) von Talens sind wertvolle, weniger wertvolle und billige Pigmente verarbeitet.

Ein billigeres Pigment kann – muß aber nicht – Qualität und Lichtechtheit beeinflussen. Zumeist sind auch die billigeren Pigmente von ganz ausgezeichneter Qualität. Talens gibt für jede Farbe eine Preisgruppe mit den Zahlen 1, 2 und 3 an, wobei Preisgruppe 1 am teuersten ist. Die Preisgruppe ist auf allen Verpackungen von Gouachefarben angegeben.

Wer das Mischsortiment gekauft hat, dem wird auffallen, daß Magenta (Permanentrosa) nicht im Grundsortiment enthalten ist. Statt dessen ist Permanentrosa dabei. Das hat zwei Gründe. Einmal ist Magenta nicht farbecht, zum anderen gehört es zu den sogenannten ausblutenden Farben. Das heißt, das verwendete Pigment ist zum Teil wasserlöslich, so daß es sich etwas im Bindemittel auflöst. Wird also über eine vorhandene Farbfläche eine zweite Fläche gelegt, kann das Dunkelrosa durchschlagen. Vor allem, wenn die zweite Farbschicht wesentlich heller ist, kann das Probleme aufwerfen. Talens hat für ausblutende Farben ein spezielles Deckweiß entwickelt, mit dem man derartige Farben abdecken kann, wenn eine andere Farbe darübergelegt werden soll. Das Ausbluten wird so verhindert. Permanentrosa enthält ein anderes Pigment als Magenta und blutet nicht aus. Daher wurde diese Farbe in das Grundsortiment aufgenommen. Diese Farbe ist auch sehr lichtecht. Selbstverständlich können Sie Dunkelrosa trotzdem verwenden und z. B. in Ihren Materialstudien in Kombination mit Deckweiß verarbeiten.

Gouache kann auf verschiedene Weisen verarbeitet werden. Die Möglichkeiten werden im einzelnen anhand der Materialstudien und Kunstwerke besprochen.

Die Farbtöne des Grundsortiments

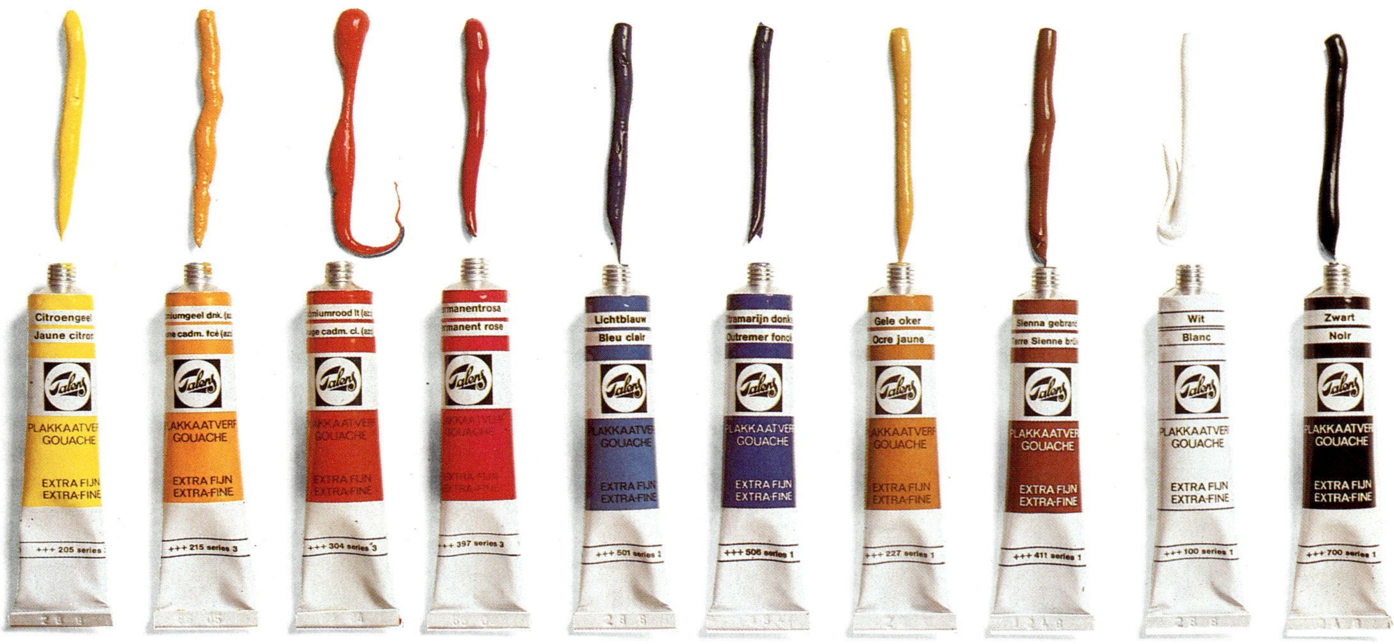

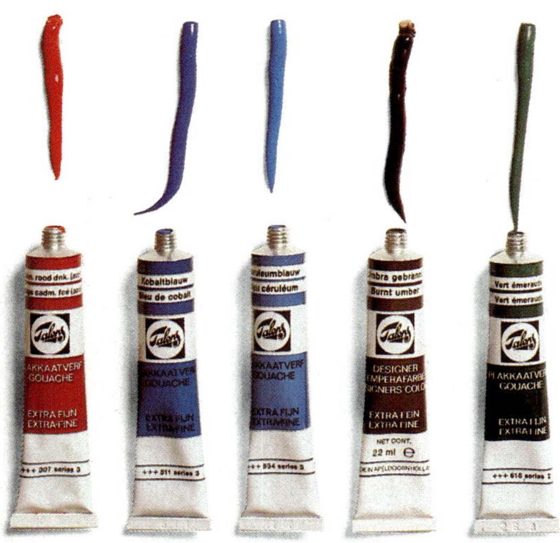

1 Zitronengelb	+++2	Azo-Pigment
2 Cadmiumgelb dunkel	+++3	Azo-Pigment
3 Cadmiumrot hell	+++3	Organisches Pigment
4 Permanentrosa	+++3	Chinacridinpigment
5 Hellblau	+++2	Kupferphthalocyanin
6 Ultramarinblau dunkel	+++1	synthetisches Ultramarin
7 lichter Ocker	+++1	organisches Pigment
8 Siena gebrannt	+++1	synthetisches Eisenoxyd + organisches Pigment
9 Weiß	+++1	Titandioxyd
10 Schwarz	+++1	verlacktes organisches Pigment
Erweiterung		
1 Cadmiumrot dunkel	+++3	organisches Pigment
2 Kobaltblau	+++3	Kobaltaluminat
3 Coelinblau	+++3	Kobaltstannat
4 Umbra gebrannt	+++1	natürliche Farberde + organisches Pigment
5 Viridan (Smaragdgrün = Chromoxydgrün feurig)	+++2	Kupferphthalocyanin

Materialstudien, Techniken und Beispiele für die Anwendung

Farbmischungen Die Kombination von Farben zu einem harmonischen Ganzen ist essentieller Bestandteil des Malens. Sie lernen Farben zu mischen, indem Sie viele Mischungen machen und sich jeweils notieren, wie sie zustande kamen.

Verdünnen Sie die Gouache so mit Wasser, daß sie gut vermalbar wird, aber doch ihre Deckkraft behält. Rühren Sie die Farbe gut um, aber nicht zu heftig, damit keine Luftblasen entstehen, denn diese führen beim Trocknen zu kleinen Punkten in der Farboberfläche. Benützen Sie für die Studien, soweit nicht anders angegeben, einen flachen weichen Pinsel.

Materialstudie

I Setzen Sie die ersten acht Farben Ihres Grundsortiments sowie Weiß und Schwarz auf Ihre Palette.

Tragen Sie jeweils eine Farbprobe auf weißem Papier und auf farbigem Papier auf.

Beobachten Sie die Wirkung von Farbe, Papierstruktur und getöntem bzw. weißem Untergrund. Es wird Ihnen auffallen, daß die umgebende Papierfarbe die Farbe selbst beeinflußt, gröbere Papiersorten verleihen darüber hinaus den Farbproben auch noch Struktur.

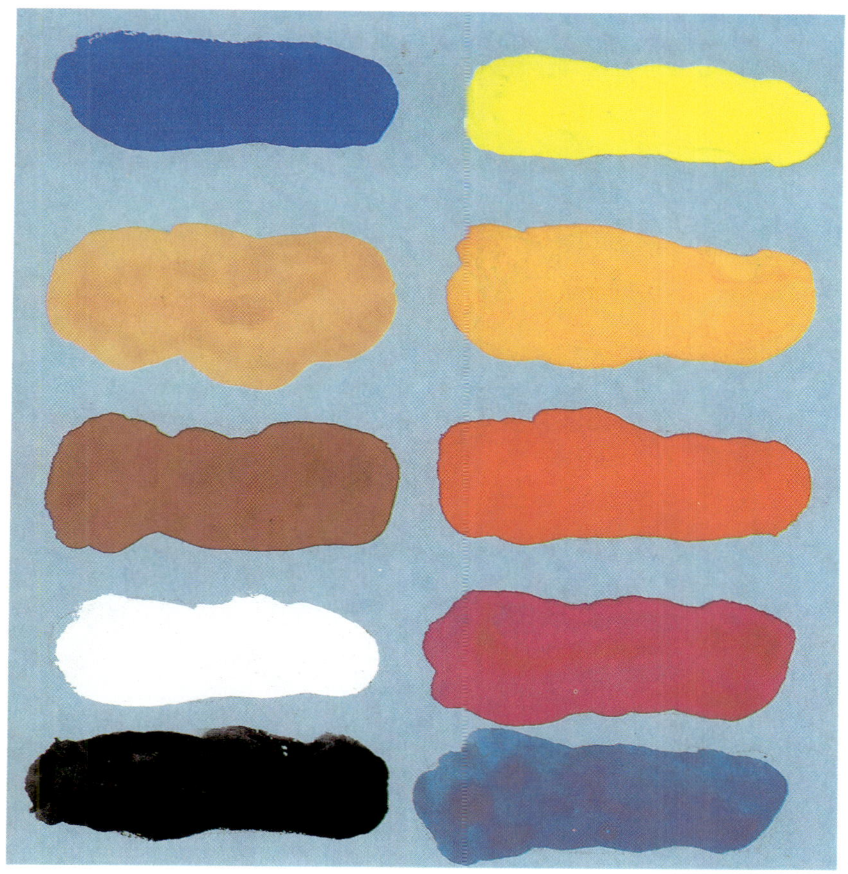

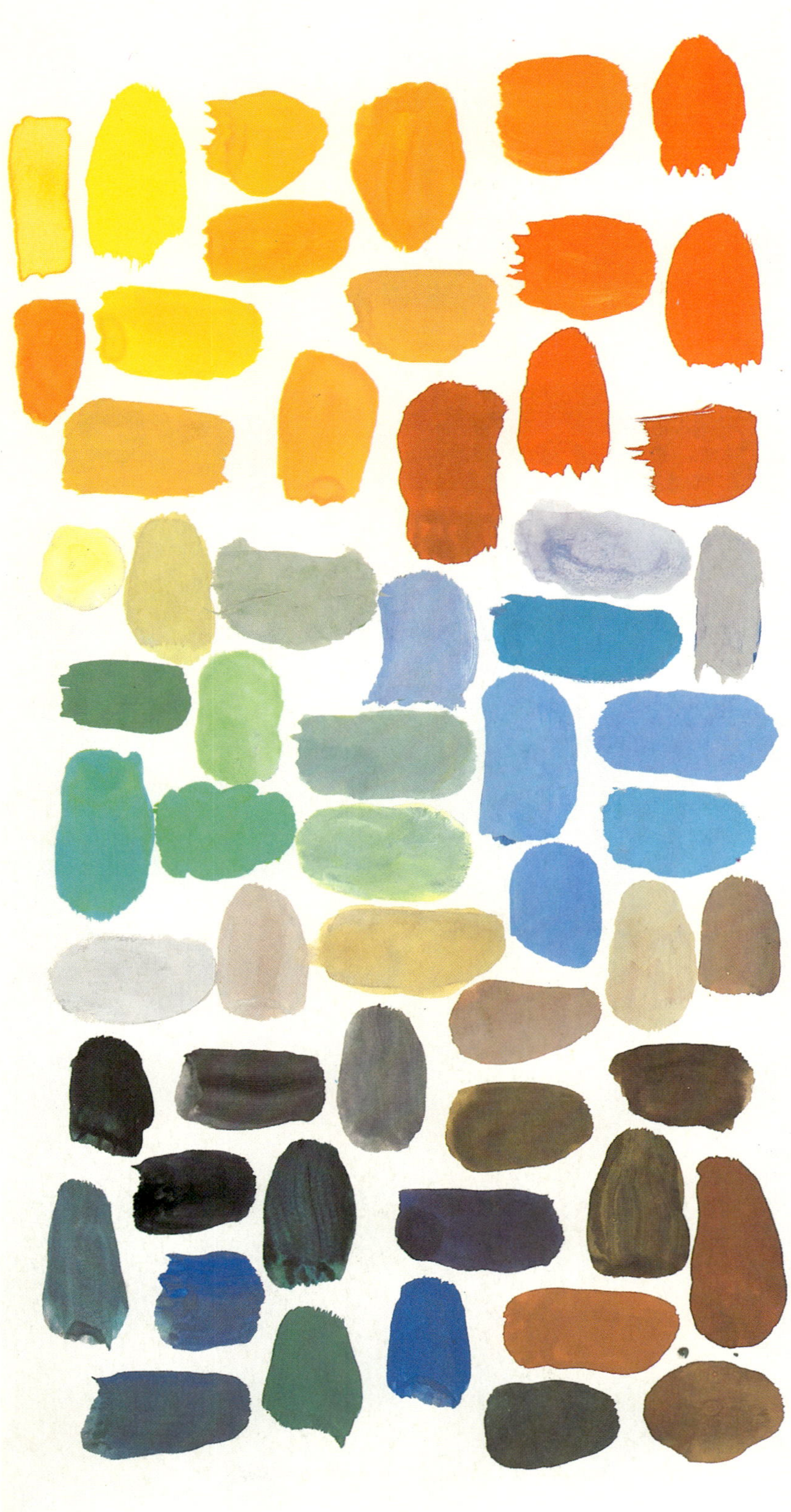

II Fertigen Sie auf holzfreiem Zeichenpapier ein Probeblatt mit allen möglichen Mischfarben aus Ihrem Grundsortiment an. Legen Sie die Farbflekken so nebeneinander, daß sie sich nicht berühren. Aus den acht Farben kann man zahlreiche Mischungen herstellen.

III Fertigen Sie ein ähnliches Probeblatt, aber mischen Sie allen Farben Weiß zu. Es entstehen Pastellfarben. Sie haben die Farben mit Weiß gebrochen.

IV Machen Sie sich noch ein solches Probeblatt, aber fügen Sie hier jeder Mischfarbe Schwarz zu. Die Farben werden dunkler, Sie haben die Farben mit Schwarz abgestumpft.

GLEICHMÄSSIGE FARBFLÄCHEN Das Malen gleichmäßiger Farbflächen erfordert einige Übung; es muß recht zügig gearbeitet werden, um Farbunterschiede zu vermeiden. Wenn die Gouache antrocknet, bevor die gesamte Fläche fertig ist, bleiben die neuen Farbansätze sichtbar. Es entsteht eine streifige Fläche, die nicht mehr auszubessern ist. Das Übermalen mit einer zweiten Farbschicht stellt ebenfalls keine Lösung dar. Es werden erneut Farbunterschiede auftreten, da bei diesem Vorgang die untere Farbschicht wieder gelöst wird.

Ehe Sie mit der nächsten Materialstudie beginnen, bereiten Sie in einem Mischgefäß etwas verdünnte Gouache zu. Achten Sie dabei auf die gleichmäßige Verteilung des Wassers in der Farbe.

MATERIALSTUDIE

I Nehmen Sie zum Anlegen gleichmäßiger Farbflächen einen flachen Pinsel mit weichem Haar oder Filament. Legen Sie das Papier flach hin. Nehmen Sie mit Ihrem Pinsel soviel Farbe wie möglich auf und tragen Sie horizontal den ersten Pinselstrich auf. Legen Sie den zweiten Strich direkt darunter, und zwar so, daß der zweite Strich den ersten gerade noch berührt. Ist die Konsistenz der Farbe richtig, werden die beiden Pinselstriche ineinander fließen. Nach dem Trocknen wird eine gleichmäßige Farbfläche entstehen.

II Versuchen Sie jetzt eine größere Fläche zu malen, indem Sie mehrere Pinselstriche untereinander legen. Warten Sie dabei nicht, bis keine Farbe mehr im Pinsel ist, sondern nehmen Sie rechtzeitig neue Farbe auf. Glückt Ihnen die Fläche nicht auf Anhieb, so beginnen Sie nochmals von vorne, bis Sie den Bogen heraus haben......

Sie müssen ausreichend Farbe zur Verfügung haben, um eine Farbfläche anlegen zu können, ohne zwischendurch noch weitere Farbe zubereiten zu müssen. Das Anlegen von Farbflächen werden Sie erst üben müssen. Beginnen Sie mit kleinen Flächen und versuchen Sie dann immer größere Flächen zu malen. Ob eine gleichmäßige Farbfläche gelungen ist, wird erst nach dem vollständigen Trocknen der Farbe sichtbar.

DAS ÜBEREINANDERMALEN VON FARBFLÄCHEN Der nächste Schritt ist das Übereinandermalen von Farbflächen. Wird eine Farbschicht über eine darunterliegende Farbschicht gelegt, so saugt die trockene Farbe einen Teil der Feuchtigkeit der nassen Farbe auf. Ist die nasse Farbe zu wenig verdünnt, kann sie nicht ausreichend vermalt werden. Ist die Farbe aber zu naß, bleibt die Farbschicht zu lange feucht und löst die darunterliegende Farbe wieder auf, was zu einer fleckigen Farbfläche führt. Auch hier gilt also wieder: Schnell arbeiten!

MATERIALSTUDIE

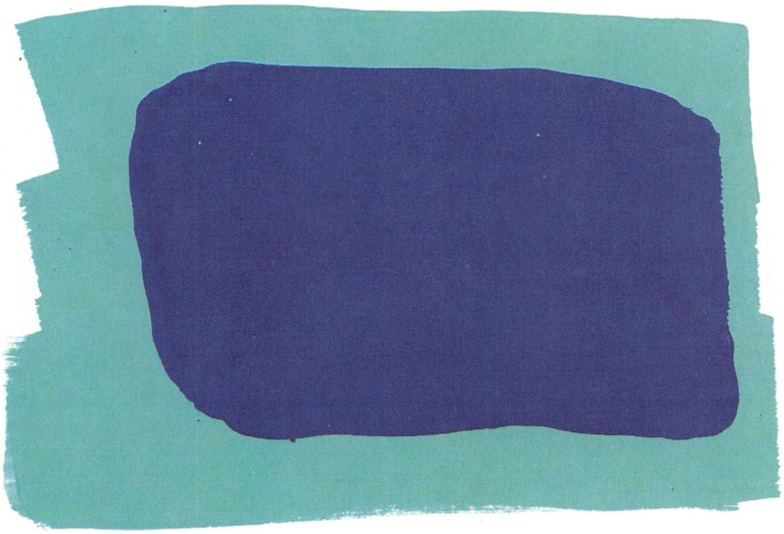

I Legen Sie eine helle Farbfläche an und lassen Sie sie gut trocknen. Bereiten Sie sich eine dunkle Farbe vor und malen Sie eine zweite Schicht so über die erste, daß diese nicht vollständig bedeckt wird. Versuchen Sie keine Korrekturen. Gelingt es nicht gleich, versuchen Sie es nochmals. Erst wenn die Farbflächen völlig trocken sind, können Sie sehen, ob Sie das gewünschte Resultat erzielt haben.

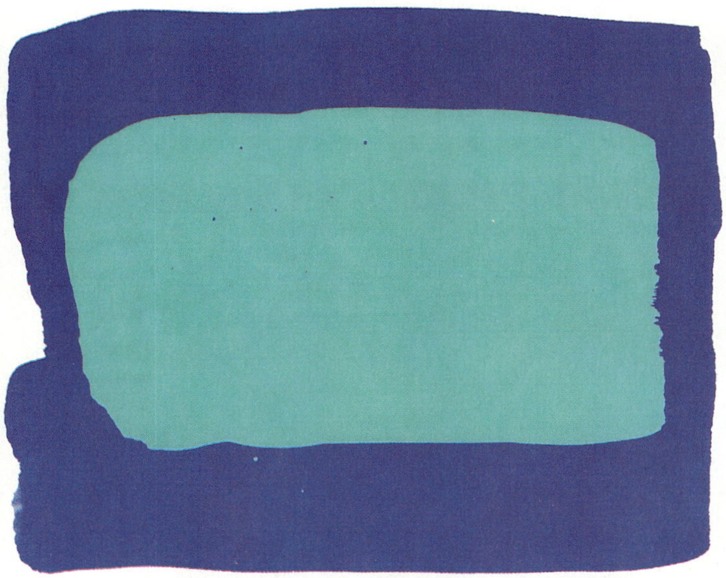

II Machen Sie die Studie I noch einmal, aber beginnen Sie mit einer dunklen Farbfläche und legen Sie dann eine hellere darüber. Achten Sie dabei auf ausreichende Deckkraft der helleren Farbe.

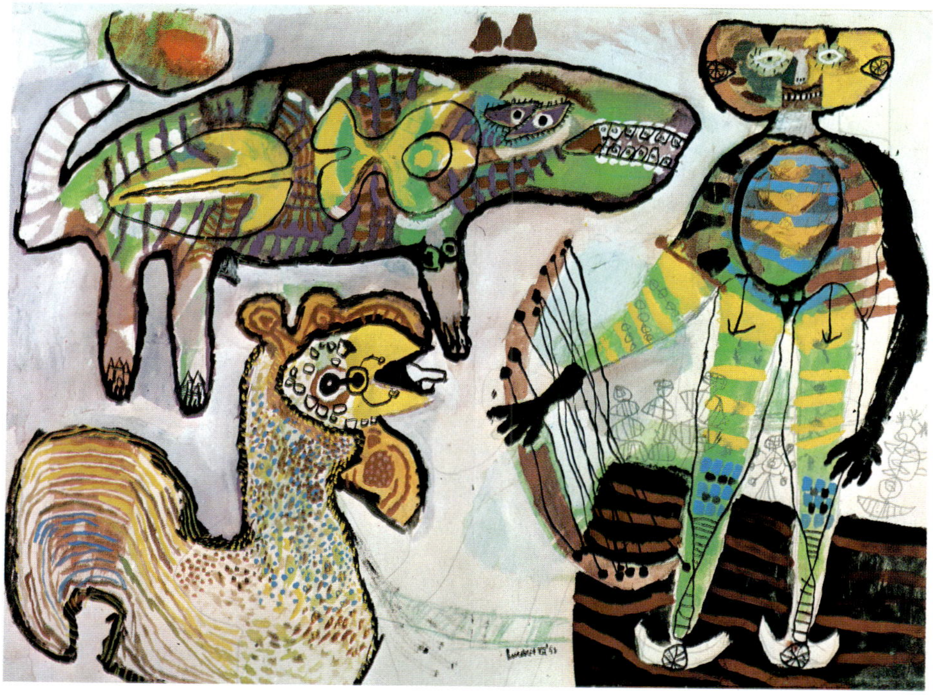

Orpheus und die Tiere
– 1952
LUCEBERT

Lucebert gehörte zu der Malergruppe »Kobra«, die 1948 in Paris von überwiegend dänischen, belgischen und niederländischen bildenden Künstlern und Literaten gegründet wurde (*KO*penhagen, *BR*üssel und *A*msterdam).

Diese Künstler wurden vor allem durch Kinderzeichnungen inspiriert.

(Siehe auch *Menschen und Hund unter der Sonne* von Joan Miró, S. 13).

Bei diesem Bild ist die deckende Gouache in Schichten übereinander gemalt. Die Gouache ist großzügig angelegt und mit Tinte und Farbstiften ergänzt.

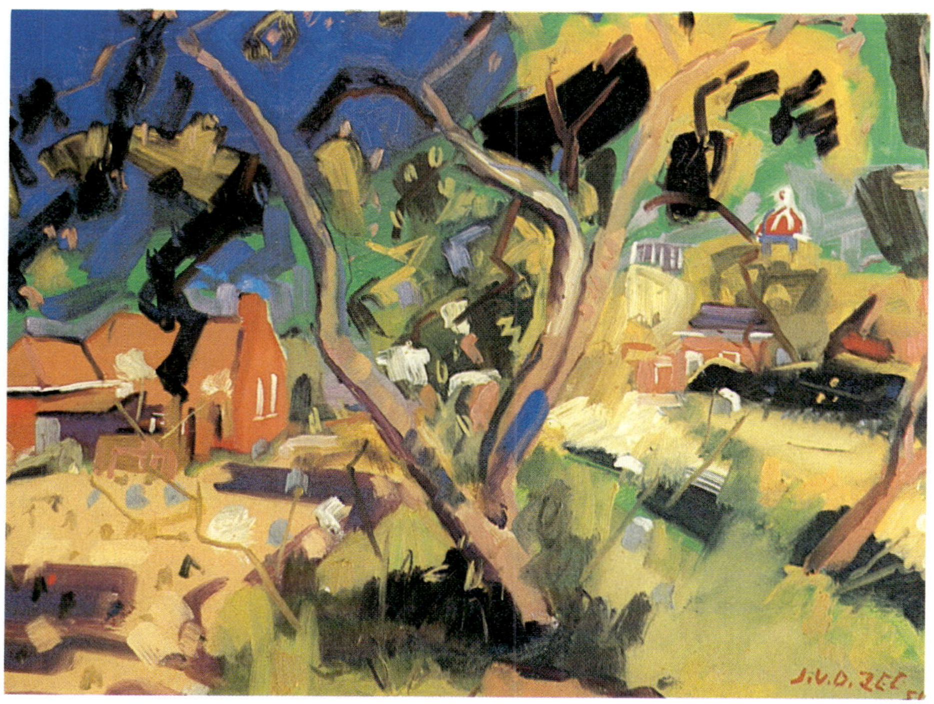

Landschaft
– 1932
JAN VAN DER ZEE

Vor allem das Frühwerk von Jan van der Zee ist deutlich expressionistisch. Die Farben sind klar und kräftig. Neben den Primärfarben sind hier auch Mischfarben mit Zugabe von Schwarz und Weiß verwendet worden.

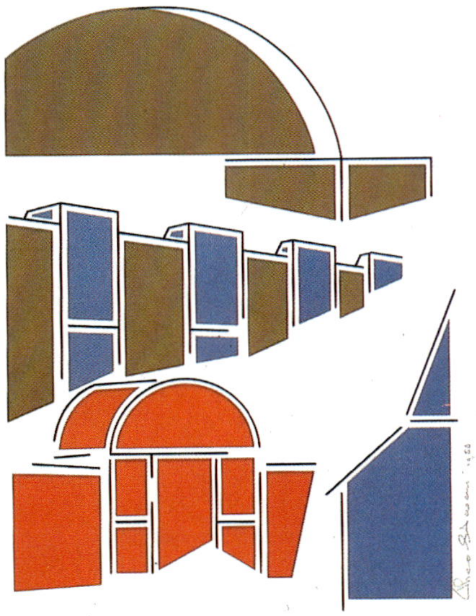

Artis Amsterdam
– 1988

THEO STEVENS

Artis Amsterdam (Zoologischer Garten in Amsterdam) ist eine Gouache, die als Entwurf für einen Siebdruck ausgeführt wurde. Der Entwurf ist dekorativ mit kleinen gleichwertigen Farbflächen angelegt. Die Farbflächen überschneiden sich nicht. Die kräftigen schwarzen Linien, die das verbindende Element zwischen den Flächen darstellen, sind mit schwarzer Tusche angebracht.

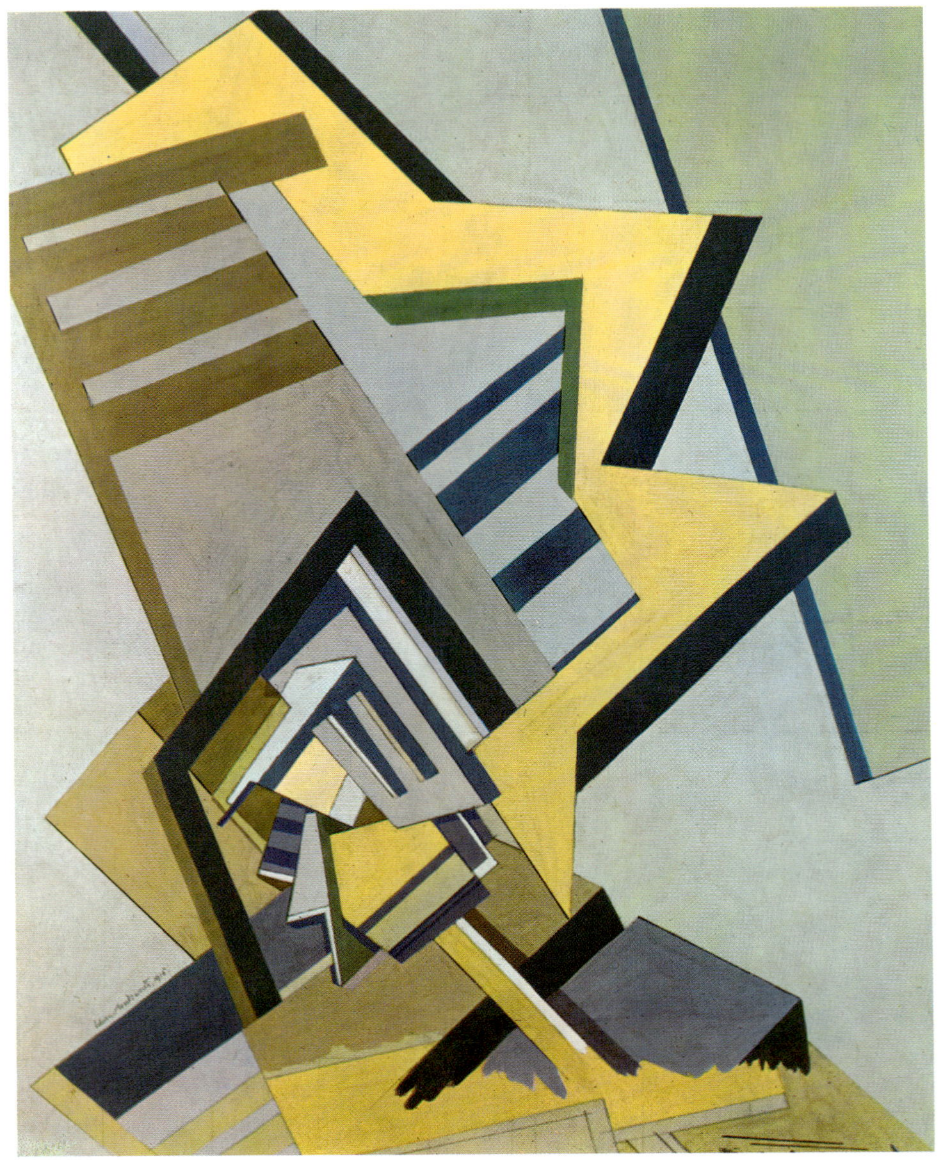

Abstrakte Komposition
– 1915

EDWARD WADSWORTH

Bei der futuristischen Malerei standen Licht und Bewegung im Mittelpunkt. Der Futurismus beschäftigte sich eher mit dem Eindruck von Bewegung als mit dem visuellen, statischen Bild. Wadsworth entwarf in seiner *Abstrakten Komposition* eine dynamische Geometrie. Diese Gouache ist in Schichten gemalt, wobei diese jeweils deckend aufgetragen wurden.

MALEN IN SCHICHTEN Das Übereinanderlegen von Farbflächen und Flecken auf trockene Farbfelder nennt man schichtweises Malen. Die neu aufgetragenen Farbelemente vermischen sich dabei nicht mit den darunterliegenden Farben. Bei einem Gemälde werden die Farben größtenteils von Dunkel nach Hell hin aufgebaut. Die Höhungen (die die hellsten Stellen bei einem Bild wiedergeben) werden zumeist erst in den obersten Farbschichten gesetzt.

MATERIALSTUDIE

I Nehmen Sie jetzt einmal die rauhe Seite von Casing oder Einschlagpapier und einen Pinsel mit hartem Haar.

Mischen Sie sich einige recht dunkle Farben an und tragen Sie sie auf dem Papier verteilt auf. Mischen Sie jetzt artgleiche aber hellere Farben an und malen Sie damit über die bereits vorhandenen Farbbalken. Lassen Sie dabei einen Teil der unten liegenden Farbe unbedeckt. Wiederholen Sie diesen Vorgang noch einige Male, wobei Sie stets hellere Farbtöne verwenden. Auf diese Art entsteht eine schichtweise gemalte Materialstudie mit stets heller werdenden Farben.

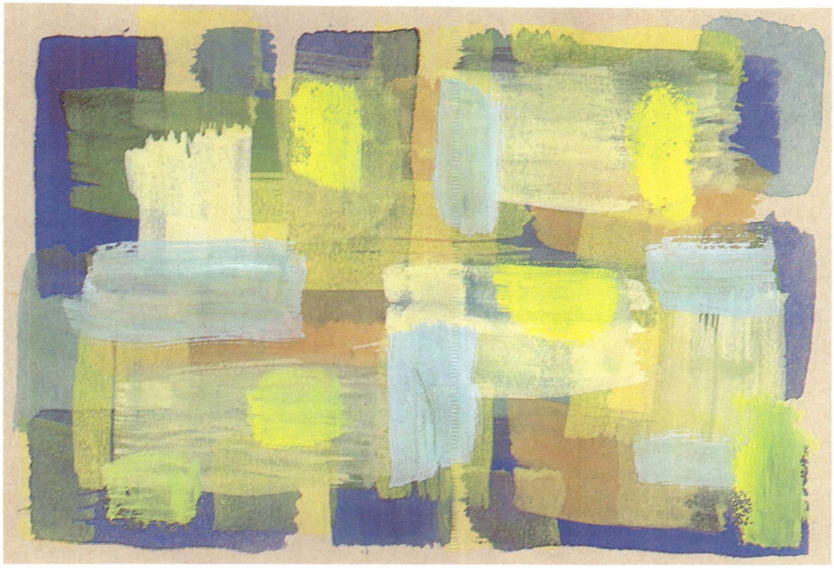

II Nehmen Sie ein Stück Aquarellpapier mit relativ grober Oberflächenstruktur oder benutzen Sie die Rückseite einer Hartfaserplatte. Wiederholen Sie die Materialstudie I, aber verwenden Sie jetzt unverdünnte Farben. Die Struktur von Farbe und Pinselstrich ergibt zusammen mit dem rauhen Malgrund einen völlig anderen Effekt als in der vorhergehenden Studie.

Über dem Wasser
– 1982
JAN MIECHELS

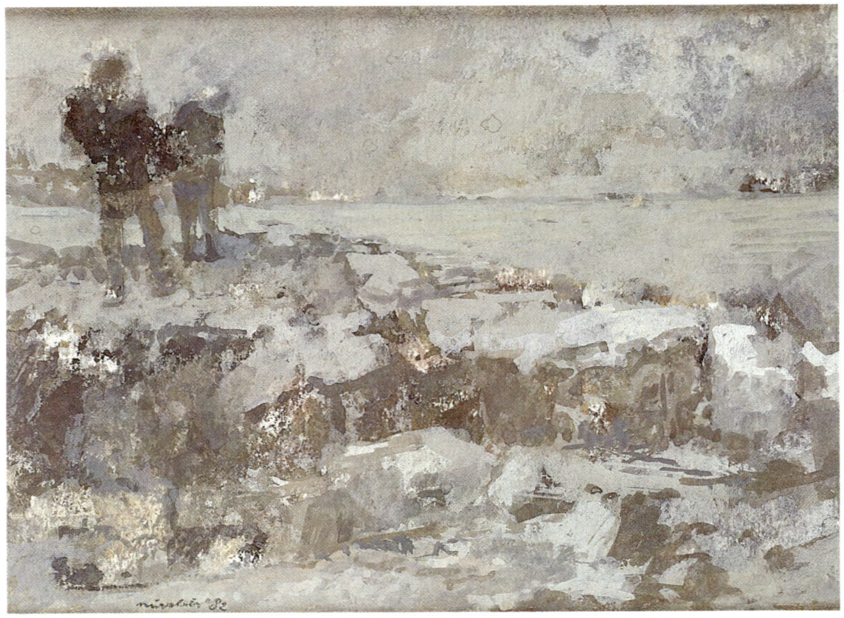

Diese Gouache von Jan Miechels ist in Schichten gemalt. Die Farbflächen liegen übereinander, aber vermischen sich nicht. Die Farbe ist nur wenig verdünnt – aber immer deckend – verarbeitet, und der Pinselstrich ist kaum sichtbar. Die Lichtakzente sind mit hellen Farbtupfen und durch Aussparen des weißen Papiers gesetzt.

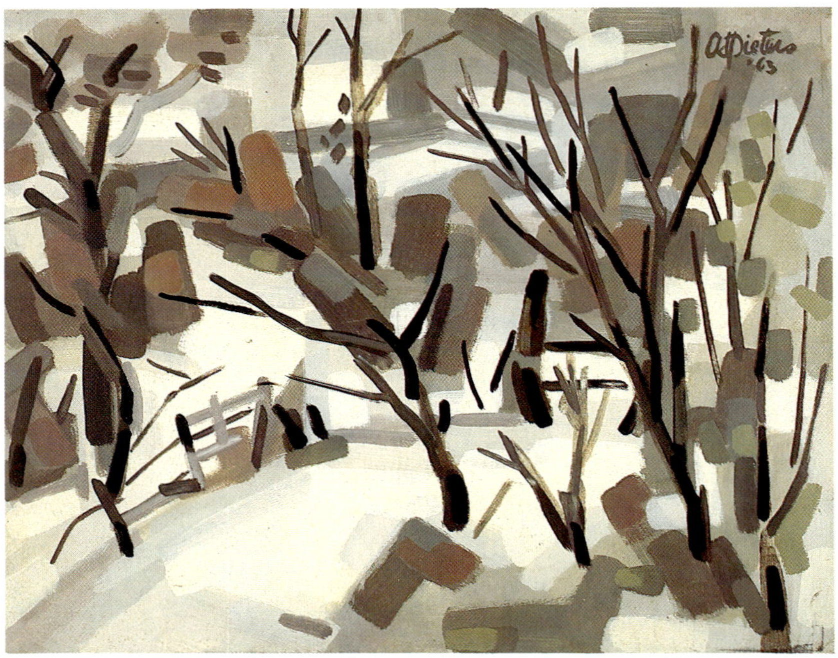

Garten im Winter
– 1963
AD PIETERS

Das Bild ist schichtweise gemalt, und zwar mit einem flachen, harten Pinsel. Der Pinselstrich ist so sichtbar geblieben. Beachten Sie die Andeutung der helleren Töne in der obersten Schicht. Daneben sind in der obersten Schicht auch die fast schwarzen Töne der sich im Schnee abzeichnenden Bäume gemalt. Der breite Gussow-Pinsel, mit dem dieses Bild gemalt wurde, wurde auch mit der Seitenkante verwendet, um dünnere Linien andeuten zu können.

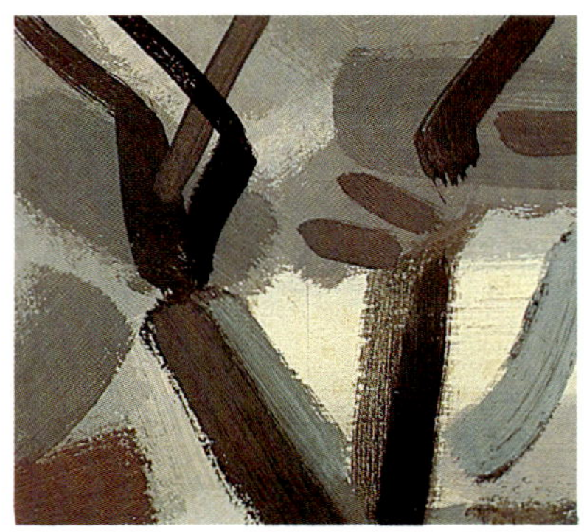

In diesem Detail vom Wintergarten sieht man, daß die Farbstrukturen überall liegen. Die Pinselbreite beeinflußt den Pinselstrich.

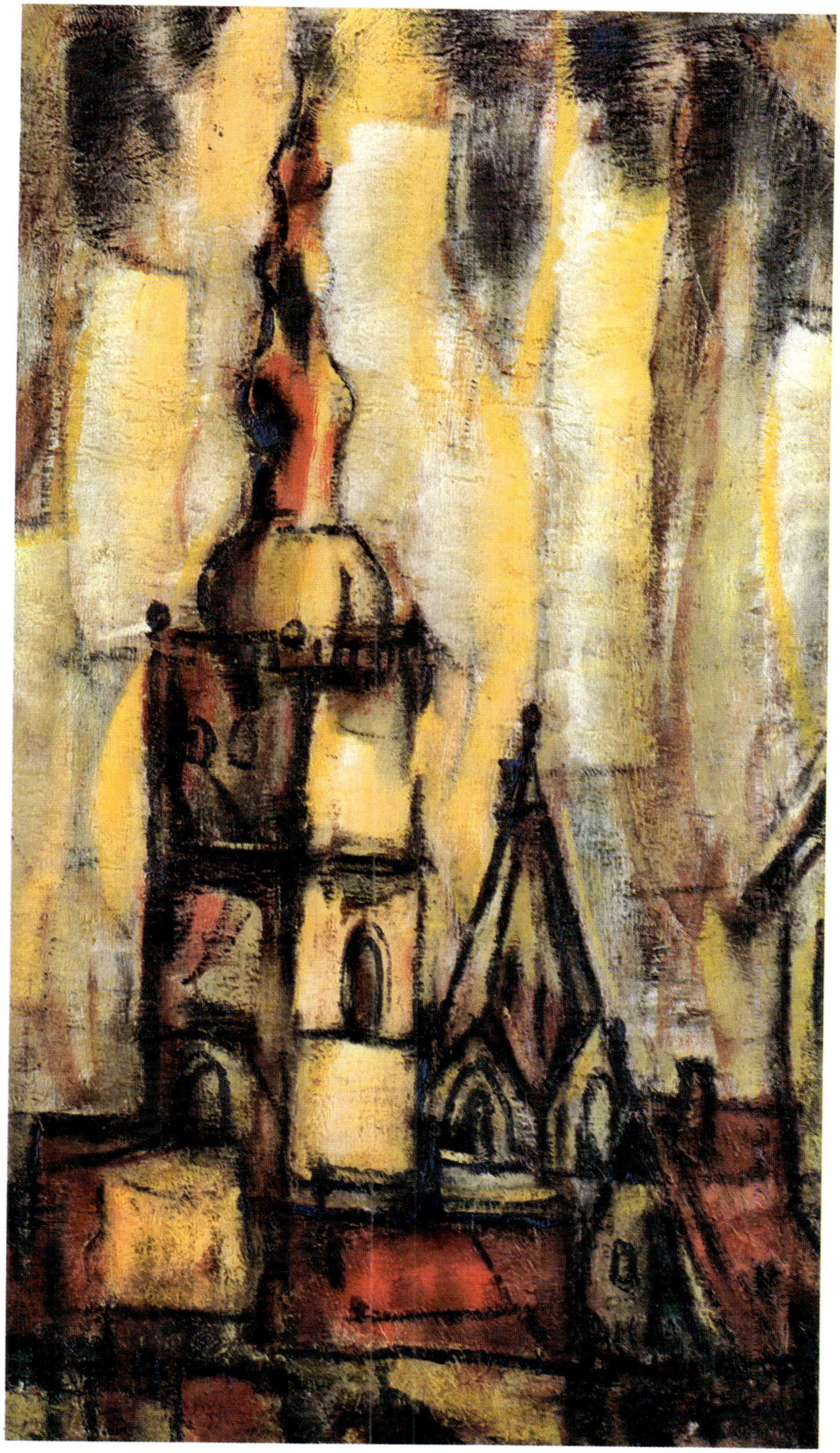

Turm der Petruskirche
in Soest
– o. J.
CHRISTIAN ROHLS

Der expressionistische Maler Rohls verarbeitete die Farbe bei diesem Gemälde relativ trocken. Das Motiv ist mit dünnerem Pinselstrich gemalt, wodurch rauhe Strukturen entstanden. An den breiten Farbtupfen ist deutlich ersichtlich, daß Rohls einen breiten Pinsel verwendet hat.

BÜRSTEN Durch die Technik des Bürstens können langsame Übergänge von hellen zu dunkleren Farbtönen und umgekehrt von dunklen zu helleren Tönen erreicht werden.

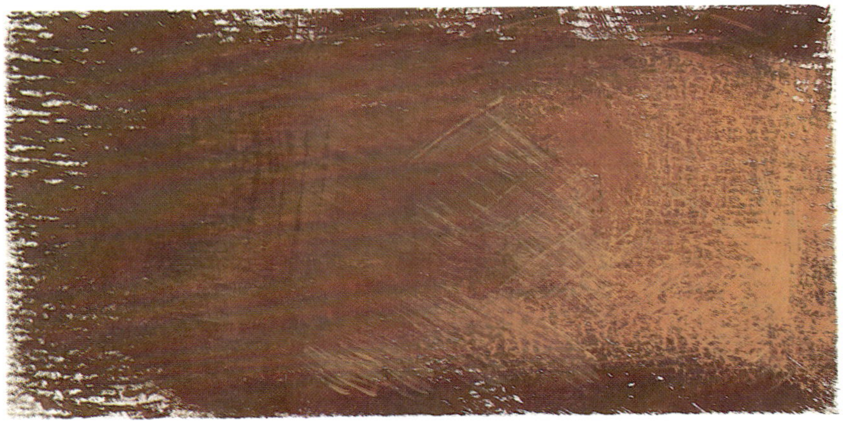

MATERIALSTUDIE

I Nehmen Sie einen harten Pinsel und verdünnen Sie die Gouache nur wenig. Legen Sie eine helle Farbfläche an und lassen Sie diese trocknen. Bürsten Sie jetzt etwas Farbe mit einem dunkleren Ton so über die Farbfläche, daß sich ein weicher Übergang von Hell zu Dunkel ergibt.

Auf diese Weise entstehen Schatteneffekte in Ihrer Farbfläche. Wiederholen Sie den Vorgang in umgekehrter Reihenfolge. Auf einer dunklen Farbfläche entstehen so Lichtpartien.

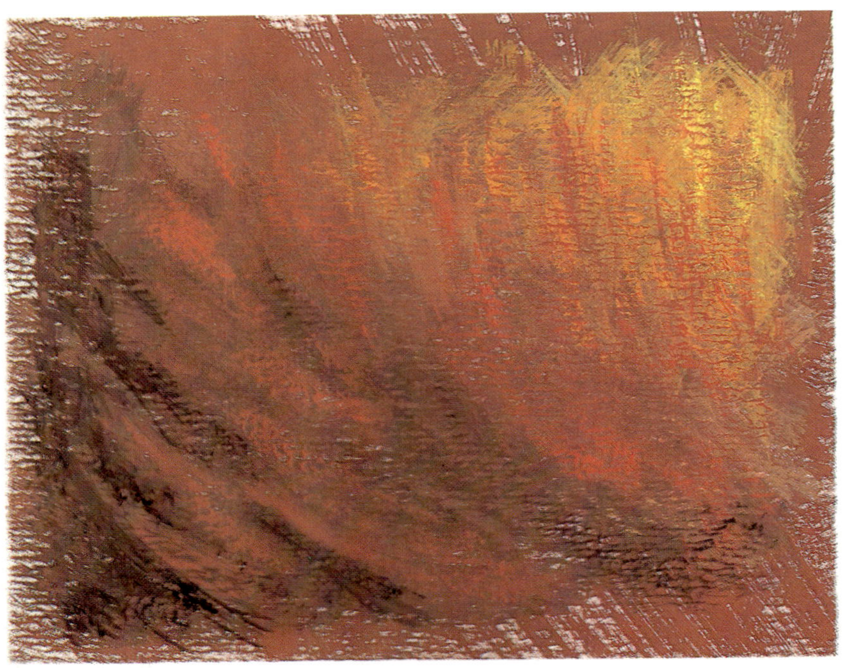

II Bedecken Sie die gesamte Papieroberfläche mit Farbe und lassen Sie sie trocknen. Machen Sie dann nuancierte Flächen daraus, indem Sie sie aufhellen bzw. abstumpfen.

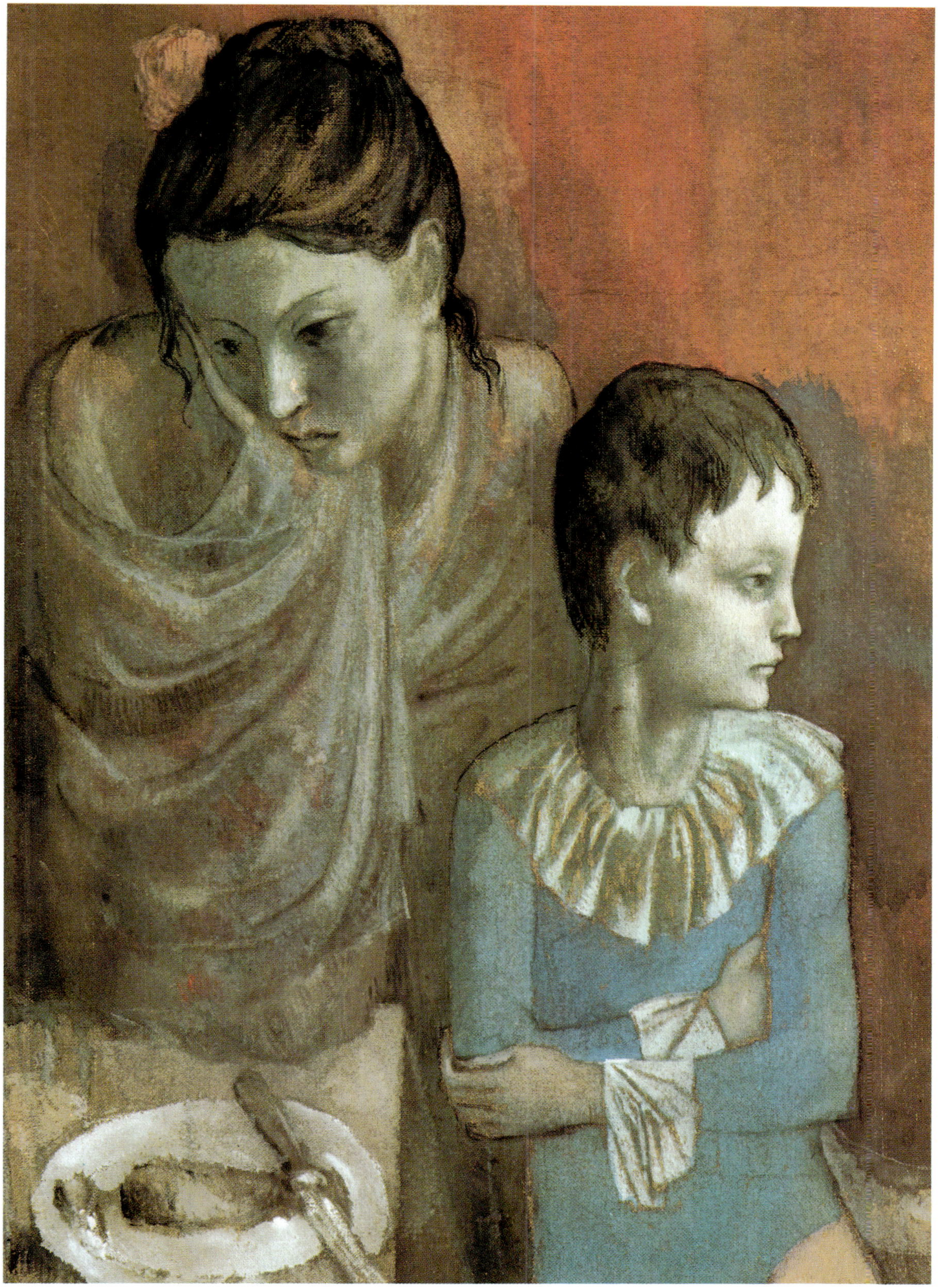

Circusartisten
– 1905
PABLO PICASSO

Vor allem in den Gesichtern der Frau und des Kindes hat Picasso die Licht- und Schattenpartien mit relativ trockener Farbe eingebürstet. Die Glanzlichter wurden in der obersten Schicht gesetzt. Beachten Sie hierzu das Weiß auf der Nase der Frau, den Schal und die kupferfarbenen Töne im dunklen Haar. Über die Hintergrundfarbe ist eine stark verdünnte, beinahe transparente Gouacheschicht lasierend aufgetragen.

NASS-IN-NASS-MALEREI Diese Technik ist eine direkte Malmethode. Sie wird auch als »Alla Prima« und »Au premier coup« (auf Anhieb) bezeichnet.

Vor allem im 19. Jahrhundert war dies eine sehr geschätzte Maltechnik, die viel von den impressionistischen »plein air«-Malern angewandt wurde, die die Leuchtkraft und strukturellen Möglichkeiten von Ölfarbe in ihren Gemälden zeigen.

Indem beim Übereinanderlegen von Farbschichten das Trocknen der unteren Schichten nicht abgewartet wird, vermischen sich die Lagen miteinander. Daher der Ausdruck »Naß-in-Naß«. Die Textur der Farbe, mit beeinflußt von der Struktur des Pinselstrichs, spielt bei dieser Technik eine wichtige Rolle. Auch beim Naß-in-Naß-Malen arbeitet man von dunklen zu hellen Farben hin. Die hellsten Töne, maßgebend für die Höhungen, werden auch hier mit den letzten Farbschichten angebracht. Das heißt aber nicht, daß diese Farbschicht nicht auch dunkle Partien, die tiefe Schatten oder Akzente setzen, aufweisen könnte.

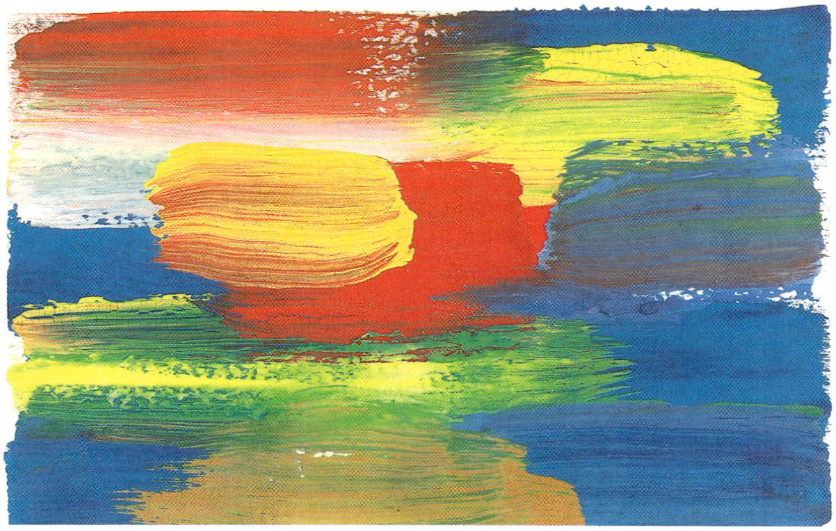

MATERIALSTUDIE

I Nehmen Sie einen Pinsel mit kräftigem Haar und einen starken Malgrund. Wählen Sie eine ziemlich dunkle Farbe und verdünnen Sie diese nur wenig. Tragen Sie die Farbe mit willkürlichen Pinselstrichen auf. Malen Sie nun in gleicher Art mit einer etwas helleren Farbe durch die noch nassen Pinselstriche. Beide Farbschichten vermischen sich, es entsteht eine dritte Farbe. Wiederholen Sie den Vorgang nochmals. Bei nur wenig verdünnter Gouache bleibt der Pinselstrich sichtbar.

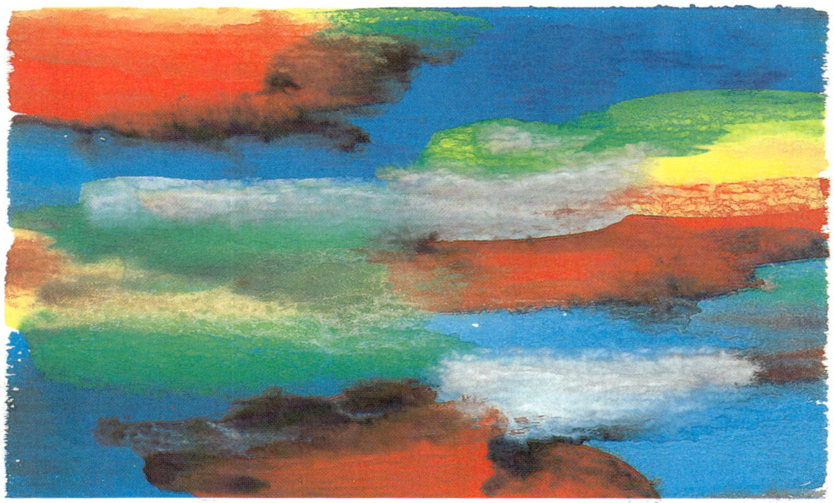

II Verwenden Sie jetzt einen weichen Pinsel. Verdünnen Sie die Gouache mit Wasser, ohne daß dabei die Deckkraft verloren geht. Legen Sie damit einige Farbflächen an und arbeiten Sie noch einige helle und dunkle Töne hinein. Die Farbe fließt jetzt stärker auseinander, und der Pinselstrich ist nicht mehr oder kaum zu sehen. Auch das ist Naß-in-Naß-Malen.

III Sie können auch das Malen in Schichten mit der Alla-Prima-Technik kombinieren. Zahlreiche Künstler wenden diese Kombination von Techniken in ihren Werken an.

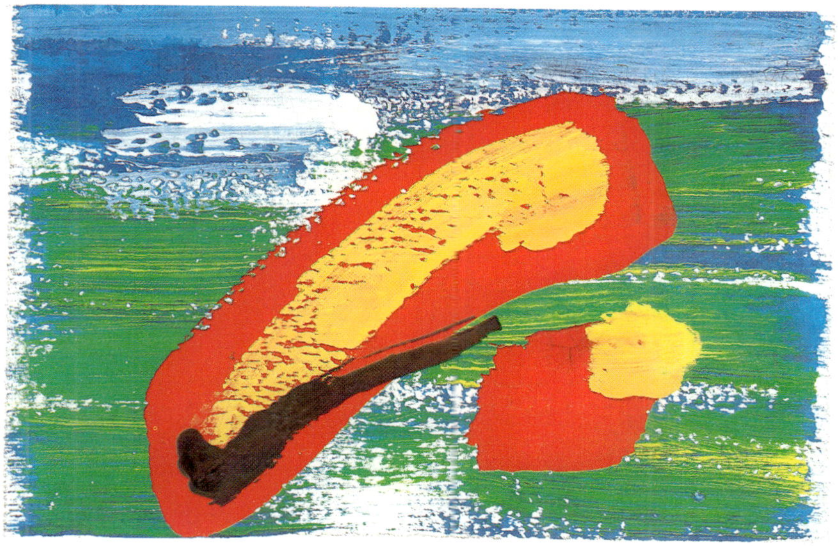

Beispiele für die Anwendung

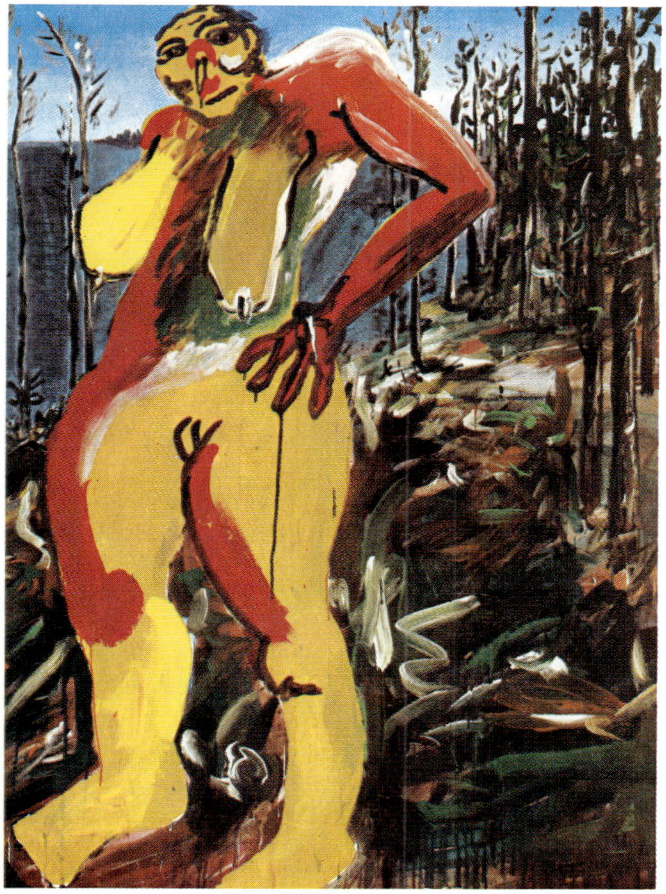

Weiblicher Akt – 1981
GERARD KEVER

Der Künstler hat bei dieser Gouache in Alla-Prima-Technik gearbeitet. Das ist u. a. im rechten Vordergrund zu sehen, wo die Farben ineinander verlaufen. Auch auf der Schulter der großen Figur sind Mischungen von Rot mit Weiß zu sehen. Sie suggerieren den Lichteinfall.

Am Unterarm, in der Schattenpartie, ist ein dunkler Pinselstrich gesetzt. Die Bäume im Hintergrund zeigen deutlich helle und dunkle Pinselstriche.

Café am Zeedijk
– o. J.
HERBERT FIEDLER
(1891–1961)

Fiedler malte dieses Bild etwa in der Mitte dieses Jahrhunderts, nachdem er nach Holland emigriert war. Er registrierte das Leben und Treiben im Café in einer Straße in Amsterdam. In diesem bewegten Bild wendete Fiedler die Naß-in-Naß-Technik an, wie bei der Darstellung des Sonnenschirms genau zu erkennen ist. Die Farbe wurde hier stark verdünnt verarbeitet, so daß sie verlief. Auch die schichtweise Maltechnik kam zur Anwendung, etwa bei den Glanzlichtern auf den Figuren im Vordergrund und den schwarzen konturartigen Effekten.

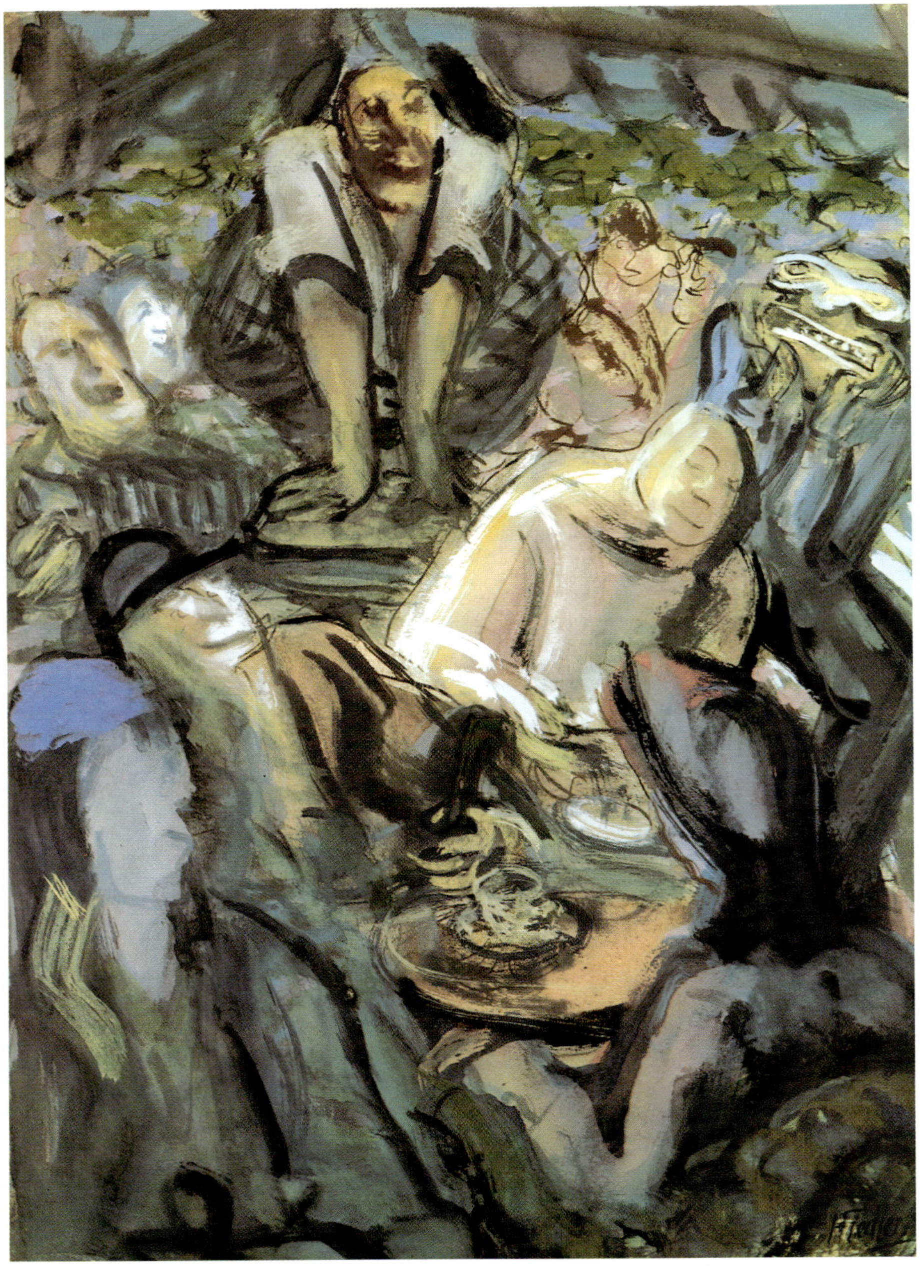

TRANSPARENTES MALEN Verdünnt man Gouache stark mit Wasser, verliert sie ihre Deckkraft. Die Pigmentteilchen werden dann durch die Flüssigkeit so verdünnt, daß der Farbfilm den Untergrund nicht mehr decken kann. So entsteht aber die Möglichkeit, mit dieser mehr oder weniger transparenten Gouache aquarellartige Effekte zu erzielen, was eine interessante Erweiterung der Möglichkeiten dieser Farbsorte darstellt. Allerdings bleibt Aquarellfarbe nach wie vor das schönste Medium für diese Technik.

Das transparente Arbeiten mit Gouache wird meist in Verbindung mit deckender Malerei angewendet.

Materialstudie

I Die Transparenz, die Sie durch Verdünnen der Gouache erreichen können, ist auf unterschiedliche Weise einsetzbar.

Nehmen Sie einen weichen Pinsel und ein weißes Aquarell- oder Ingrespapier. Verdünnen Sie rote Gouache solange, bis sie transparent wird. Legen Sie damit eine Farbfläche an und lassen Sie diese trocknen. Verdünnen Sie auf die gleiche Weise blaue Farbe und übermalen Sie damit die erste Farbschicht. Es entsteht – abhängig vom verwendeten Rot und Blau – ein sattes Violett bis Aubergine.

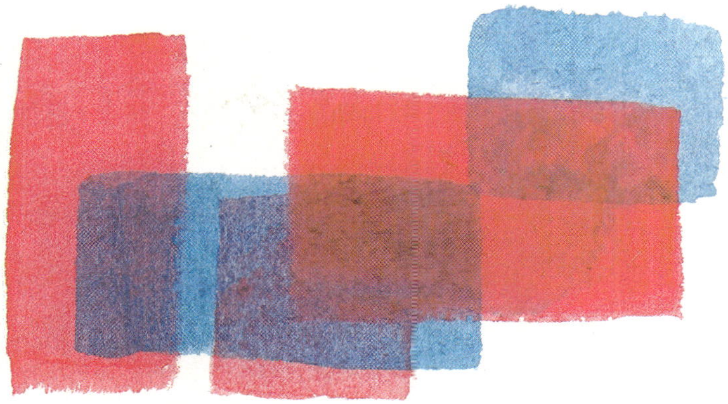

II Malen Sie eine deckende rote Fläche und lassen Sie sie trocknen. Legen Sie hierüber eine transparente blaue Fläche. Auch hier entsteht eine Mischfarbe. Wenngleich Studie I und II mit den gleichen Farben ausgeführt sind, unterscheiden sie sich doch im Farbausdruck.

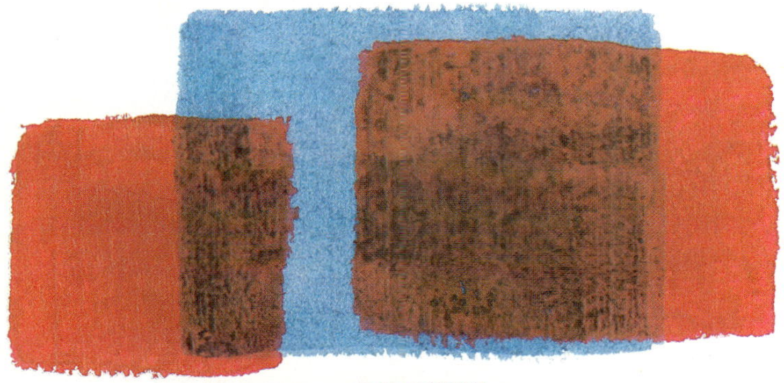

III Farben können abgestumpft werden, wenn eine deckende oder transparente Farbfläche mit transparenter Farbe überzogen wird. Diese Technik ist zum Anlegen weicher Schattenpartien besonders geeignet. Bei dieser Studie wurden sowohl deckende als auch transparente Flächen mit einer transparenten Schicht abgestumpft. Dazu wurde gebrannte Siena verwendet. Diese Arbeitsweise gehört zu den Schicht-Techniken.

IV Auch das Malen in noch nasse deckende oder transparente Farben gehört zu den Möglichkeiten der Gouache. Für diese Malweise sollten Sie allerdings das Mischen von Farben gut beherrschen, anders wirken die Farben schnell schmutzig. Sowohl helle als auch dunkle und abgestumpfte Farben dürfen nicht fahl werden.

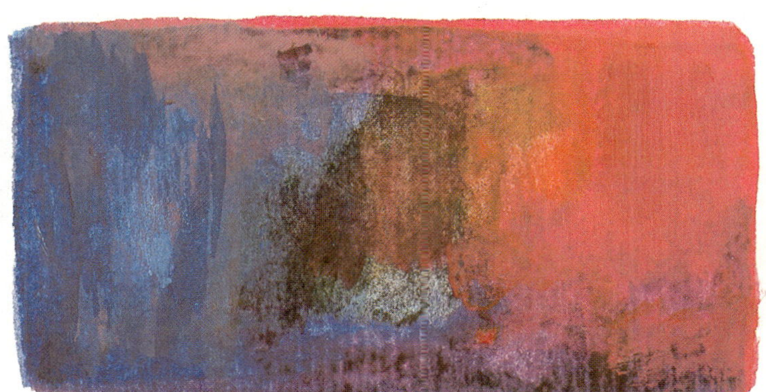

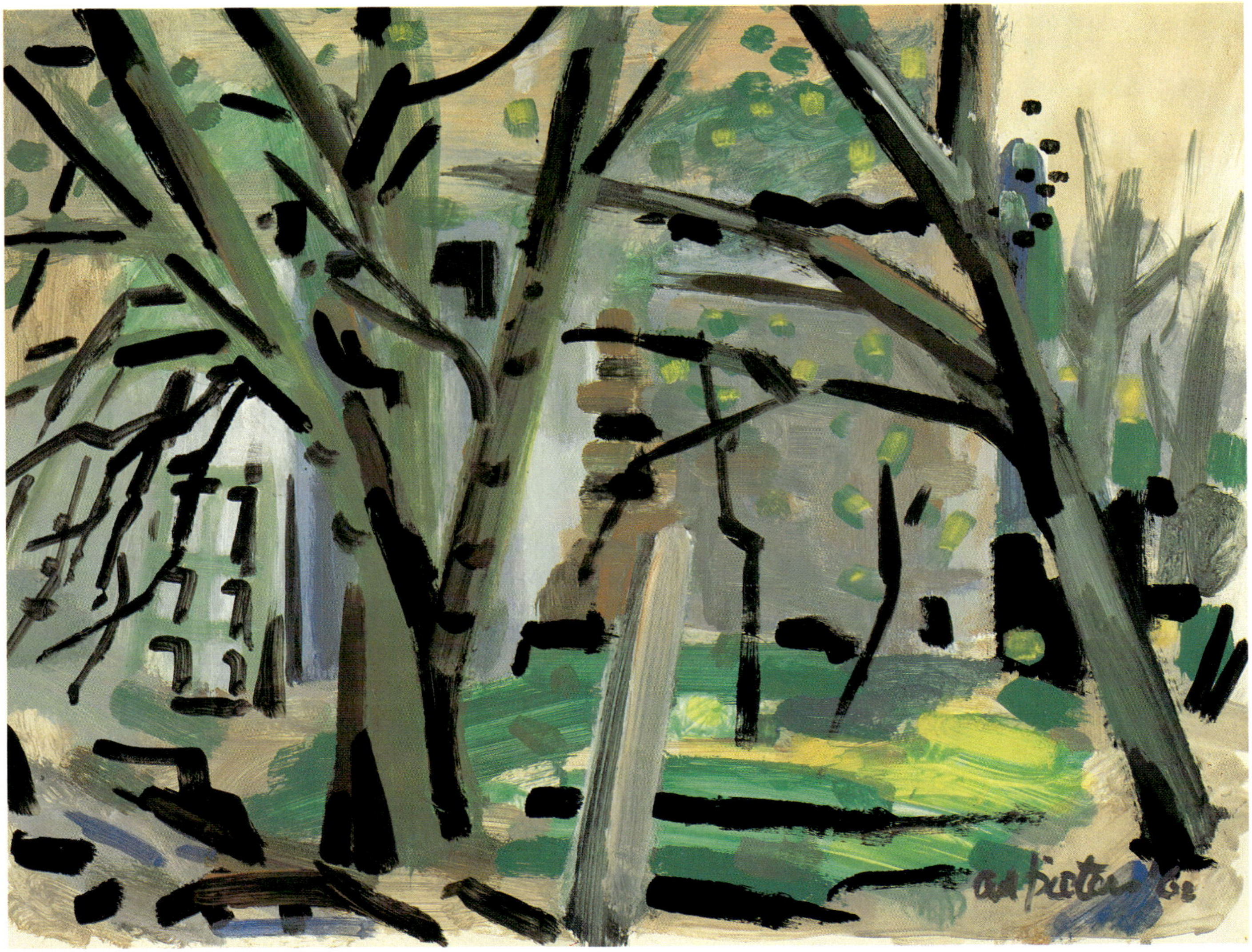

Alter Garten
– 1962
AD PIETERS

Das Gemälde wurde mit einem flachen, steifen Pinsel auf Elfenbeinkarton gemalt. Die Farbe wurde teils mehr oder weniger transparent, teils deckend verarbeitet. Bei den transparenten Farbschichten ist die Struktur des Pinselstrichs sichtbar und das weiße Papier schimmert durch die Farbe. Somit wurde diese Struktur ein wichtiger Bestandteil des Bildes. In der Endphase wurden vor allem schwarze, deckende Elemente gesetzt. Auch durch mehrere Gouacheschichten hindurch kann man die Struktur der Pinselhaare erkennen.

Auch in Schichten verdünnter Gouache kann die Struktur des Pinselstrichs sichtbar werden.

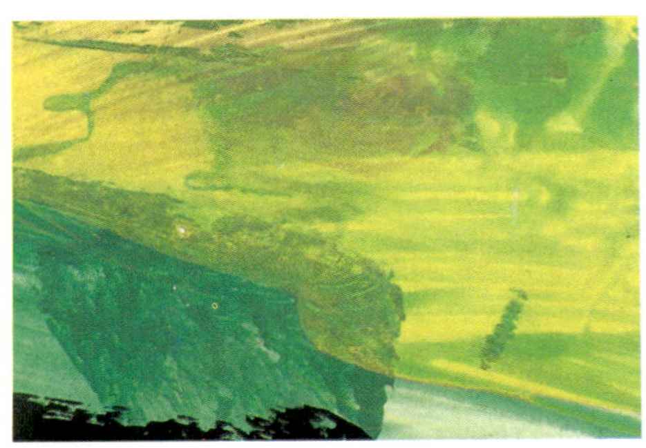

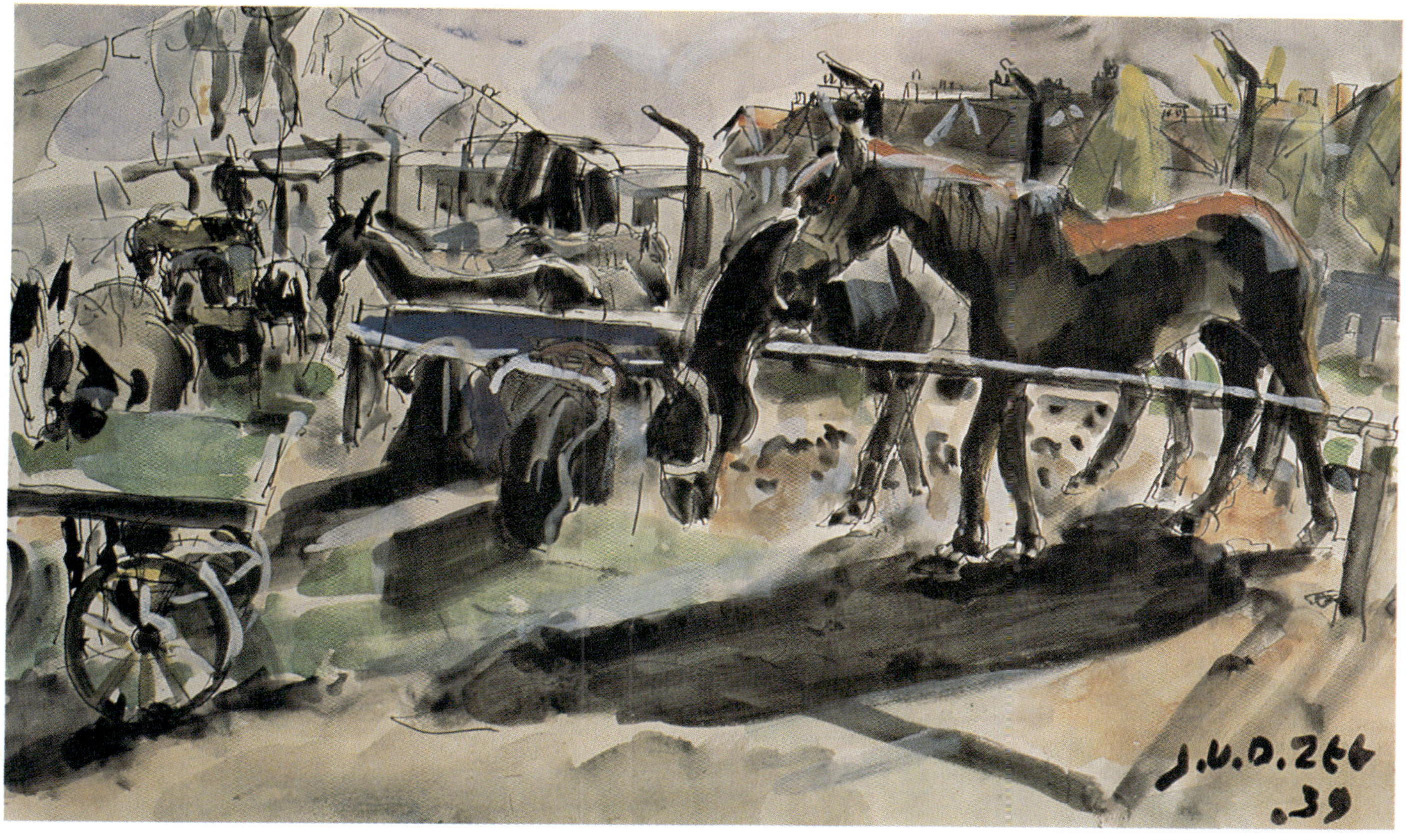

Pferdemarkt in Zuidlaren
– 1931

JAN VAN DER ZEE

Jan van der Zee verwendete hier nicht nur unterschiedliche Techniken, sondern auch verschiedene Farbarten. Das Bild weist sowohl deckend als auch transparent vermalte Farbe auf, zugleich sind linear und gezeichnet wirkende Facetten mit schwarzer Tusche zugefügt. Das Gemälde ist auf grauem Papier angefertigt.

Fasan
– 1986

PIETER CORTEL
Kursteilnehmer

In diesem Bild wurde die Farbe sowohl deckend als auch transparent verwendet. Im Hintergrund ist die Farbe notwendigerweise transparent aufgetragen. Die Farben sind daher weich im Ton. Der Fasan ist deckend in kräftigen Farben gemalt. Durch diesen Gegensatz erhält die Arbeit Tiefe. Es wurden weiche Wasserfarbenpinsel verwendet. Die Farbe wurde verdünnt, so daß der Pinselstrich nicht mehr sichtbar ist.

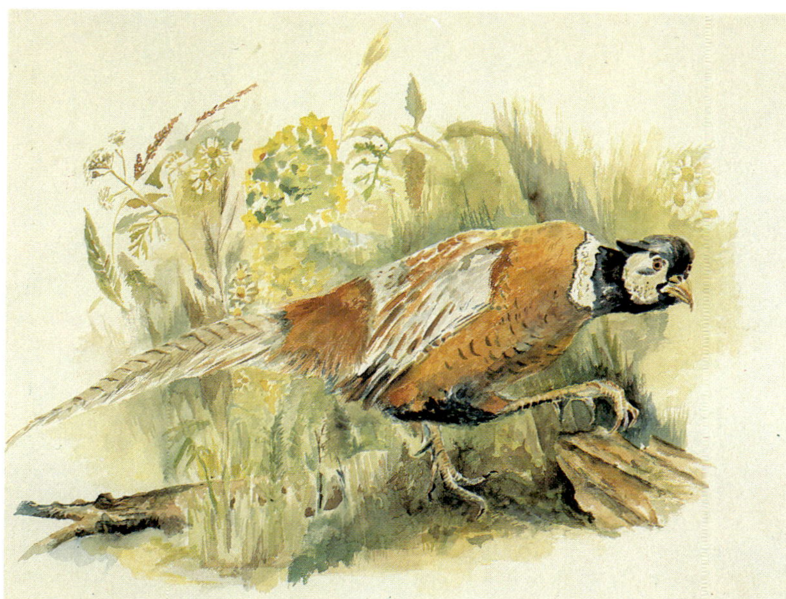

Blumenstrauß
– 1982
Bob ten Hoope

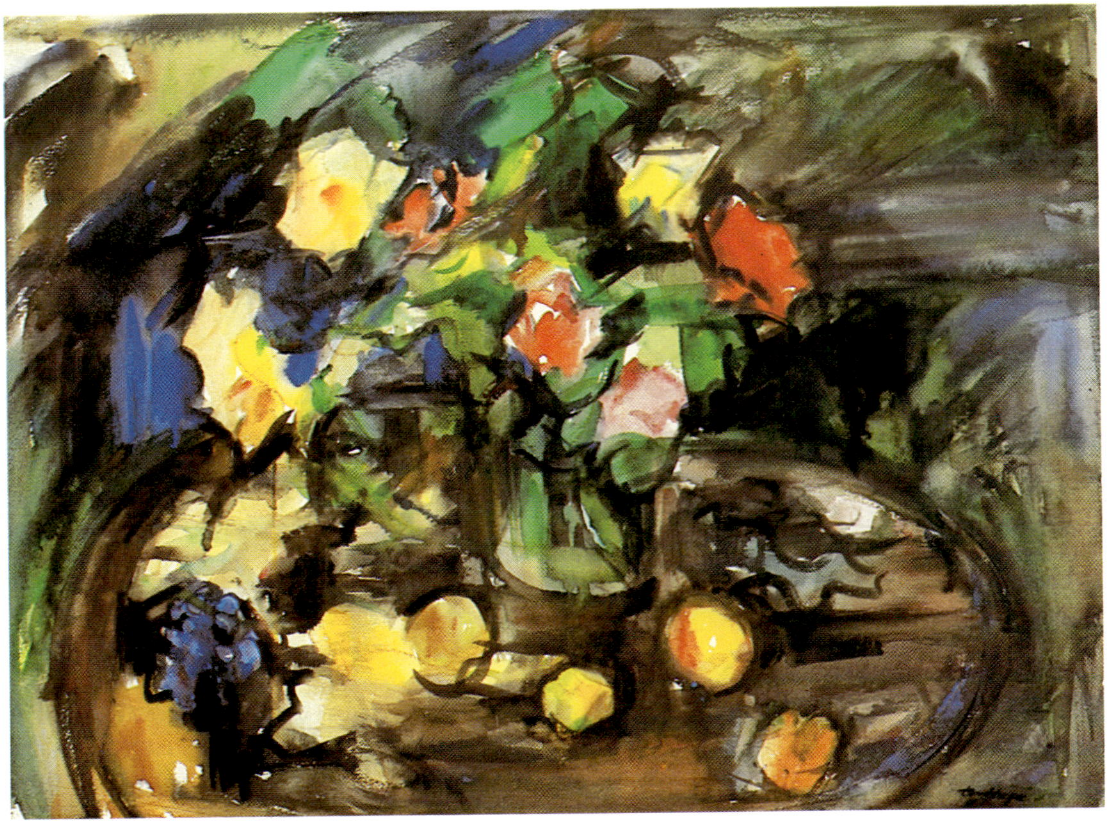

Bei dieser Gouache wurden die Farben teils stark verdünnt aufgetragen, wodurch aquarellartige Effekte zustande kamen. Zum Malen der Blumen und der Früchte im Vordergrund wurde die Farbe nahezu unverdünnt verarbeitet. Im bewegt wirkenden Hintergrund treten verschiedene dunkle Töne auf, die mit Naß-in-Naß-Technik gemalt wurden. Trotz der dunklen Farben ist der Hintergrund lebendig geblieben.

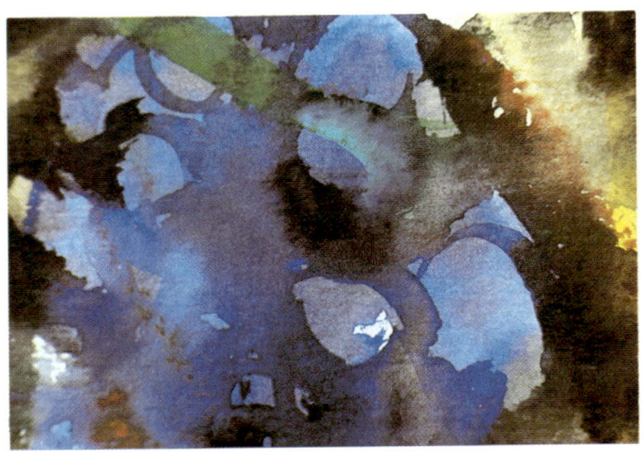

Auf dem Tisch mit dem Blumenstrauß liegen Früchte. Aus der Nähe betrachtet, bestehen die Trauben hauptsächlich aus verschiedenen Blautönen. Die Hell-Dunkel-Wirkung und die großzügig angedeuteten runden Formen suggerieren die Materialität der Trauben. Auch in diesem Detail ist die Naß-in-Naß-Technik neben schichtweisem Malen erkennbar.

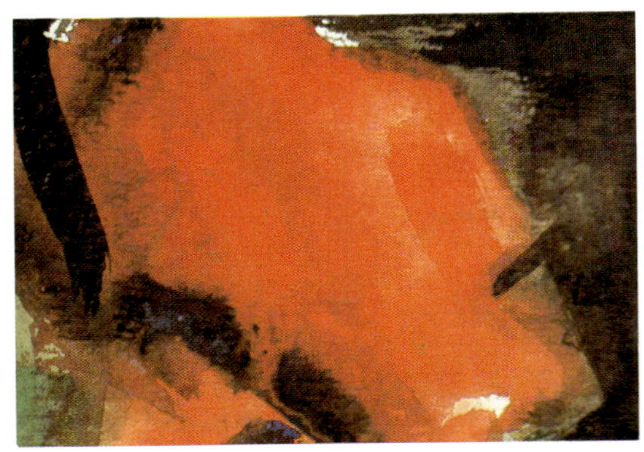

In diesem Ausschnitt ist gut zu sehen, daß Bob ten Hoope sowohl die Alla-Prima-Technik als auch das schichtweise Malen verwendet hat. Ohne eine visuelle Darstellung zu zeichnen, gibt er doch Form und Art wieder. Diese Illusion stellt die Verbindung zum visuellen Bild her.

IHRE PERSÖNLICHE FARBWAHL Wenn Sie einige Zeit gemalt haben, werden Sie eine Vorliebe für bestimmte Farben entwickeln. Wenn Sie das aufmerksam verfolgen und abwägen, ob die gewählten Farben harmonieren, bauen Sie sich Ihre »persönliche Palette« auf.

Zum Aufbau einer »persönlichen Palette« ist es notwendig, nicht alle zur Verfügung stehenden Farben in einem Bild zu verwenden. Das wirkt unruhig und kaum harmonisch. Versuchen Sie, für jedes Bild nur eine beschränkte Anzahl von Farben zu verwenden.

Für den einen werden das z. B. reine, kontrastierende Farben sein, für den anderen dicht beisammenliegende, vielleicht sogar abgestumpfte oder abgeschwächte Farben.

MATERIALSTUDIE

I Fertigen Sie eine Studie mit reinen, kontrastierenden Farben an. Ziehen Sie evtl. den Farbstern auf S. 42 zu Rate.

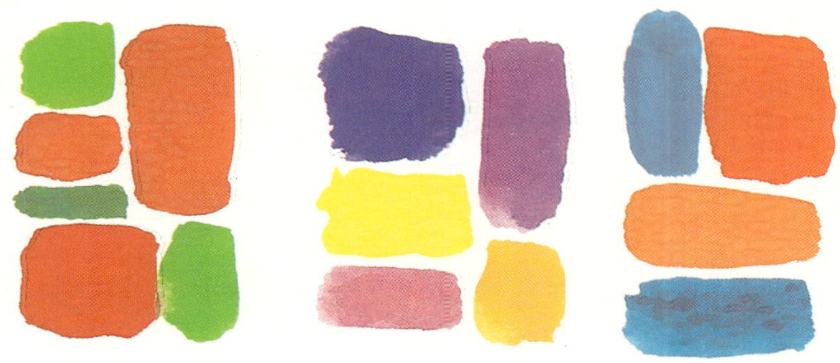

II Legen Sie ein Probeblatt mit reinen, nahe beieinander liegenden Farben an.

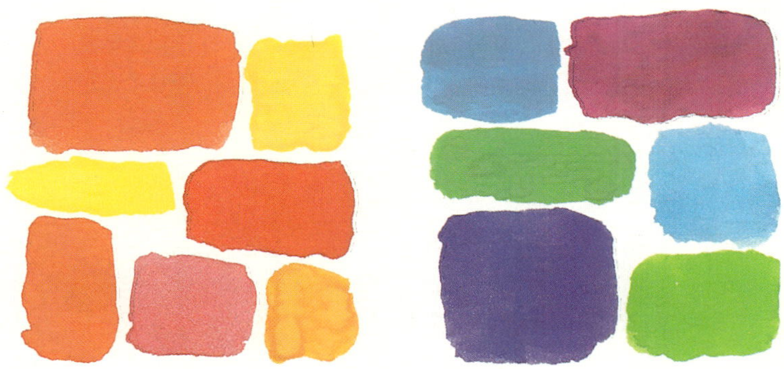

III Machen Sie ein Probeblatt mit abgestumpften und abgeschwächten, nahe beieinander liegenden Farben.

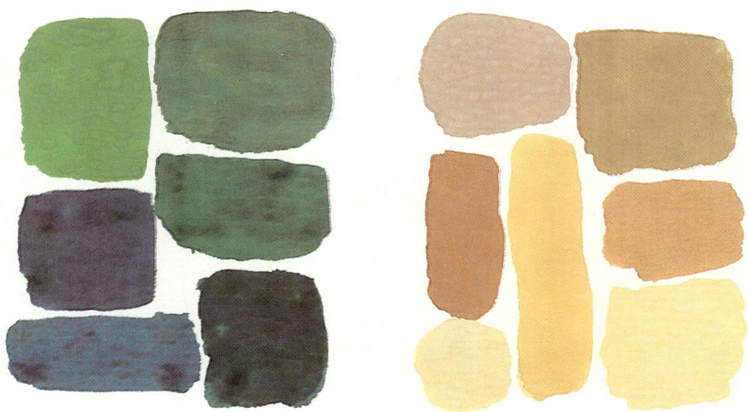

Auf der Anhöhe
– 1981

JAN MIECHELS

Die Arbeit von Jan Miechels eignet sich besonders, um Ihnen den Gebrauch von nur wenigen Farben zu verdeutlichen. Er wählt für zahlreiche Arbeiten verschiedene Weiß- und Schwarztöne, die er durch Mischen mit Ultramarin und Kobaltblau erzielt, oder auch durch Mischungen der beiden Farben untereinander. Mit Ockertönen, Siena natur und gebrannt stumpft er seine Farben ab, es werden aber auch reine Töne verwendet. Miechels stimmte die Palette von Farbtönen auf das gewählte Thema, zwei Menschen in einer Landschaft, ab.

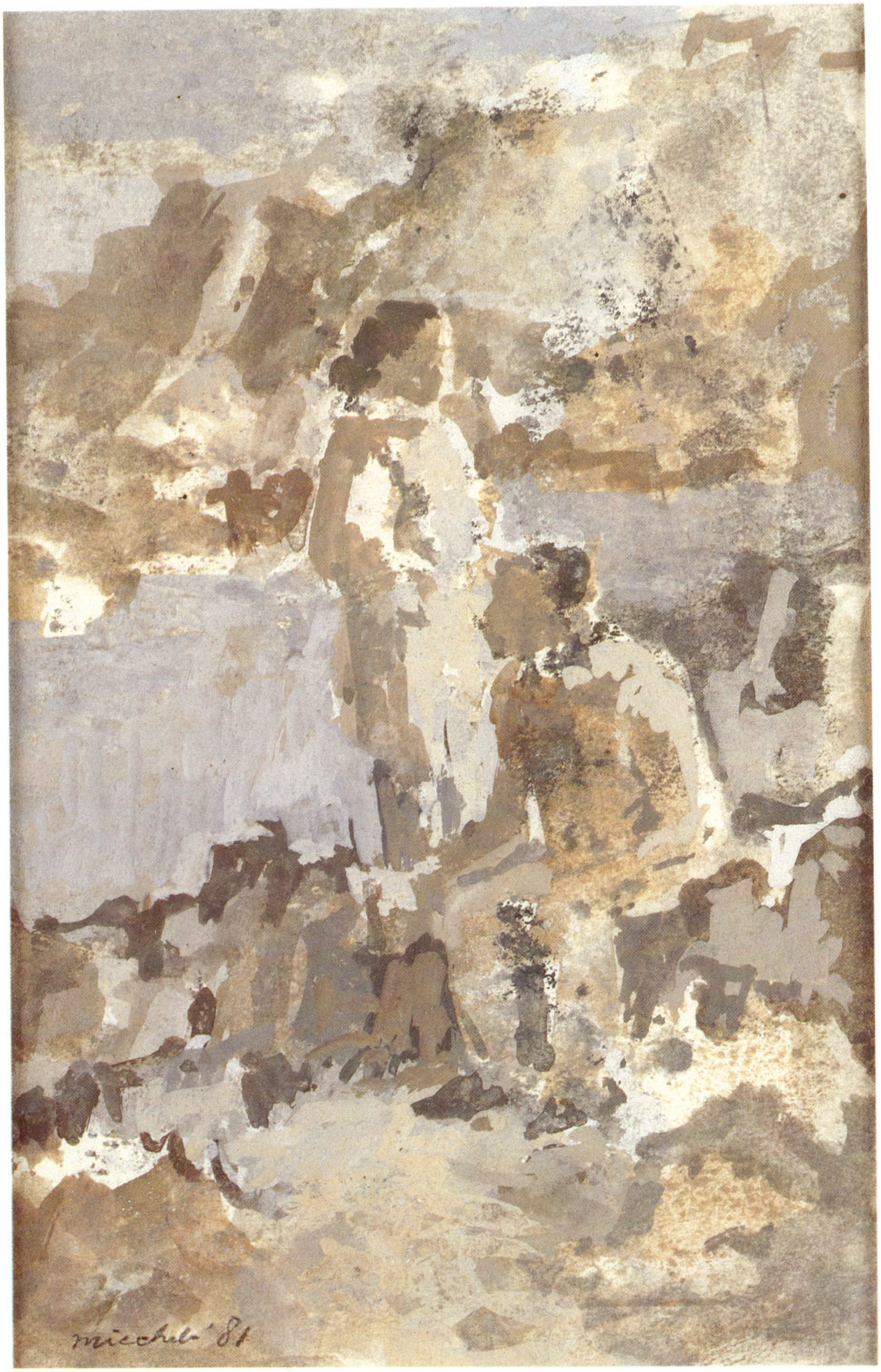

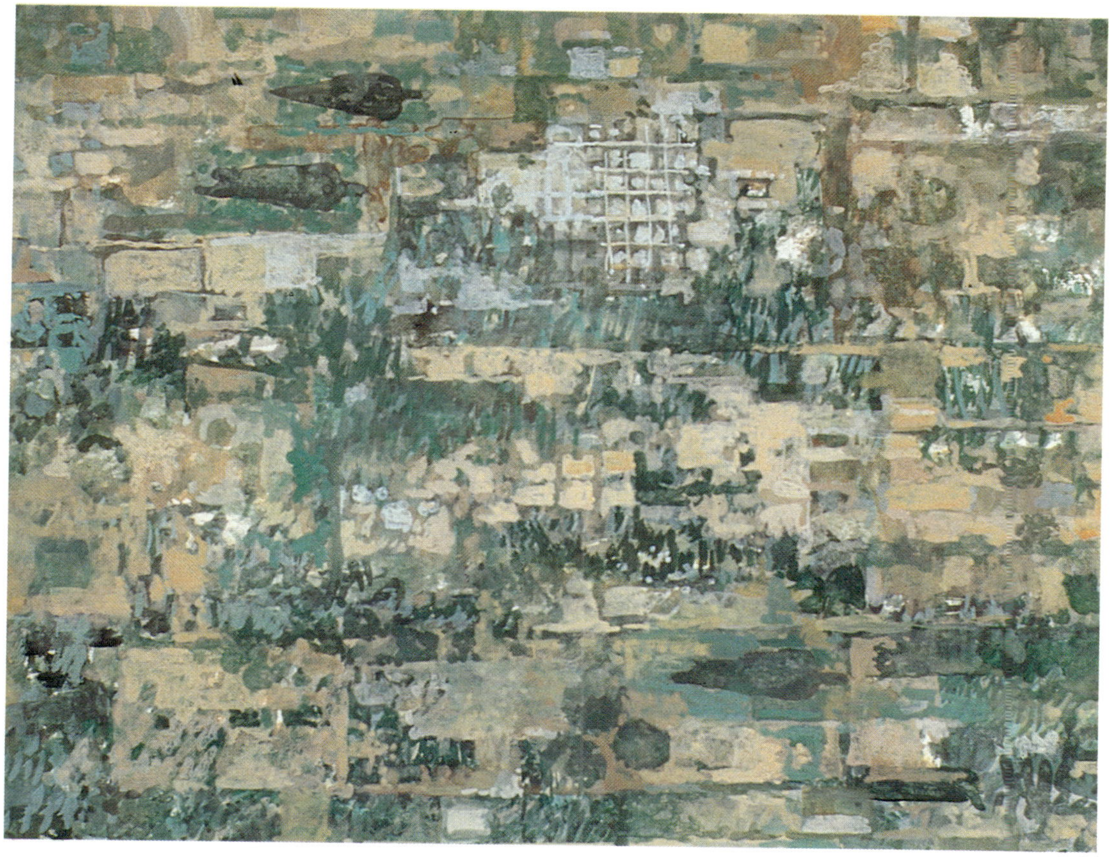

Ostia I
– 1987
JAN MIECHELS

Wenn Sie sich einmal für eine bestimmte Farbpalette entschieden haben, so heißt das keineswegs, daß Sie nicht davon abweichen dürfen.

Jan Miechels war vom Anblick der Überreste der alten Stadt Ostia in Italien beeindruckt. Er legte die Farbe der Erde und der verwitterten, grün überwucherten Steine fest und fügte die sich stets wiederholende Form der Überreste der zahlreichen Mosaike hinzu. Miechels transformierte die Inhalte von frontaler Ansicht und Vogelschau in eine Ebene. So entstand ein Gesamtbild der Stadt Ostia.

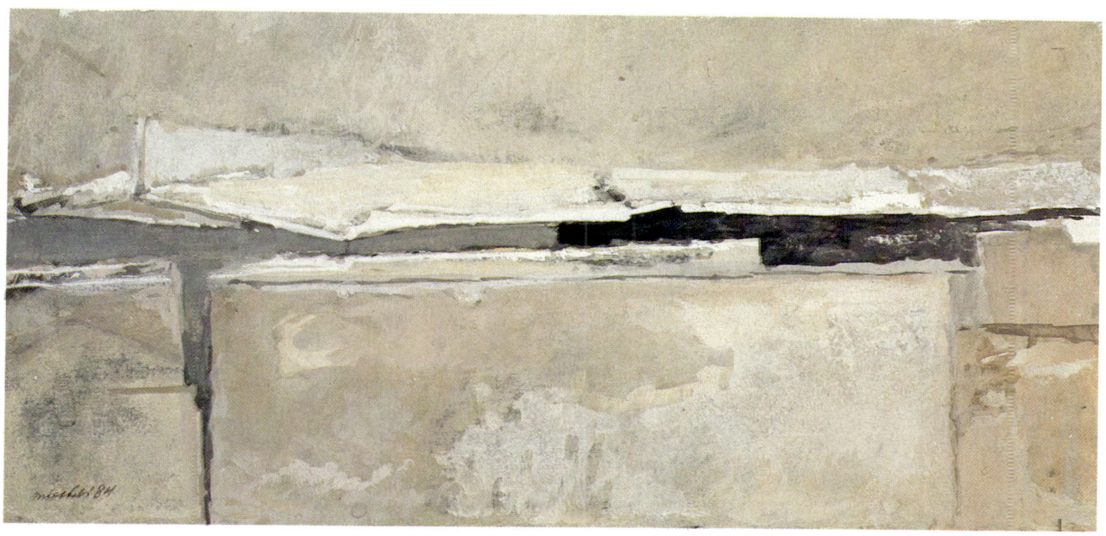

Dieses Stilleben von Jan Miechels läßt die Beschränkung auf wenige Farben erkennen. Führt auch Miechels in seiner ganzen Arbeit deutlich eine persönliche Palette, so war hier doch schon im Motiv die Farbbeschränkung vorgegeben. Das Bild von den großen Kartonschachteln, auf denen einige Papierbögen liegen, ist in Schichten gemalt. Die Farbflächen weisen eine leichte Transparenz auf, wodurch die untenliegenden Flächen z.T. sichtbar bleiben. So entstanden vage, optische Farbmischungen.

Stilleben
– 1984
JAN MIECHELS

Kalte und warme Grautöne Ein Motiv kann nicht nur in Farbe, sondern auch in Weiß- und Grautönen dargestellt werden.

Gehören auch Weiß und Schwarz nicht zur Familie der Farben, so können sie doch nuanciert verarbeitet werden, indem Schwarz mit Weiß gebrochen und Weiß mit Schwarz abgestumpft wird. Die entstehenden Grautöne werden Neutralgrautöne genannt. Durch Hinzufügen von Farbe können auch warme oder kalte Grautöne hergestellt werden. Warmes Grau entsteht beispielsweise durch Zugabe von Gelb oder Orange zu einem neutralgrauen Ton. Kaltes Grau entsteht durch Zugabe einer kalten Farbe, z. B. Blau, zu einem neutralen Grau.

Materialstudie

I Stellen Sie einige Neutralgrautöne her, indem Sie Weiß und Schwarz mischen.

II Stellen Sie einige warme Grautöne durch Mischen von Neutralgrau mit etwas Orange her.

III Stellen Sie einige kalte Grautöne durch Mischen von Neutralgrau mit etwas Blau her.

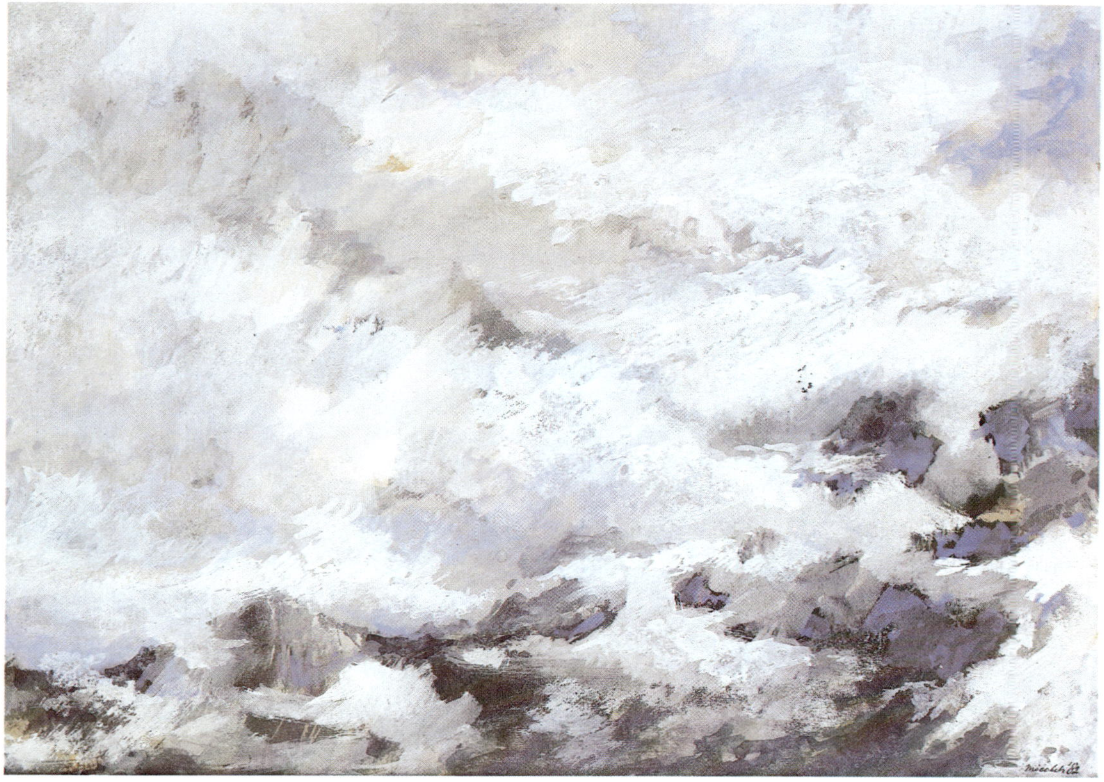

Berge in Wolken
– 1982
JAN MIECHELS

Viel wärmer als die Lavalandschaft mutet die Impression aus den Schweizer Bergen an. Das warme Grau der umgebenden Wolken ist durch den Einfluß von Ocker entstanden, das dem Grau beigemischt wurde. Das kühle Grau der Bergpartie verdankt seinen Charakter der Zugabe von Blau.

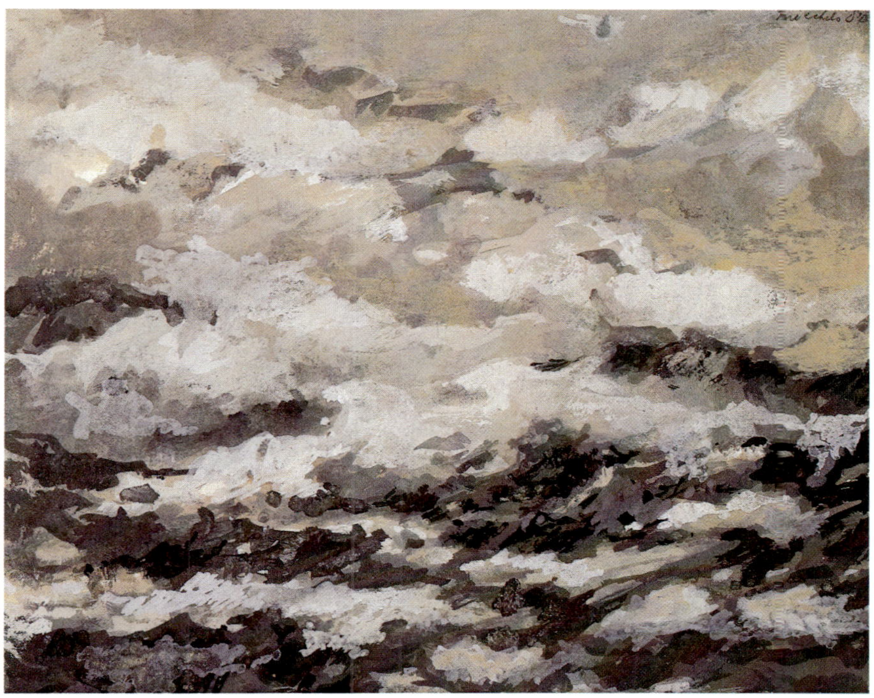

Lavalandschaft
– 1980
JAN MIECHELS

Die gewaltigen Dampfschwaden über den lavabedeckten Hängen des Ätna auf Sizilien inspirierten Miechels zu dieser Gouache. Hauptsächlich durch die Zugabe von Blautönen zu Grautönen erzielte er zahlreiche kalte Grautöne.

METALLICFARBENE GOUACHE Schon in den alten Kulturen war der Gebrauch von Gold und Silber bekannt. Vor allem Blattgold wurde noch lange nach dem Mittelalter verwendet, sowohl bei der Anfertigung von Ikonen, Wand- und Tafelmalereien als auch für Illustrationen. Die Arbeit mit Blattgold ist heute in den Hintergrund getreten. Das Material ist teuer und nicht jederzeit verfügbar, außerdem wird die Technik des Auftragens der hauchdünnen Goldblätter nur noch von wenigen beherrscht.

Doch kann man bei den modernen Künstlerfarben gelegentlich Metalltöne finden. Auch als Gouache sind Silber, Hell- und Dunkelgold erhältlich. Sie enthalten allerdings kein Gold oder Silber, sondern Bronze, Kupfer und Aluminium. Diese Farben müssen pur verarbeitet werden und können nicht mit farbiger Gouache vermischt werden. Sie sind aber mit Wasser verdünnbar.

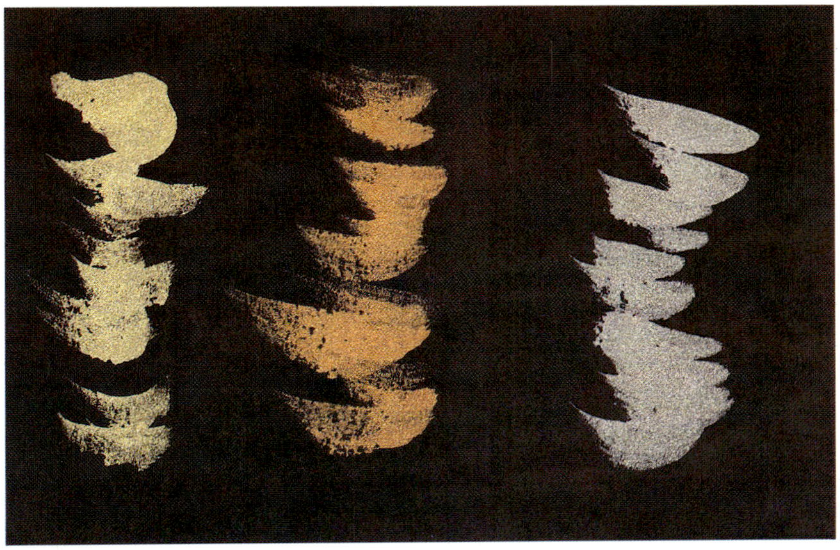

MATERIALSTUDIE

I Metallicfarbene Gouache kommt auf dunklem oder schwarzem Papier am besten zur Geltung. Diese Muster gelten für Hell- und Dunkelgold sowie Silber von Talens.

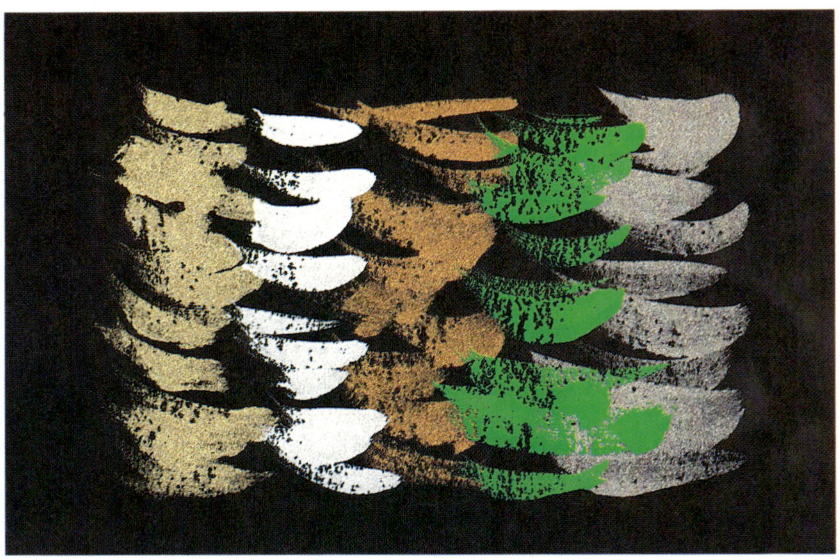

II Metallicfarbene Gouache läßt sich gut mit Farbe und Weiß kombinieren.

Fresko
(Anthisnes, Belgien)

Dieses Fresko war jahrhundertelang den atmosphärischen Einflüssen ausgesetzt, wodurch die Farben fast ganz zum Verschwinden kamen. An den Stellen, wo Blattgold verarbeitet wurde, ist dieses noch stets gut erkennbar.

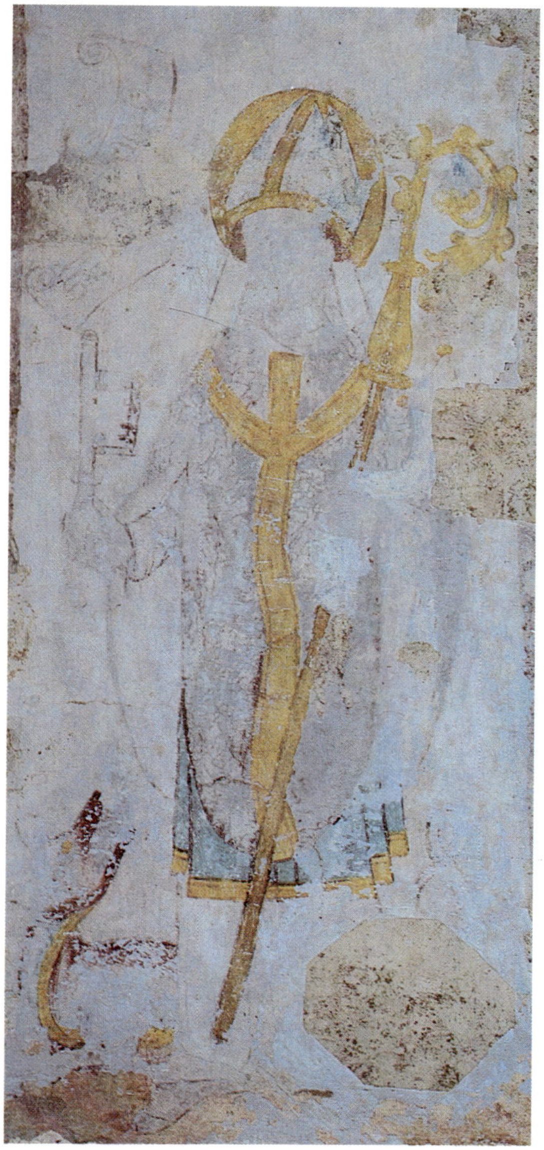

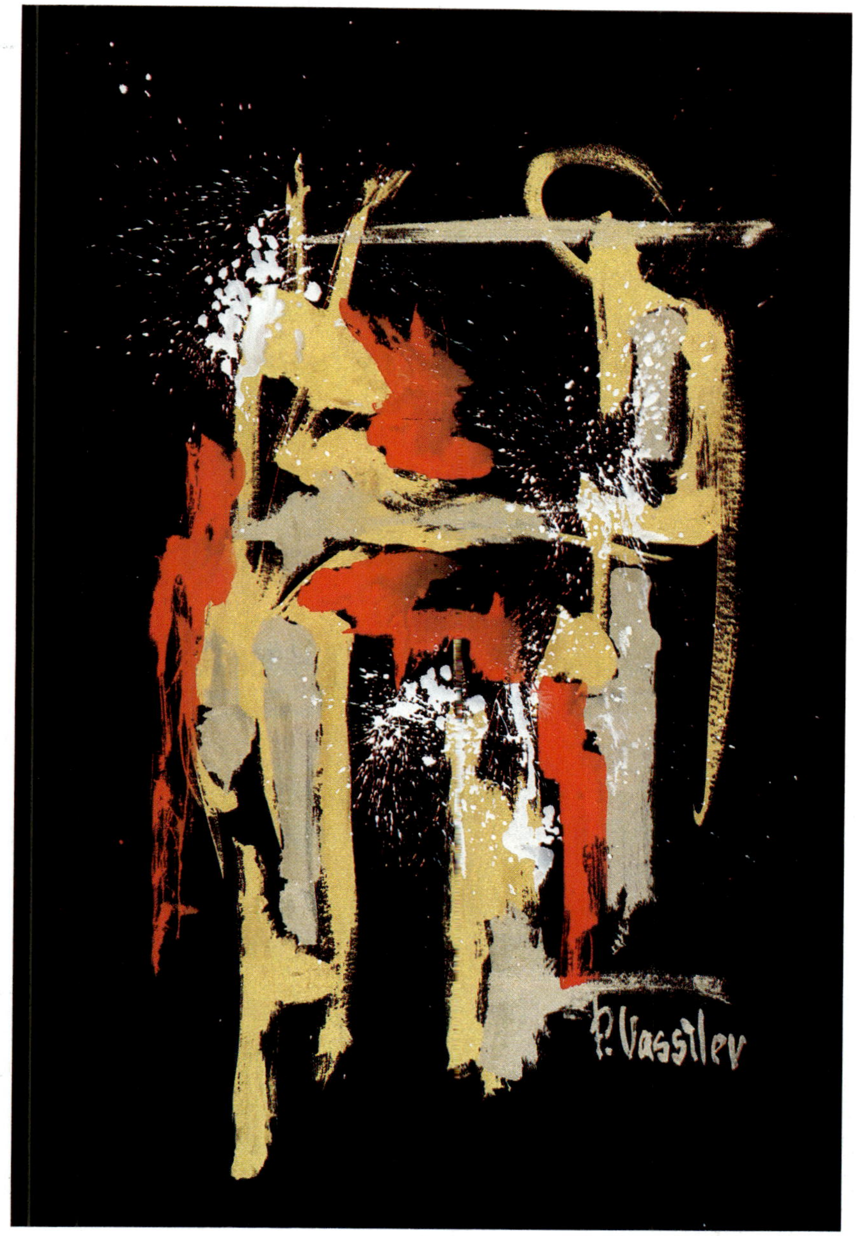

Silber- und goldfarbene Gouache ist hier zusammen mit roter und weißer Gouache verarbeitet. Der schwarze Malgrund akzentuiert die metallicfarbene Gouache, die durch die starken Kontraste von Rot und Weiß gleichsam emporgehoben wird. (Metallicfarbene Gouache wird durch die Reproduktion etwas beeinflußt.)

Abstrakt
– 1988
PETER VASSILEV

ZWEI KÜNSTLER BEI DER ARBEIT

Don Nederhand und Will Goris malten beide eine Gouache eines weiblichen Akts. Sie malten gleichzeitig dasselbe Modell und arbeiteten nur einige Meter voneinander entfernt. Hierdurch ergaben sich einige Unterschiede im Blickwinkel, aus dem das Modell gemalt wurde.

Es ist fesselnd zu beobachten, wie unterschiedlich ihre Farbenpalette und die Malweise ist.

Don Nederhand hat eine Palette aus ruhigen Farbtönen und hält sich weitgehend an die natürlichen Farben des Motivs.

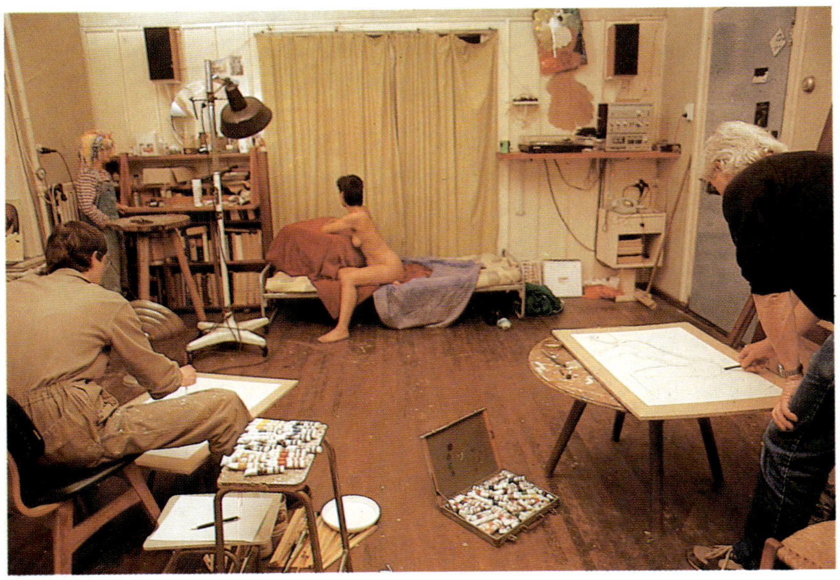

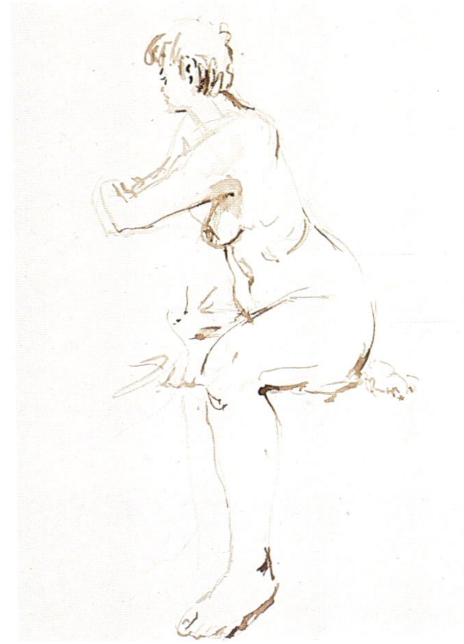

I Der Akt ist mit verdünntem Umbra (gebrannt) und einem runden Rinderhaarpinsel entworfen. Die Komposition ist vertikal ausgerichtet. Die etwas schräge Linie des Oberkörpers des Modells wird durch den Stand des linken Beins im Gleichgewicht gehalten.

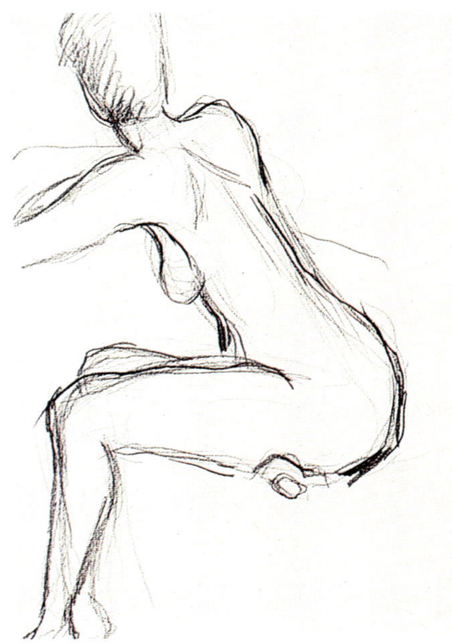

I Mit Sibirischer Kohle wird zunächst eine Skizze vom Modell entworfen. Bevor mit dem Malen begonnen wird, wird die Skizze mit einem Tuch abgewischt, um zu vermeiden, daß sich lose Kohlepartikel mit der Farbe mischen. Will Goris hat sich für eine diagonale Komposition entschieden.

Will Goris malt mit kräftigen, beinahe brutalen Pinselstrichen. Er benützt starke Kontraste in den Licht- und Schattenpartien, die ursprüngliche Hautfarbe des Modells läßt er dabei außer acht.

Die Fotositzungen ergeben ein interessantes Bild von den Verarbeitungsmöglichkeiten der Gouache.

Sie können beide Künstler beim Aufbau ihrer Gouache vom ersten bis zum letzten Pinselstrich verfolgen, studieren und vergleichen.

Die Gouachen wurden auf aufgespanntes Aquarellpapier gemalt.

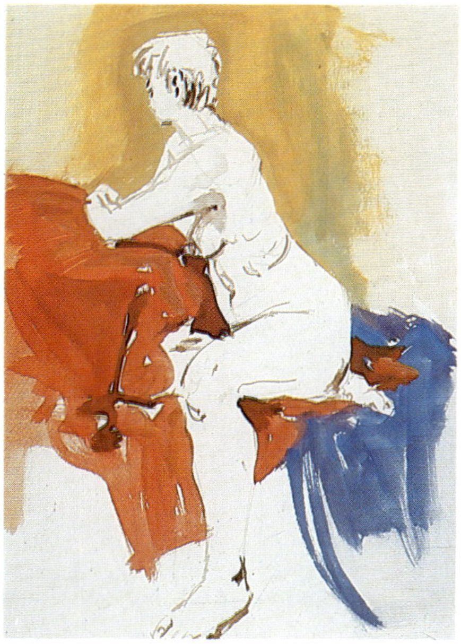

II Die ersten Farbflächen im Hintergrund sind in mehreren Rot-, Blau- und Gelbtönen gehalten und wurden mit einem Borst-Gussow aufgetragen. Diese Flächen werden dann z. T. laviert.

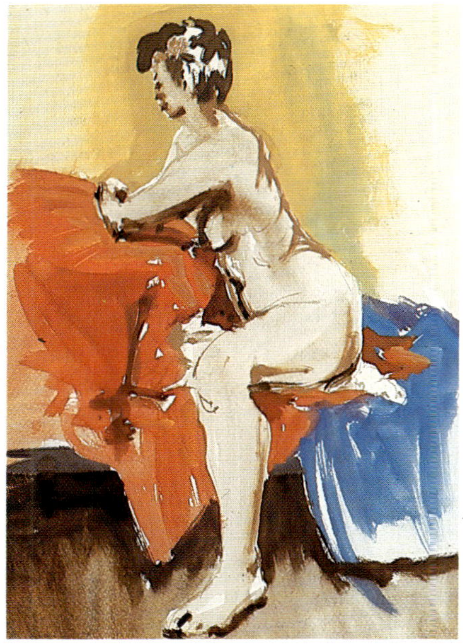

III Der Körper ist mit stark verdünnter, hautfarbener Gouache ausgeführt. Die Schattenpartien auf dem Körper und am Boden sind mit gebranntem Umbra vertieft, das zum Teil mit Ultramarin vermischt wurde. Es wird ein runder, harthaariger Lyoner Pinsel verwendet.

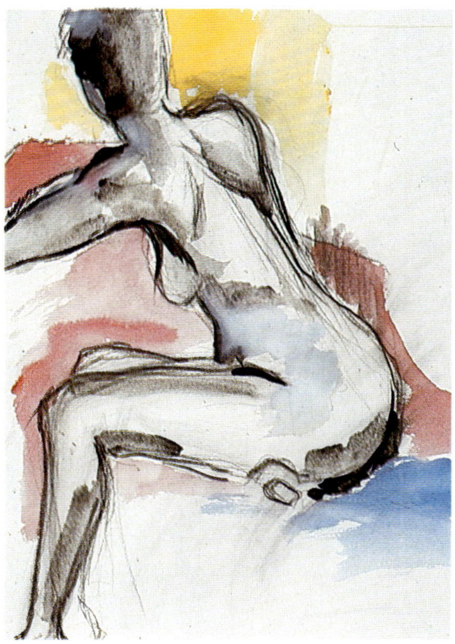

II Mit einem dicken, spitzen Wasserfarbenpinsel (Kolinskyhaar) werden mit stark verdünnter Gouache erste Linien und Flächen angedeutet, hauptsächlich, um die Komposition von Linien und Farben festzulegen.

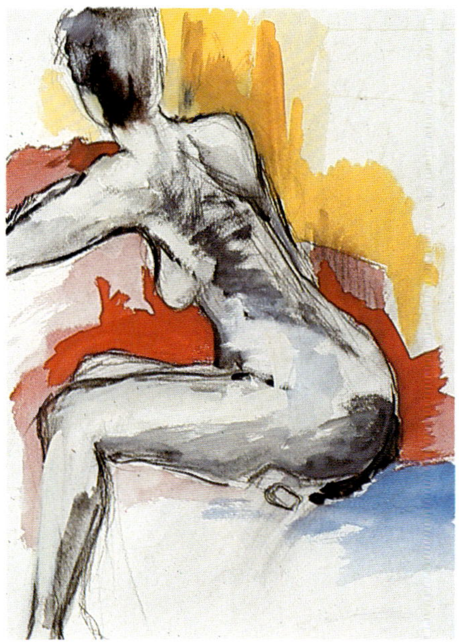

III Mit fast unverdünnter Farbe und einem flachen, harten Lyoner Pinsel werden die deckenden Flächen der Licht- und Schattenpartien im Hintergrund angelegt. Auch die Schatten auf dem Körper werden vertieft.

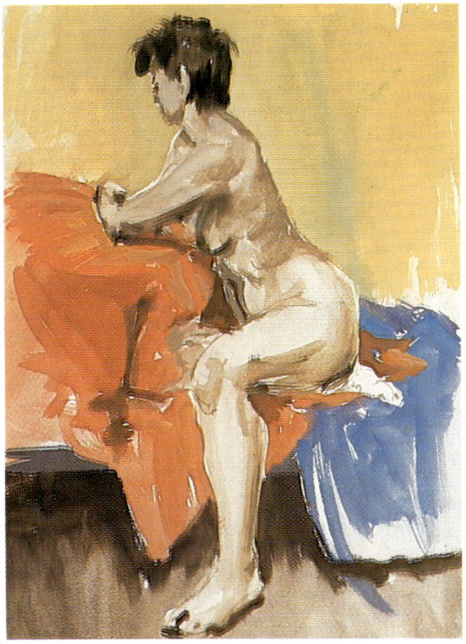

IV Der gelbe Vorhang im Hintergrund wird ergänzt. Der Körper ist mit – bis zur Halbtransparenz verdünnter – Farbe ausgearbeitet, mit Umbra gebrannt, Hautfarbe und Weiß, wodurch die Licht- und Schattenpartien akzentuiert werden. Dazu wird ebenfalls ein Lyoner-Pinsel benützt.

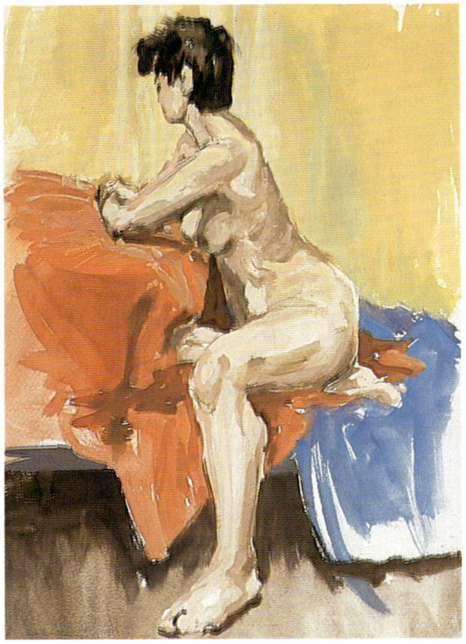

V Die Lichter auf dem Körper sind mit abgeschwächtem gelbem Ocker und Zinnober gehöht und damit wärmer im Ton geworden. Die Gestalt löst sich so vom Hintergrund. Die rosarote Farbe – aus Weiß und Zinnoberrot entstanden – deutet die Reflexion des roten Kleides auf dem Körper an.

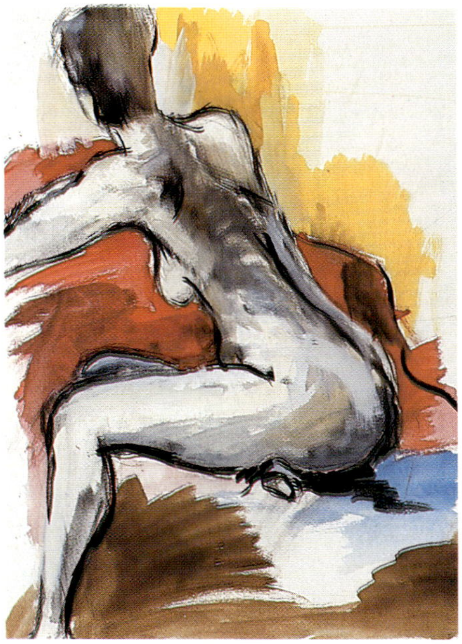

IV Mit dem Lyoner Pinsel werden die deckenden Partien kräftiger ausgeführt, wodurch nun das Motiv in seinen Umrissen festgelegt ist. Die Form der rechten Schulter und des linken Unterschenkels werden korrigiert. Dazu wird ein weicher Pinsel genommen.

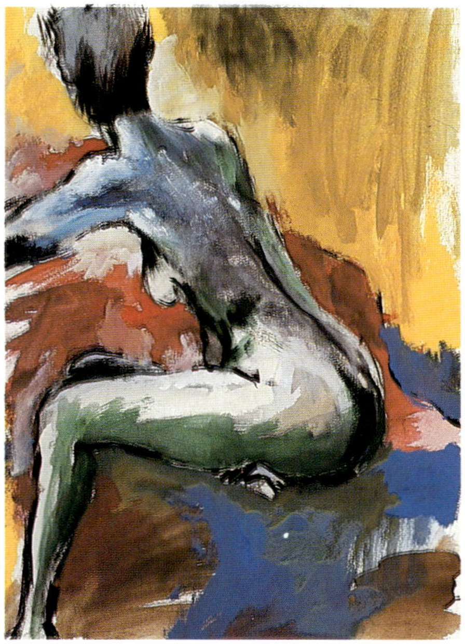

V Der Körper erhält eine andere Farbzusammenstellung, um die Plastizität zu erhöhen. Er soll so stärker in den Vordergrund rücken. Zu diesem Zweck wird zunächst in den Schattenpartien des Modells Grün eingesetzt, bei der Fläche links oben wird ein helles Blau angebracht.

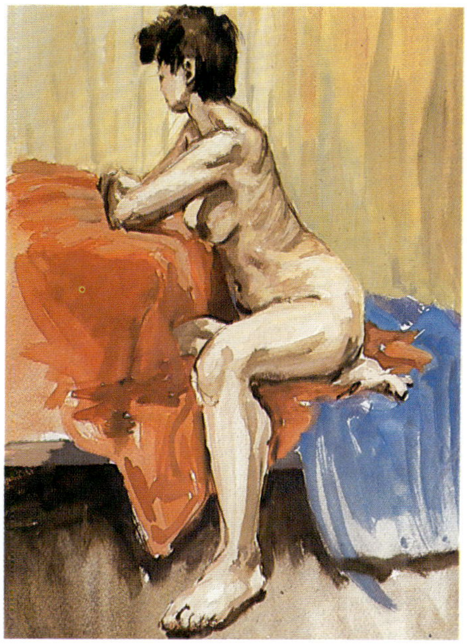

VI Um den warmen Farbtönen des Körpers ein Gegengewicht zu verschaffen, mußten die dunklen Partien vertieft werden. Indem das Gelb im Hintergrund etwas kühler im Ton gemacht wird, wird die Tiefenwirkung erhöht.

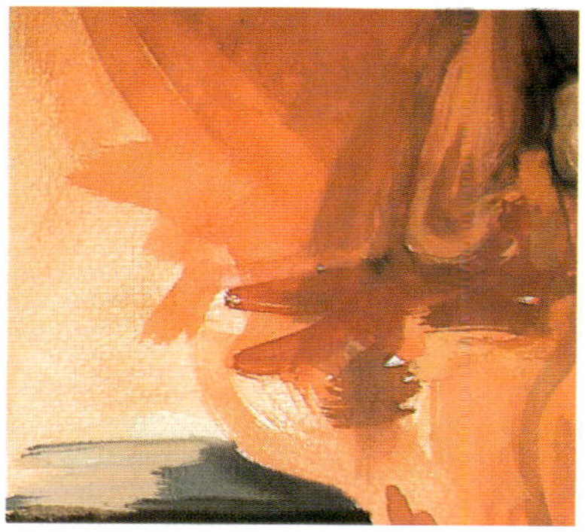

VII Don Nederhand wendete für diese Gouache hauptsächlich die Schichttechnik an. In diesem Detail ist der Aufbau der Farbschichten beim roten Kleid deutlich sichtbar. Der Maler verwendete die Gouache sowohl deckend als auch transparent.

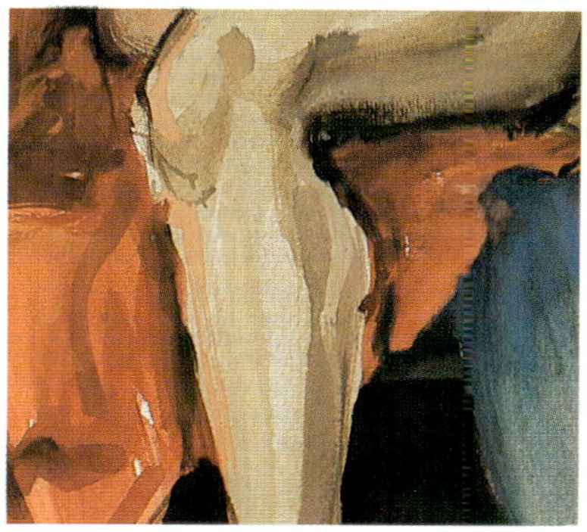

VIII Der Künstler benützt in seinem Bild kein reines Weiß, verwendet es aber oft, um Farben abzuschwächen und Licht- und Schatteneffekte zu erzielen. Bei der Darstellung des Körpers betrifft das vor allem abgeschwächte Ockertöne und Zinnoberrot.

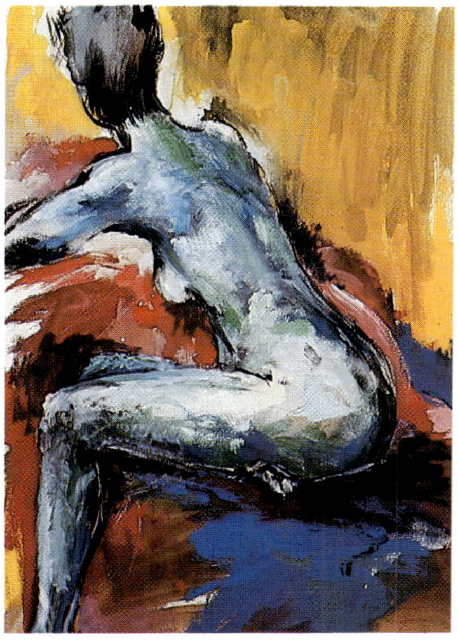

VI Die Körperkonturen werden wo nötig korrigiert und mit Farbe verstärkt. Die Farben – vor allem Blau- und Grüntöne – sind mit Weiß gehöht und werden immer satter verwendet. Das Rot im Hintergrund war stellenweise etwas zu schwer und ist jetzt zurückgedrängt.

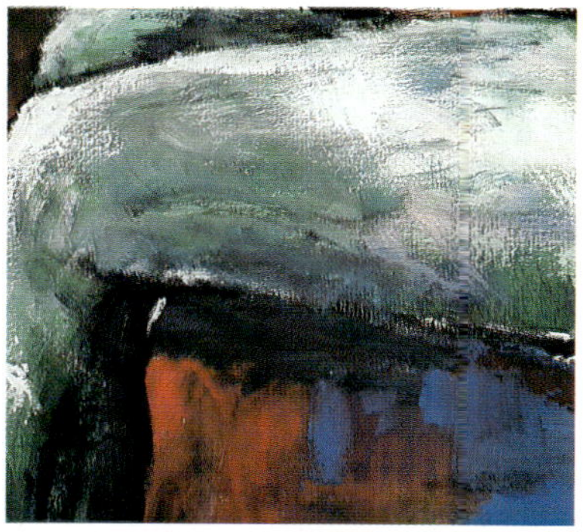

VII Dieses Detail des linken Beines zeigt deutlich, wie die einzelnen Schichten übereinander liegen. Auch wie mit Weiß gehöht wurde und wie die Schatten erzeugt wurden, ist gut erkennbar.

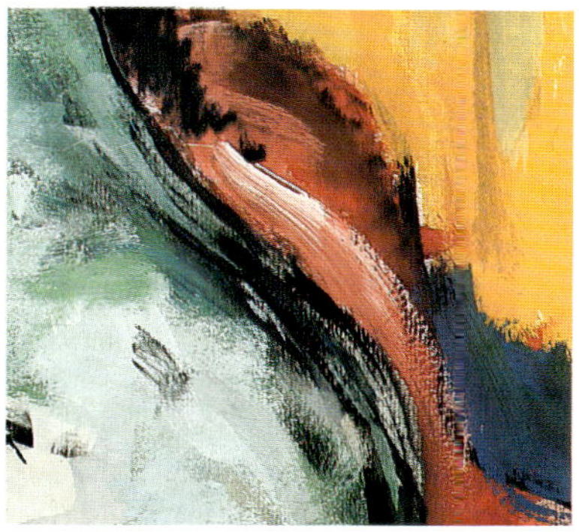

VIII Will Goris malte sowohl in der Schichttechnik als auch mit der Naß-in-Naß-Technik. Dieser Ausschnitt aus dem Bild ist größtenteils schichtenweise gemalt. Der weiße Pinselstrich wurde in eine noch nasse rote Fläche gesetzt, wodurch sich hier die Farben teils zu einem Rosa vermischten.

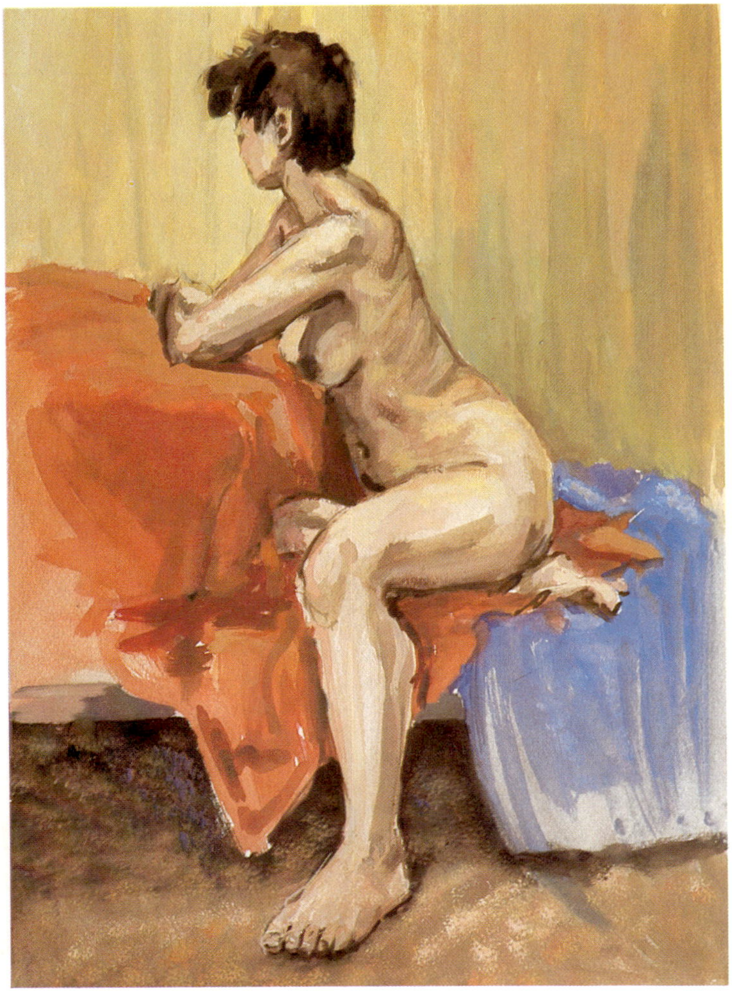

Akt
– 1988
Don Nederhand

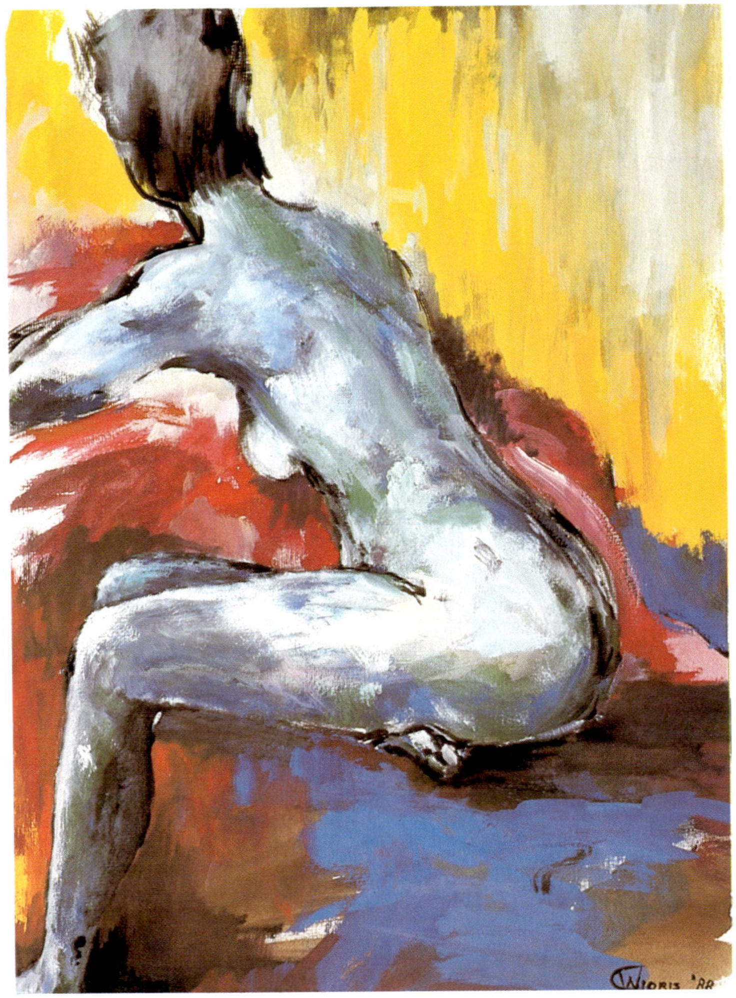

Akt
– 1988
Will Goris

IX Die Endphase. Der Fußboden ist in der letzten Schicht mit einem Tamponierpinsel mit warmen Farben betupft worden, wodurch er optisch nach vorne rückt. Auch so entsteht mehr Tiefe in der Darstellung. (Die mit Tamponiertechnik aufgebrachte Farbschicht ist auch in den beiden Detailabbildungen zu sehen.)

IX Die Endphase von Wills Gouache. Der gelbe Hintergrund ist etwas aufgehellt worden und der zu dünne Nacken ist korrigiert worden. Der Stand des linken Beines ist verändert worden.

Das Arbeiten mit Acrylfarbe

Einführung Acrylfarbe kann auf vielfältige Weise verarbeitet werden. Man kann deckend oder eher transparent damit malen, aber es ist auch möglich, die Farbe glänzender und transparenter zu machen, ohne daß ihre Konsistenz dabei verloren geht.

Der Gebrauch eines Verdickungsmittels eröffnet die Möglichkeit, Reliefuntergründe anzulegen, die einer Acrylmalerei mehr Volumen verleihen. Benutzt man einen Retarder, kann man die Trockenzeit der sonst schnelltrocknenden Acrylfarbe etwas verzögern. Kurzum, Acrylfarbe bietet zahlreiche Verarbeitungsmöglichkeiten. Es ist also notwendig, daß Sie die Eigenschaften von Acrylfarbe erst einmal kennenlernen, bevor Sie beginnen damit zu malen.

Zu dieser Materialerprobung werden hier Studien beschrieben, in denen die Eigenschaften der Farbe zum Tragen kommen. Dabei werden auch die unterschiedlichen Maltechniken erläutert.

Acrylfarbe kann mit Wasser oder Malmittel (Acrylmedium) verdünnt werden. Verdünnt man Acrylfarbe mit Wasser, verliert sie etwas von ihrem Glanz. Das Maß des Glanzverlustes hängt dabei von der Saugkraft des verwendeten Malgrundes ab. Fügt man viel Wasser hinzu, kann man aquarellartige Effekte erzielen. Die Bindemittelpartikel werden dann nämlich so auf dem Papier verteilt, daß beim Trocknen kein geschlossener Film gebildet wird.

Acrylmedium ist ebenfalls ein gutes Verdünnungsmittel für Acrylfarben. Es sind Malmittel auf dem Markt, die den Glanz der Farbe erhöhen, und solche, die den Glanz abschwächen. Beim lasierenden Malen, bei dem transparente Farbschichten übereinander gelegt werden, kann man zum Verdünnen ein Verhältnis von einem Teil Farbe und vier Teilen Malmittel anwenden. Die Farbe wird so etwas transparenter. Das Malmittel beeinflußt die Trockenzeit der Farbe nicht. Es ist mit Wasser verdünnbar und bildet beim Trocknen einen flexiblen Film. Mattes Acrylmedium erzeugt einen abgeschwächten Glanz.

Die Grundausstattung

Beim Kauf der Grundausstattung für Acrylfarbe halten Sie sich am besten an ein ausgewähltes Sortiment, das so zusammengestellt ist, daß Sie über gute Primärfarben verfügen und über Töne, mit denen Sie schöne Mischfarben herstellen können. Ziehen Sie zu Beginn auf jeden Fall das Mischen von Farben dem Kauf von allen möglichen Farbtönen vor.

Wenn Sie mit eigenen Augen die Entstehung sekundärer und tertiärer Farben sehen, so vermittelt das größte Befriedigung und bessere Einsicht in die Zusammensetzung einer bestimmten Mischfarbe. Haben Sie längere Zeit mit Acrylfarben gearbeitet und damit Erfahrungen gesammelt, können Sie sich weitere Farben anschaffen. Sie haben dann nämlich entdeckt, mit welchen Farben Sie bestimmte Mischfarben erreichen können, und welche Farben durch Mischen nicht oder nur schwierig herzustellen sind.

Die in Acrylfarben verarbeiteten Pigmente sind nicht alle gleich teuer bzw. billig. Ein relativ billiges Pigment braucht deswegen auch nicht weniger gut zu sein. In vielen Fällen hängt der Preis eher davon ab, wie leicht oder wie schwierig das Pigment zu bekommen ist. Auch die Herstellungsart hat einen Einfluß auf den Preis der Pigmente.

Talens teilt die Acrylfarben in drei Preisgruppen auf. Auch das wird auf den Tuben oder Fläschchen mit den Zahlen 1 bis 3 angegeben, wobei 3 die teuerste Preisgruppe ist.

Zum Zusammenstellen der Grundausstattung wird folgendes empfohlen:

Das Mischen von Farben

Mit den ersten sechs genannten Farbtönen des Basissortiments können alle Spektralfarben erreicht werden, pur oder durch Mischen. Die Farbreinheit einer Mischfarbe hängt von den Primärfarben ab, mit denen die Mischungen durchgeführt wurden.

Die Farben des Grundsortiments

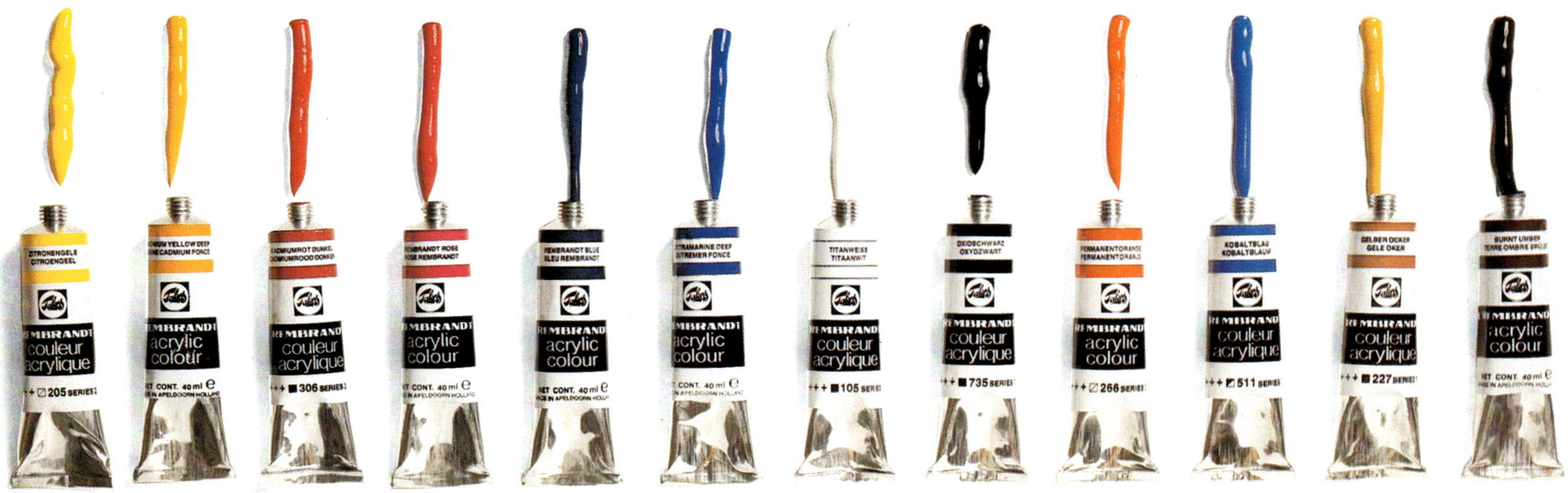

1 Zitronengelb	+ + + 2	Azo-Pigment
2 Cadmiumgelb dunkel	+ + + 3	Cadmiumsulfid
3 Cadmiumrot dunkel	+ + + 3	Cadmiumsulfoselenid
4 Rembrandtrosa	+ + + 3	Chinacridinpigment
5 Rembrandtblau	+ + + 2	Kupferphthalocyanin
6 Ultramarin dunkel	+ + + 2	synthetisches Ultramarin
7 Titanweiß	+ + + 1	Titandioxyd
8 Oxydschwarz	+ + + 1	synthetisches Eisenoxyd
9 Permanentorange	+ + + 3	organisches Pigment
10 Kobaltblau	+ + + 3	Kobaltaluminat
11 Gelber Ocker	+ + + 1	organisches Pigment
12 Umbra gebrannt	+ + + 1	gebrannte Erde

Erweiterung:

1 Permanentrot hell	+ + 2	Azo-Pigment
2 Karmin	+ + 2	organisches Pigment + Chinacridinpigment
3 Coelinblau	+ + + 3	Kobaltstannat
4 Rembrandtgrün	+ + + 2	Polychlor-Kupferphthalocyanin
5 Transparentoxydgelb	+ + + 2	synthetisches Eisenoxyd
6 Siena gebrannt	+ + + 1	gebrannte Erde

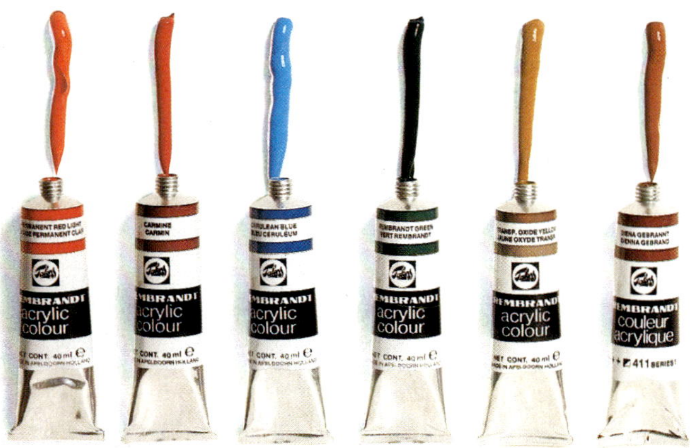

BEISPIELE

Zitronengelb und Rembrandtrosa geben recht saubere Orangetöne.

Zitronengelb enthält, wie Rembrandtrosa auch, Spuren von Blau, die die Reinheit der Mischfarbe beeinflussen.

Dunkles Cadmiumgelb und dunkles Cadmiumrot ergeben sehr saubere, klare Orangetöne.

Die Ausgangsfarben enthalten hier keinerlei Spuren von Blau, sondern nur reine rote und gelbe Pigmente, Farben also, die auch in der Mischfarbe enthalten sind. Die Mischfarbe wird nicht beeinflußt.

Will man also saubere Mischfarben herstellen, dürfen die Ausgangsfarben, mit denen die Mischung durchgeführt wird, keine Spuren anderer Farben enthalten als die, die in der herzustellenden Mischfarbe enthalten sind.

Mischt man Grün aus Cadmiumgelb dunkel und Ultramarin dunkel, entstehen weniger saubere Grüntöne.

Sowohl Cadmiumgelb als auch Ultramarin enthalten Spuren von Rot, die die Klarheit des Grüns beeinträchtigen.

Zitronengelb und Rembrandtblau führen zu sauberen, klaren Grüntönen.

Zitronengelb enthält Spuren blauer und Rembrandtblau enthält Spuren gelber Pigmente. Das Grün wird also nicht von anderen Farben als Gelb und Blau beeinträchtigt.

Mischt man Rembrandtrosa und Rembrandtblau zu Violett an, entstehen unter dem Einfluß der gelben Spuren im Rembrandtblau weniger saubere Farben.

Rembrandtrosa und Ultramarin dunkel geben dagegen saubere violette Töne. Die Mischfarbe wird nicht von Farbspuren beeinflußt, die nicht im reinen Violett enthalten sind.

Gibt man Weiß zu einer Farbe, entstehen Pastelltöne. Man nennt das Abschwächen einer Farbe. Durch Abschwächen bleibt aber der ursprüngliche Farbton erkennbar.

Gibt man Schwarz zu einer Farbe, entstehen Schattentöne. Man nennt dies Abstumpfen einer Farbe. Die Ausgangsfarbe bleibt dabei nicht immer erkennbar. So führt z. B. die Zugabe von Schwarz zu Blau zu dunklen Blautönen, aber Gelb ergibt mit Schwarz Grüntöne. (Siehe hierzu die Beispiele unter »Das Mischen von Farbe« im Kapitel »Gouache«, S. 41.)

Die Mischung von Zitronengelb mit Schwarz oder mit Ultramarin dunkel ergibt verschiedene moosgrüne Töne. Mischt man Permanentorange mit Schwarz oder Ultramarin führt das zu Brauntönen.

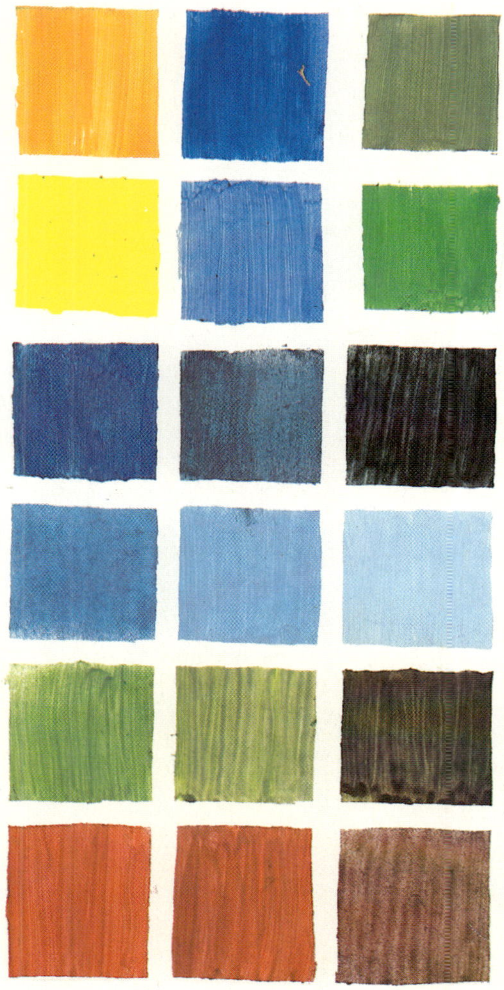

Farbreine Mischfarben

Weniger reine Mischfarben

Das Abschwächen einer Farbe mit Weiß

Das Abstumpfen einer Farbe mit Schwarz

Moosgrüntöne aus Mischungen von Zitronengelb, Schwarz und Ultramarin

Brauntöne aus Mischungen von Permanentorange, Schwarz und Ultramarin

Materialstudien, Techniken und Beispiele für die Anwendung

FARBMISCHUNGEN Malen beruht unter anderem auf der Kombination von Farben zu einem harmonischen Ganzen.

Indem Sie zahlreiche Farbmischungen herstellen und jeweils aufzeichnen, wie Ihre Mischfarben zustanden kamen, bekommen Sie das Mischen von Farben in den Griff.

Zum Anmischen reiner und weniger reiner Mischfarben sind erstellte Farbenkreise ein praktisches Hilfsmittel. Zu Beginn können Sie dann darauf zurückgreifen.

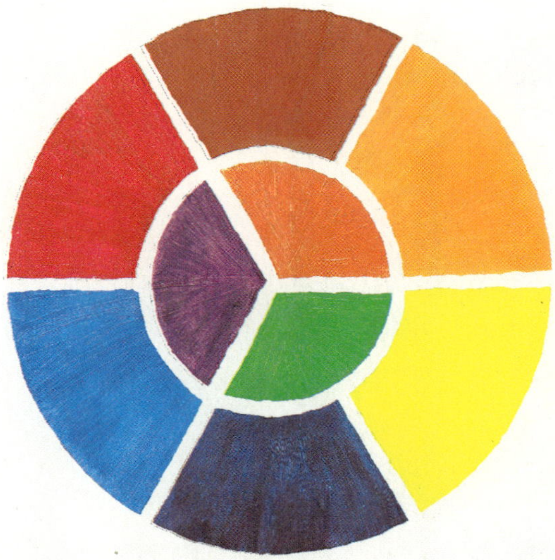

Materialstudie

I Fertigen Sie den hier abgebildeten Farbenkreis mit reinen Mischfarben an und mischen Sie dazu folgende Töne:

Cadmiumrot dunkel	+ Cadmiumgelb dunkel
Zitronengelb	+ Rembrandtblau
Ultramarin dunkel	+ Rembrandtrosa

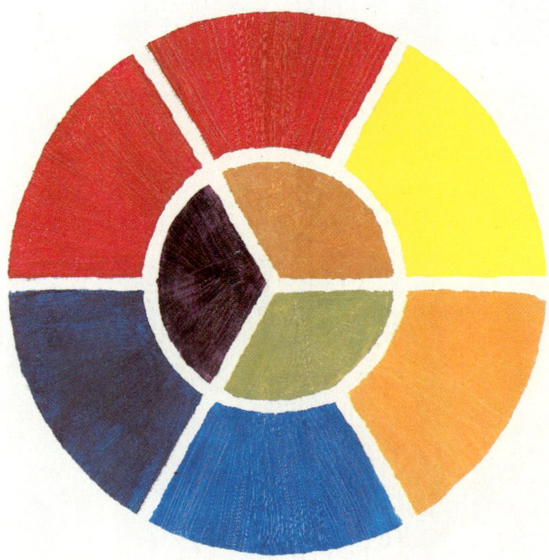

II Fertigen Sie den hier abgebildeten Farbenkreis mit weniger reinen Mischfarben an, mischen Sie dazu folgende Töne:

Rembrandtrosa	+ Zitronengelb
Cadmiumgelb	+ Ultramarin dunkel
Rembrandtblau	+ Rembrandtrosa

III Mischen Sie einige warme und kalte Moosgrüntöne und Brauntöne.

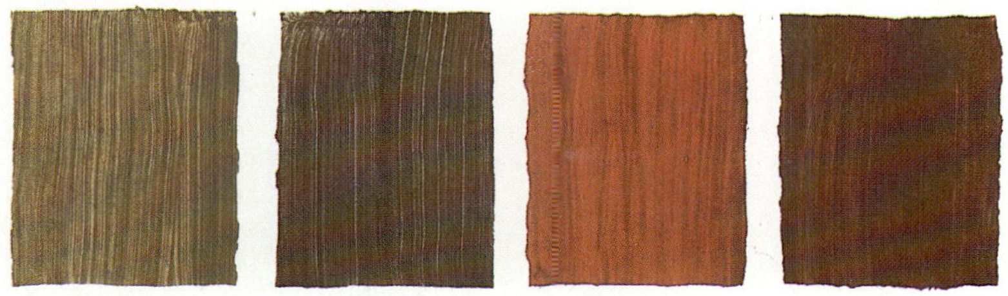

IV Brechen Sie einige Farben mit Weiß und stumpfen Sie andere ab.

BEISPIELE FÜR DIE ANWENDUNG

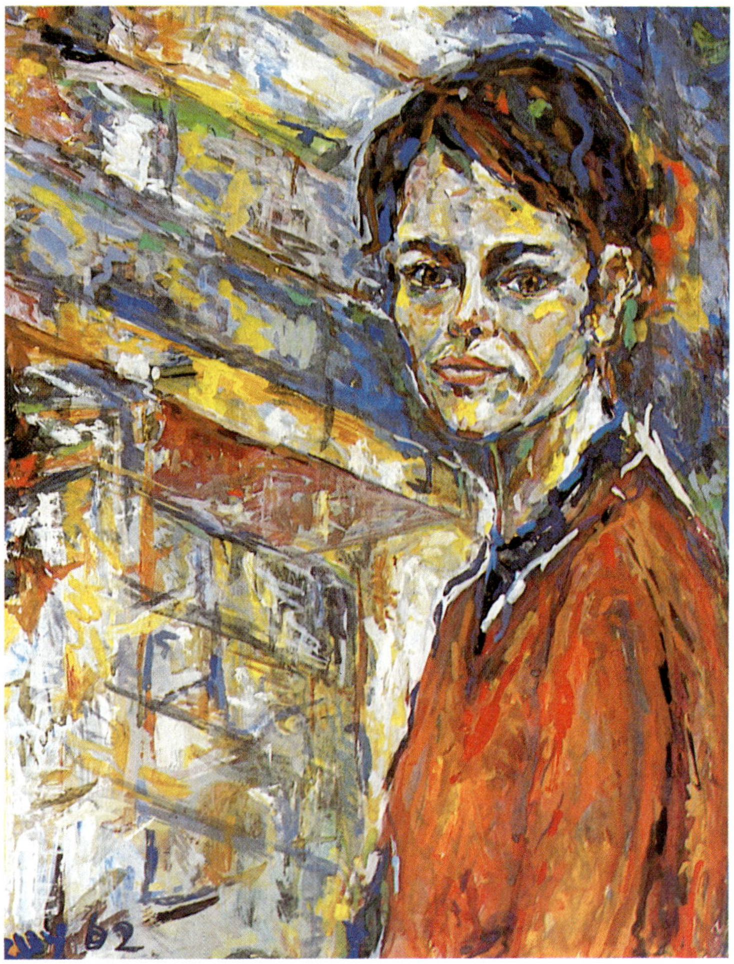

Selbstportrait
– 1962
ELLY BOOY

Dieses frühe Selbstportrait von Elly Booy wirkt frisch, da es zahlreiche reine Mischfarben enthält. Bei der ersten Sitzung wurde ohne zwischenzeitliche Trocknung gearbeitet, so daß sich die Farbschichten teils vermischten. In einer zweiten Sitzung wurden auf der nun trockenen Farbschicht Akzente gesetzt.

Stilleben mit Früchten
– 1987
JAN MIECHELS

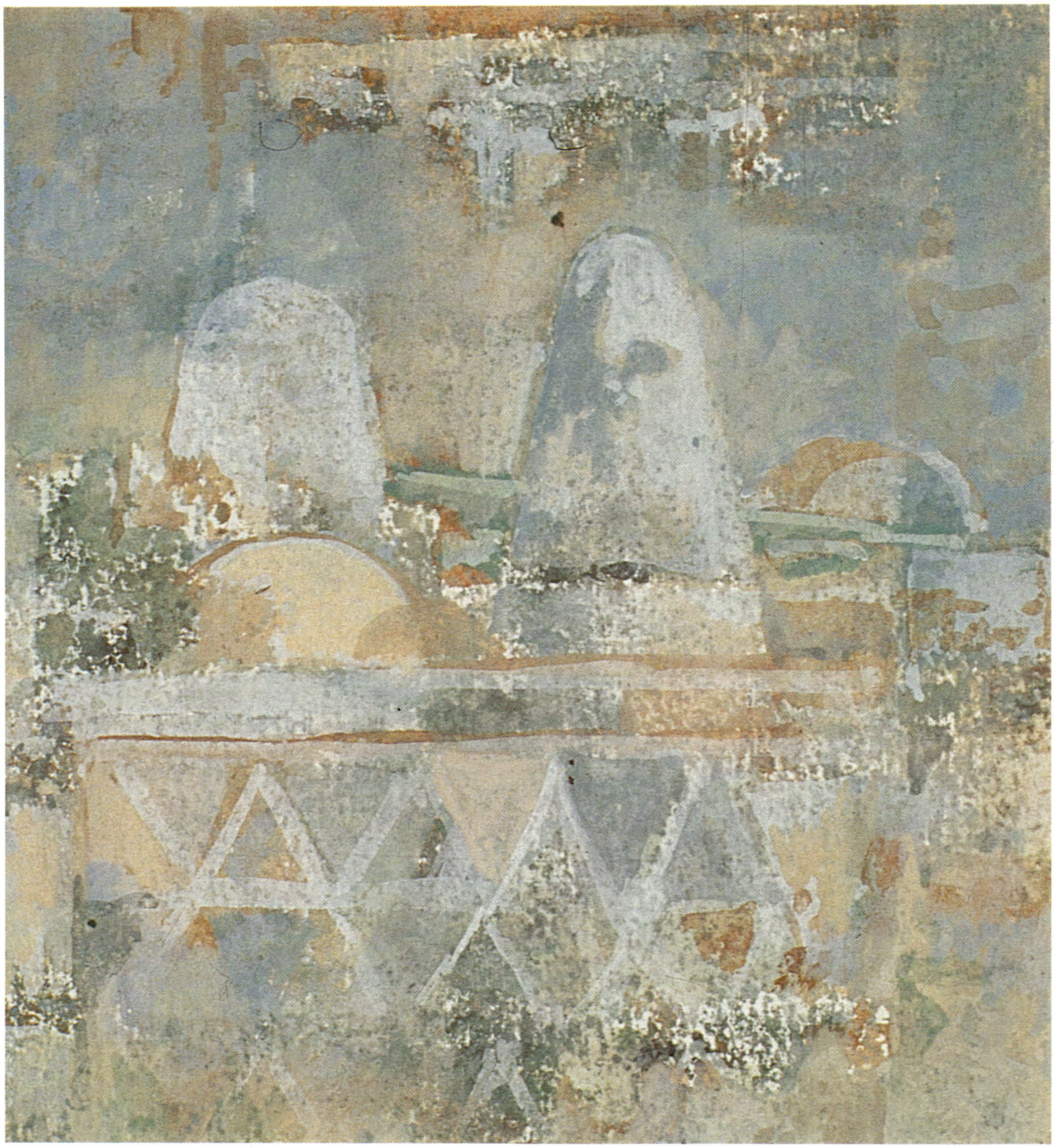

Diese ganz in Pastellfarben ausgeführte Obstschale mit Früchten entstand durch Abschwächen der Farbtöne mit viel Weiß. Die Palette wurde sehr reduziert, so daß die Farben nahe beieinander liegen.

Malen in Schichten Da Acrylfarben schnell trocknen, eignen sie sich besonders für die schichtweise Maltechnik, wobei die Farbschichten stets über eine bereits getrocknete Schicht gemalt werden. Die Farbe kann sowohl pastos als auch verdünnt aufgetragen werden. Allerdings beeinflußt die Dicke der Farbschichten die Trockenzeit. Man kann sowohl mit dem Pinsel als auch mit dem Malspachtel in Schichten malen.

Wasser, Acrylmedium (aber auch Gelmedium und Modeling-Paste, deren Anwendung bei der Impasto-Technik beschrieben ist) können beim schichtweisen Malen eingesetzt werden. Vergessen Sie nicht, daß während Sie auf das Trocknen einer Acrylschicht warten, auch die Farbe in den Haaren des benutzten Pinsels eintrocknet. Spülen Sie also Ihre Pinsel, nachdem Sie eine Farbschicht gemalt haben, immer gut mit Wasser aus, damit sie nicht hart werden können.

Materialstudie

I Machen Sie mit dem Malspachtel eine Studie mit Schichten. Tragen Sie neue Schichten erst auf, wenn die darunter liegende trocken ist. Sie können aber mehrere Farbtöne gleichzeitig auf den Spachtel nehmen, so daß beim Spachtelstrich eine mehrfarbige Fläche entsteht. Versuchen Sie, die Flächen rhythmisch anzuordnen.

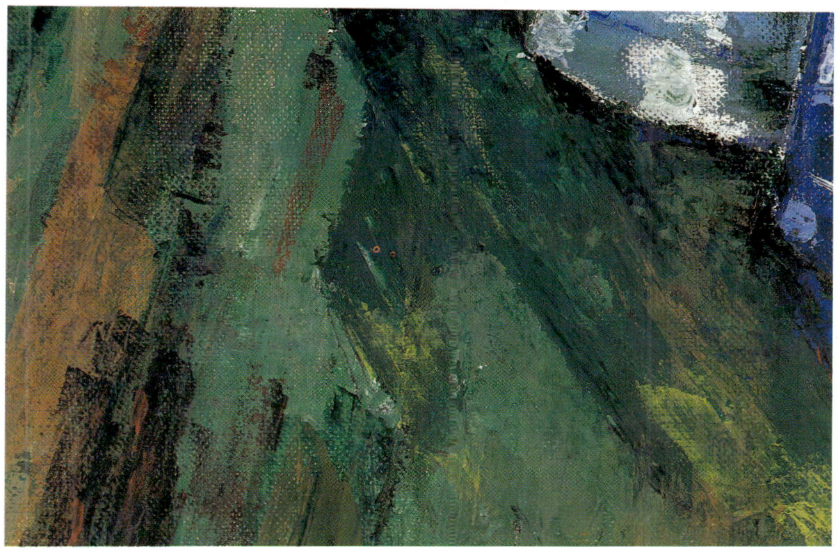

II Legen Sie mit einem harthaarigen Gussow eine gleichmäßige Farbschicht an und lassen Sie diese trocknen. Bürsten Sie jetzt, mit nur wenig Farbe im Pinsel, eine Schattenpartie in die Fläche.

Nach dem Trocknen legen Sie auf gleiche Weise eine Lichtpartie an, so daß in der Fläche ineinander übergehende Farbschattierungen entstehen.

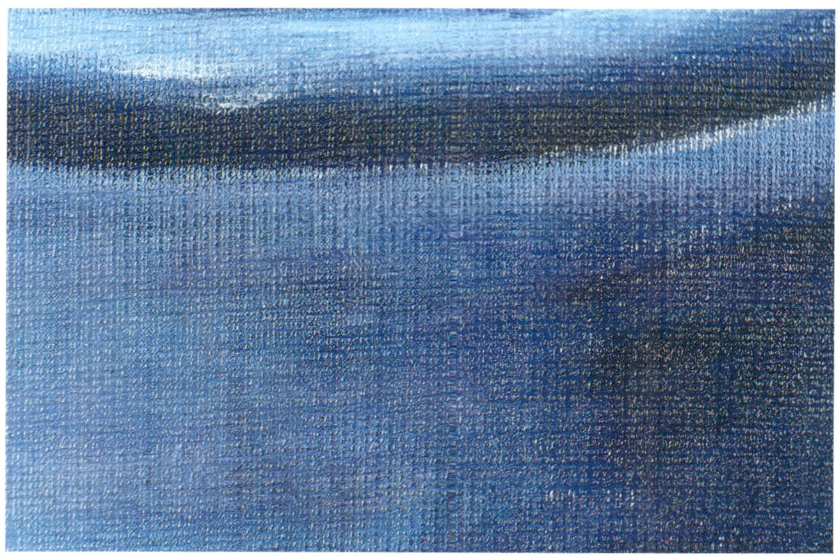

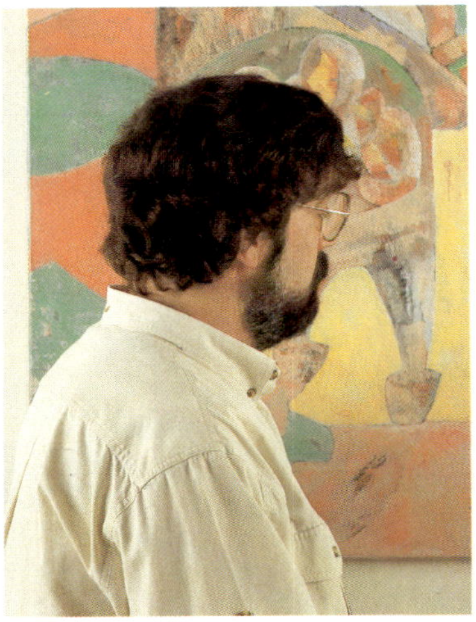

Siert Koning führte sein Gemälde in schichtweiser Maltechnik mit Acrylfarben aus. Er verarbeitete die sieben Farbschichten des Bildes zu einer sehr glatten Farboberfläche. Dazu wurde die Farbe mit Wasser verdünnt.

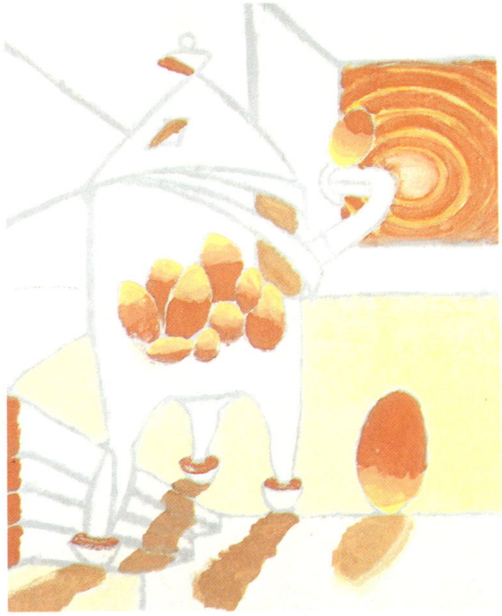

I Nach einigen Skizzen wurde der erste Entwurf in Linien mit verdünnter grauer Acrylfarbe angelegt. Form und Komposition wurden dabei gleich festgelegt. Die beiden Wärmequellen in Form der Sonne und der glühenden Eierbriketts haben bereits ihre Farbe. Es wurde ein harter Gussow benützt.

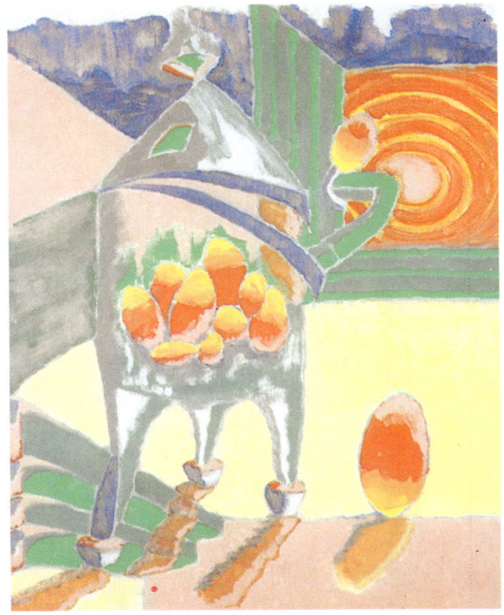

II Ebenso mit verdünnten Farben und Pinsel wurde die gesamte Darstellung mager mit Farbe versehen, so daß ein Grundton erreicht wurde. Licht- und Dunkelpartien wurden bereits berücksichtigt.

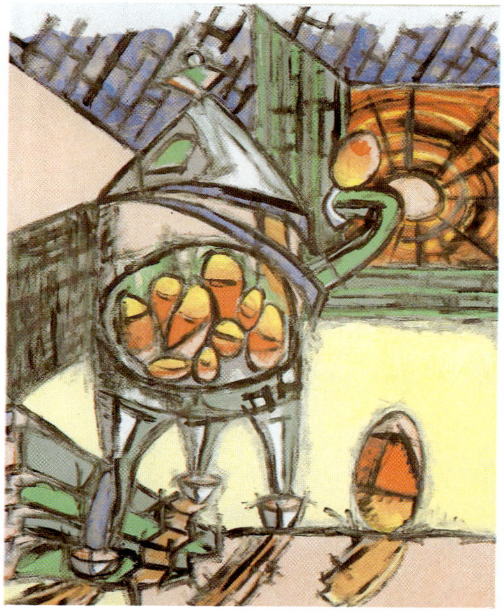

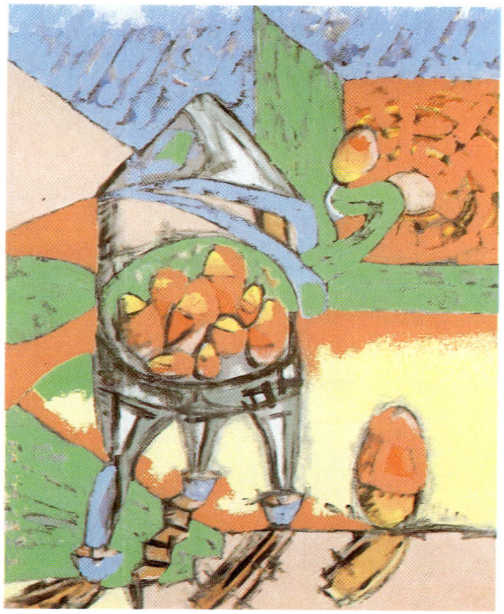

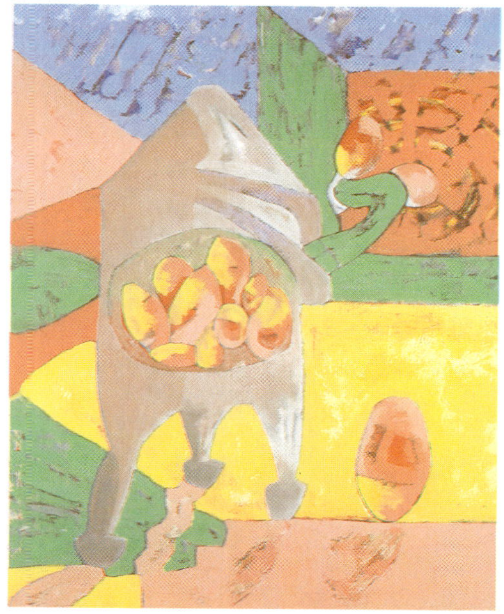

III Jetzt tut Koning etwas ganz Besonderes. Er bringt über die gesamte Farboberfläche eine schwere, schwarze Linienstruktur an, die alle Formen und Schatten akzentuiert. Das wurde wiederum mit dem Gussow ausgeführt.

IV Von jetzt an wird mit einem runden Malspachtel gearbeitet. Die Farbe wird damit sehr glatt bearbeitet. Die dunklen Abschnitte aus Phase III behalten ihre Rolle. Bei allen Farbschichten, die noch aufgetragen werden, bleibt stets etwas von den dunklen Strukturen sichtbar oder sie werden teilweise auch wieder freigeschabt.

V Siert Koning läßt sich auf kein Risiko ein. Jeder Abschnitt des Bildes wird sorgfältig behandelt. Jede kleine Schicht wird jeweils über eine trockene Schicht gemalt. Noch sind die Farbflächen einigermaßen gleich im Ton und die Pastellfarben klar.

Die starke Ausschnittvergrößerung der Stelle, an der das Rohr aus dem Ofen kommt, zeigt, wie dünn und mager die Farbschichten übereinander liegen. Die Struktur der Leinwand erhöht die Oberflächenstruktur der Farbe.

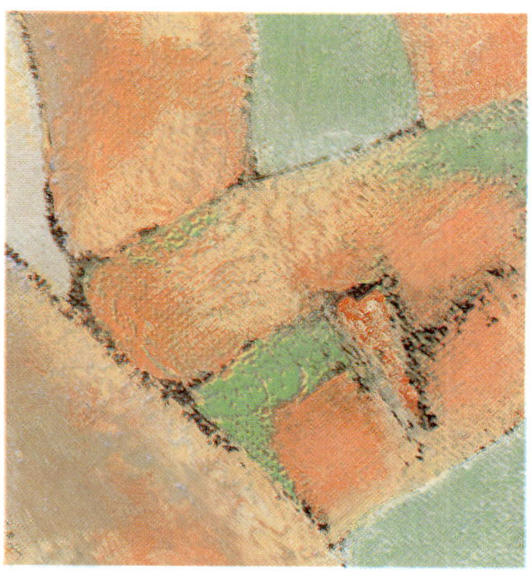

Dieses Detail zeigt die prächtige Farbstruktur dieses Gemäldes. Durch die mageren Farbschichten scheint deutlich die dunkelgraue Untermalung aus der dritten Phase und verrät einen besonders subtilen Umgang mit der Farbe.

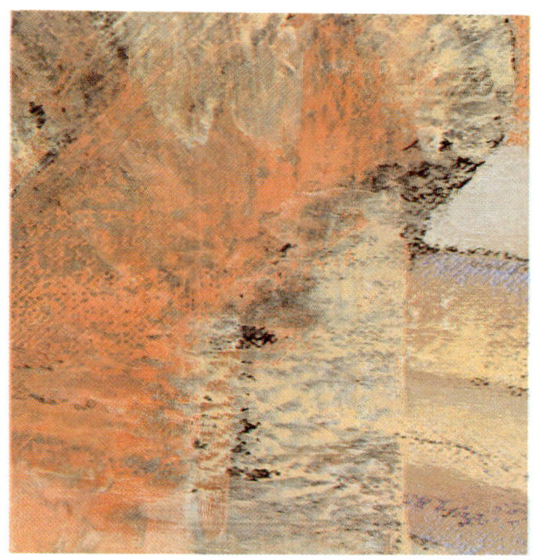

Der Ofen von Tess
– 1988
Siert Koning

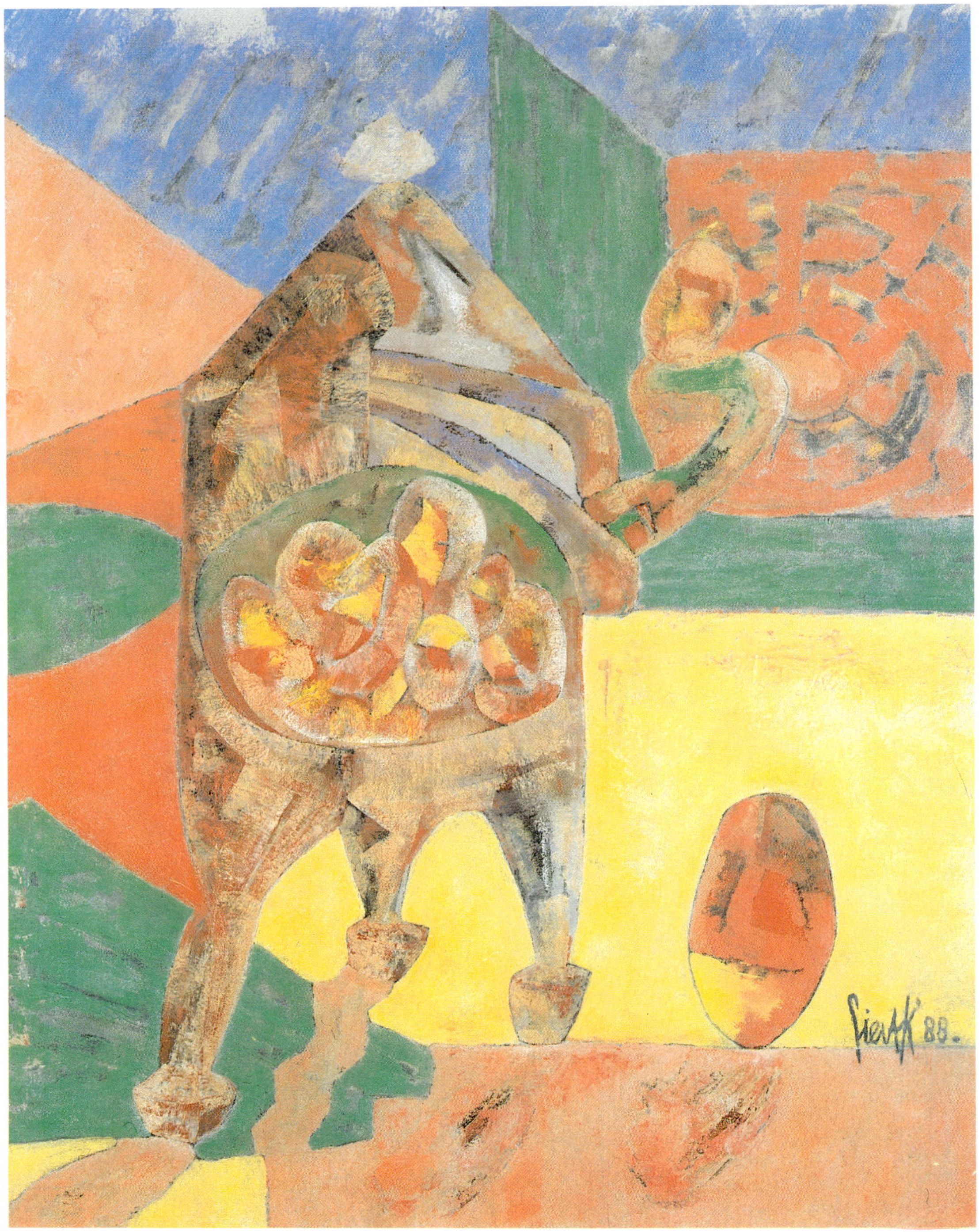

VI Hier wird ersichtlich, daß die Pastellfarben weicher gemacht wurden, indem sie mit Grau abgeschwächt wurden. Diese Farbschicht wurde mit einem Tuch in die Farboberfläche gerieben, so daß alle Poren mit diesem Farbton gefüllt wurden. Um den Ofen herum ist die Farboberfläche geschabt. Auch hier wurde die Farboberfläche mit stark verdünnter Acrylfarbe laviert.

BEISPIELE FÜR DIE ANWENDUNG

Zwei Kursteilnehmer malten vom gleichen Motiv, einem Stilleben aus Kannen, Töpfen und Eimern, jeweils ein Bild.

Stilleben
– 1988
HENK REITSMA
Kursteilnehmer

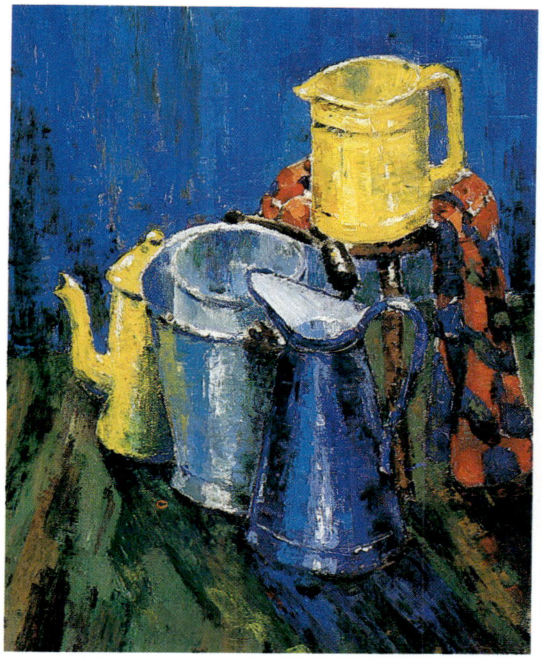

Henk entschied sich für das Hochformat. Seine Farbenpalette ist wärmer als die von Kuipers. Die Farben hat er frei interpretiert. Vor allem der grüne Vordergrund hat eine reizvolle Struktur.

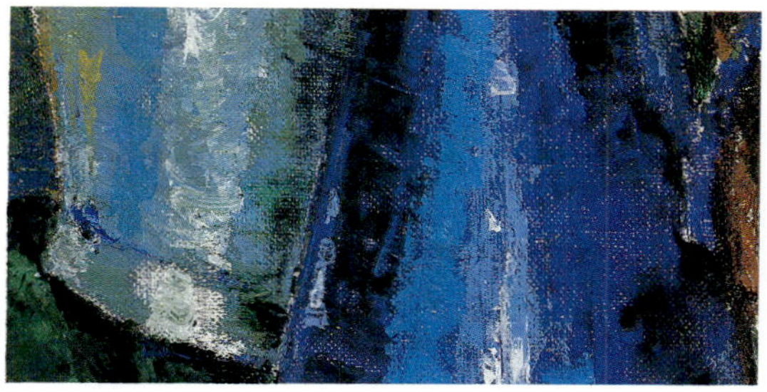

Der Aufbau der Farbflächen ist in diesem Ausschnitt gut zu verfolgen. Die Technik wurde bis zum Schluß konsequent beibehalten.

Das Stilleben wurde mit Acrylfarbe und Spachtel auf imprägniertem Malpapier ausgeführt. Beide Kursteilnehmer gingen das Thema von unterschiedlichen Standpunkten her an.

Stilleben
– 1988
GEORGE KUIPERS
Kursteilnehmer

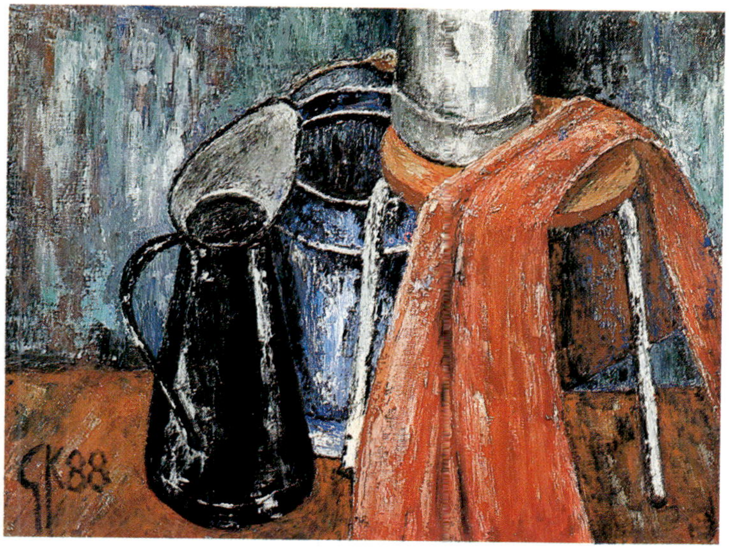

Kuipers legte sein Bild über die ganze Breite des Malgrundes an. Die Farbe wurde dabei teils pastos, teils verdünnt verarbeitet. Der Spachtel wurde größtenteils vertikal geführt. Kuipers ging von dunklen Farben aus, über die er nach und nach hellere Farben setzte. In der Schlußschicht ist das Bild mit Weiß gehöht.

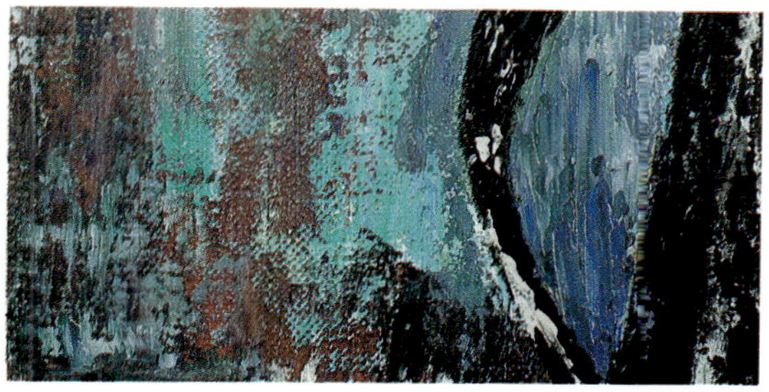

Die Farbschichten sind nicht überall gleich dick aufgetragen. Wie Sie erkennen können, wurden bereits aufgetragene Schichten stellenweise mit dem Spachtel entfernt, wodurch interessante Farbflächen entstanden. Die Struktur des Trägers ist in dieser Partie sichtbar geblieben.

Portrait des Künstlers Richard Serra – 1969
CHUCK CLOSE

Der Fotorealist Chuck Close malte dieses Portrait von Richard Serra anhand einer Fotografie. »Ich möchte erfahren, was die Kamera sieht und an was sie sich erinnert.« Dieses Bild ist also eigentlich die Reproduktion einer Reproduktion. Close hat sein Portrait in Schichten gemalt, mit ineinander übergehenden Licht- und Schattenpartien.

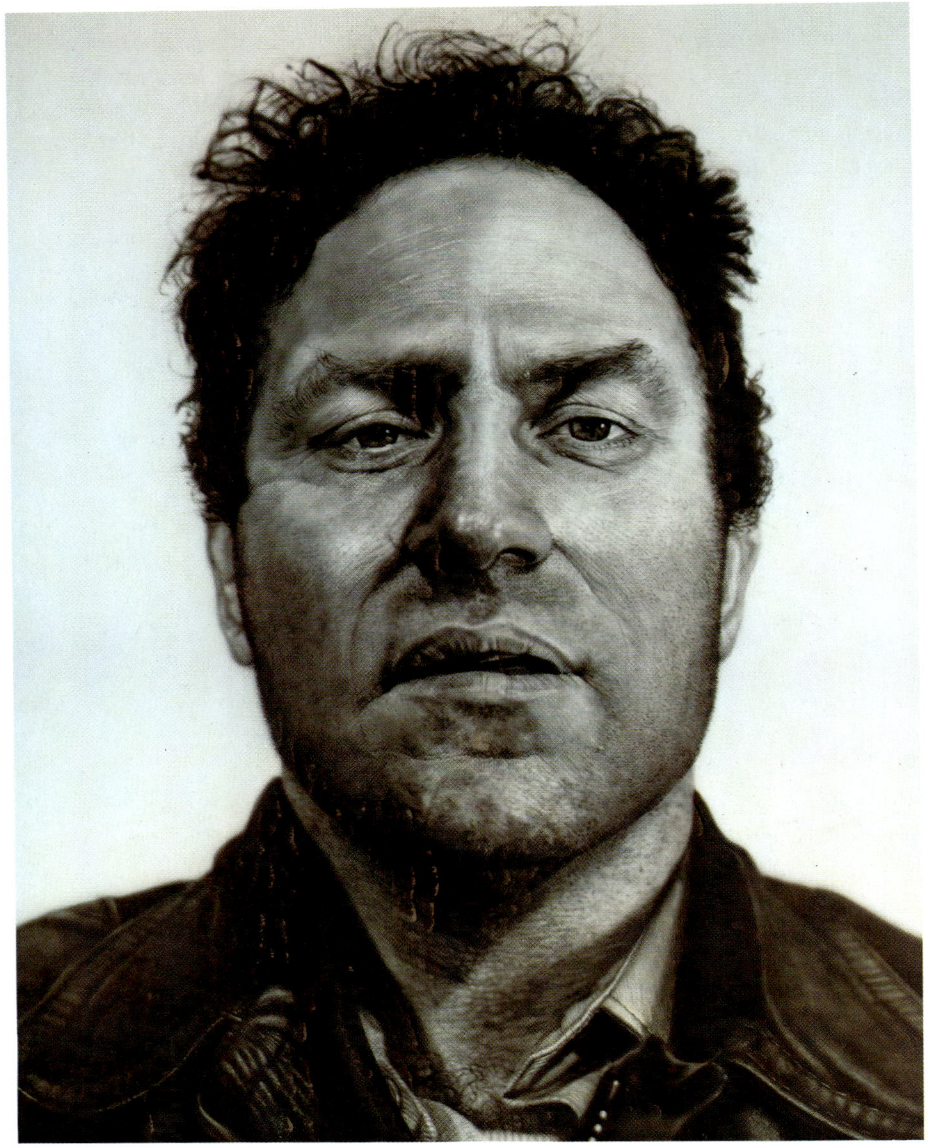

TRANSPARENTES MALEN Acrylfarbe ist in deckenden und halbdeckenden Tönen, aber auch in transparenten und halbtransparenten Tönen erhältlich. Wenn letztere stark mit Wasser oder Malmittel verdünnt werden, kann man aquarellartige Effekte erzielen und die Lasurtechnik verwenden.

Ihre Grundausstattung enthält schon 5 Farben, die hierfür verwendbar sind:

Zitronengelb und Permanentorange sind halbtransparente, Rembrandtrosa, Rembrandtblau und Ultramarin dunkel völlig transparente Farben. Sie können dies später ausweiten auf Rembrandtgrün und Transparentoxydgelb, die beide transparent sind, sowie die halbtransparenten Farben Karmin, Talensgelb hell, Talensgelb dunkel, Permanentrot dunkel, Permanentrotviolett und Permanentblauviolett.

AQUARELLARTIGE EFFEKTE Wenn Sie halbtransparente und transparente Acrylfarbe mit bis zu ca. 40 % Wasser verdünnen, können Sie aquarellartige Effekte erzielen.

Die Farbe verliert durch die Verdünnung ihren Seidenglanz und wird matter. Die Bindemittelteilchen werden durch den hohen Wasseranteil so weit auseinandergetrieben, daß kein geschlossener Farbfilm mehr entstehen kann. Die Haftfähigkeit bleibt aber erhalten.

Im Gegensatz zur Aquarellfarbe ist Acrylfarbe wasserfest. Die Farbschicht kann nach dem Trocknen nicht mehr aufgelöst werden. Da eine Farbschicht also keine Farbe mehr aus der darunterliegenden Schicht aufnehmen kann, steht jede Farbe ganz für sich. Übereinandergemalte Schichten transparenter Farben erwecken den *Eindruck* einer Mischfarbe: das ist es, was man eine *optische* Mischfarbe nennt.

Wird Acrylfarbe stark mit Wasser verdünnt, so können die Pigmentteilchen verklumpen, und es entstehen gröbere Partikel. Acrylfarbe kann man statt mit Wasser auch mit Acrylmedium verdünnen. Hierbei stellt 1 Teil Farbe auf 4 Teile Medium ein gutes Mischungsverhältnis dar. Die Farbtöne wirken bei Verdünnung mit Medium heller als wenn mit Wasser verdünnt wird. Das rührt von der milchigen Farbe des flüssigen Mediums her. Beim Mischen muß das beachtet werden. Man kann Acrylmedium auch zusammen mit Wasser verwenden. Dabei entscheidet das Verhältnis zwischen beiden Verdünnungsmitteln über den Glanz der Farbe. Verwendet man Acrylmedium als Verdünnungsmittel, verklumpen die Pigmentteilchen nicht.
Die aquarellartige Technik ist gut auf kräftigem, weißem Zeichenpapier oder Aquarellpapier anwendbar. Andernfalls muß das Papier aufgespannt werden. (Siehe »Grundieren, Aufkleben und Aufspannen«, Seite 109.)

Materialstudie

I Nehmen Sie ein Stück grobes Aquarellpapier und einen weichen Pinsel. Verdünnen Sie die Acrylfarbe mit etwa 40 % Wasser. Nehmen Sie nicht zuviel Farbe mit dem Pinsel auf und malen Sie einige willkürliche Flächen. Legen Sie zwei oder drei Farbschichten übereinander, gehen Sie aber trotz der großen Verdünnung sparsam mit der Farbe um. Die Farbe soll hauptsächlich von den erhabenen Teilen der Papierstruktur aufgenommen werden.

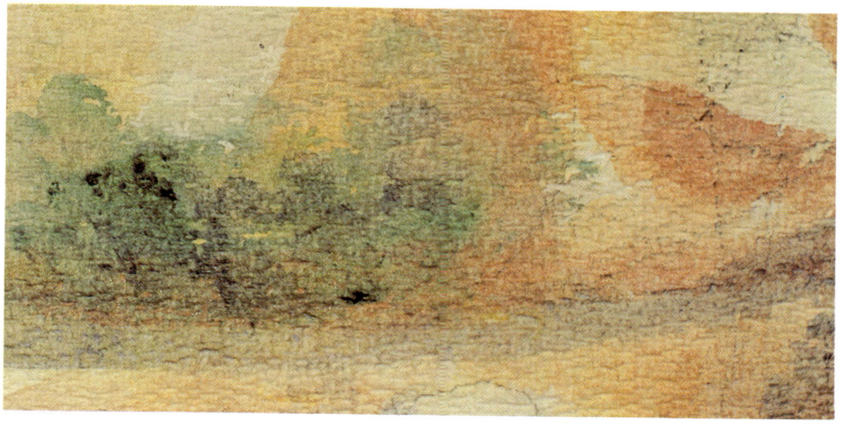

II Nehmen Sie ein Stück grobes Aquarellpapier und einen weichen Pinsel. Verdünnen Sie die Acrylfarbe mit Acrylmalmittel, 1 Teil Farbe auf 4 Teile Acrylmalmittel.

Malen Sie einige Farbflächen und nehmen Sie dazu möglichst viel Farbe mit dem Pinsel auf. Setzen Sie die Farbflächen schnell nacheinander auf, damit die Farbe nicht trocknen kann, bevor Sie fertig sind.

Die Farbe wird sich größtenteils in den Vertiefungen der Papieroberfläche sammeln. Sie sind dunkler als die erhabenen Strukturen des Papiers.

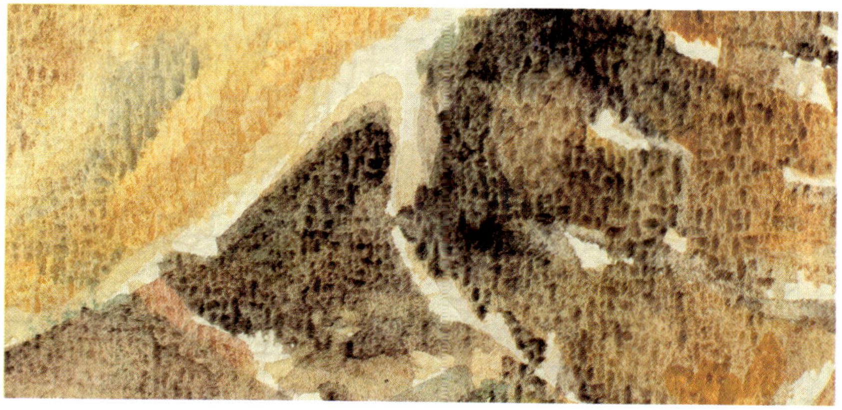

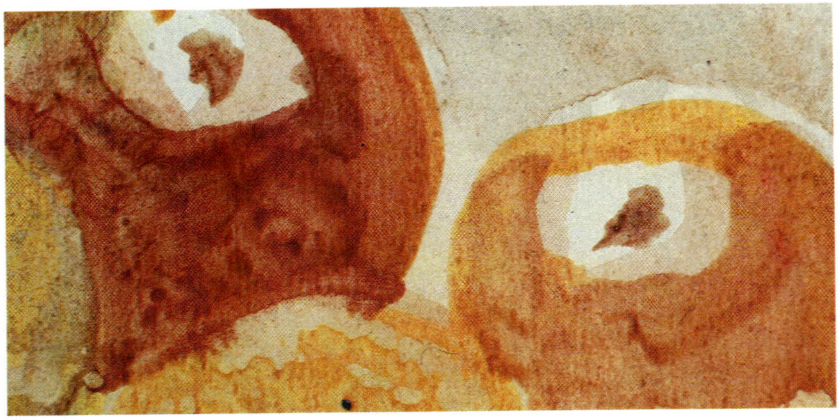

III Bei dieser Materialstudie wurde die Acrylfarbe mit Malmittel verdünnt und mit einem weichen Pinsel aufgetragen. Als die Farbe etwas angetrocknet war, wurden mit einem harten Gussow-Pinsel Lichtflecken eingebürstet. Die Farbe löste sich in kleinen Plättchen vom Papier. Im Grunde wird die Farboberfläche hierdurch beschädigt, als Materialprüfung aber kann die Studie als gelungen bezeichnet werden. Zum Schutz der Oberfläche kann eine dünne Schicht Acrylfirnis aufgetragen werden.

ANWENDUNGSBEISPIEL

Stilleben mit Hut und Stricksachen – 1988
MARIAN VAN UNEN
Kursteilnehmerin

Marian, die schon seit einigen Jahren aquarelliert, arbeitete hier das erste Mal mit Acrylfarben. Gerade da sie die Eigenschaften der Aquarellfarbe sehr gut kennt, bedeutete das eine große Umstellung für sie. Unwillkürlich wurde versucht, Effekte zu erzielen, die mit Acrylfarbe nicht möglich sind. Dennoch gibt dieses Acrylbild einen guten Eindruck von der Art und Weise, wie aquarellartige Effekte zu erzielen sind.

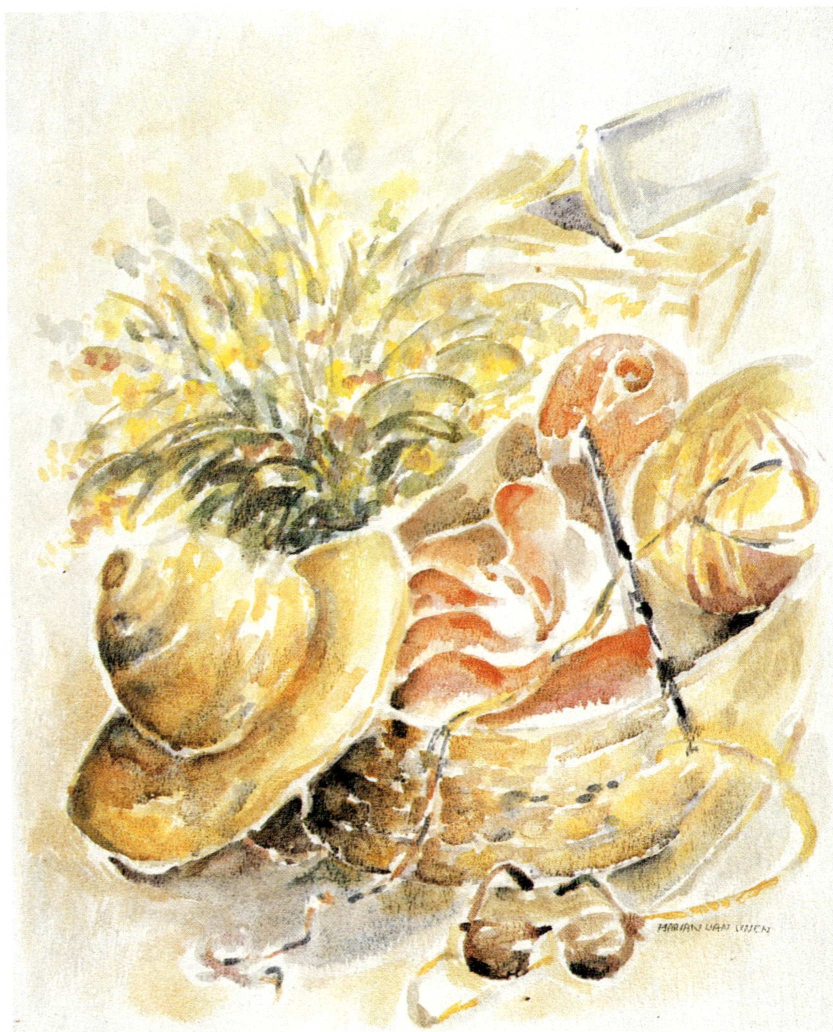

LASIEREN Die Lasurtechnik beruht auf transparenten Farbschichten. Jede Farbschicht wird über eine schon getrocknete Unterschicht gemalt. Somit verändert sich der Farbeindruck. Beim Übereinanderlegen von dünnen Lasurschichten wird der Farbeindruck immer dunkler, behält aber seinen transparenten Charakter. Die untenliegenden hellen Farbschichten reflektieren das Licht, was zu brillanten Farben führt.

Die Technik ist nicht einfach. Rufen wir uns ins Gedächtnis zurück, daß eine blaue und eine gelbe Farbschicht zusammen Grün ergeben, so wird es begreiflich, daß es sehr kompliziert werden kann, wenn von mehreren Schichten die Rede ist. Sie werden also Nutzen aus Ihren Kenntnissen über das Mischen von Farben ziehen.

Die Lasurtechnik führt zu so schönen Resultaten, daß es sich lohnt, sich intensiver mit dieser Technik zu beschäftigen. Der Vorteil des Lasierens mit Acrylfarben liegt in der schnellen Trocknung der Schichten, so daß diese recht schnell nacheinander angelegt werden können.
Beim Lasieren benützen Sie Acrylmedium glänzend als Verdünnungsmittel. Mischen Sie immer einen Teil Farbe mit vier Teilen Medium.

Arbeiten Sie ausschließlich mit weichen Pinseln, so daß die Pinselstriche nicht sichtbar bleiben, sondern verfließen. Die Lasurtechnik kommt am besten zur Geltung, wenn Sie auf einem strukturierten Malgrund arbeiten, wie Malpapier, Universalkarton und Leinwand. Zum Anfertigen von Studien brauchen Sie das Maltuch nicht aufzuspannen oder aufzukleben. Die Acrylfarbschichten sind flexibel und die Farbe wird nicht vom Maltuch abbröckeln oder abplatzen.

Das Lasieren ist durch seine zahlreichen Variationsmöglichkeiten eine interessante Technik.

MATERIALSTUDIE I

I Diese Farbfläche besteht aus drei Schichten der gleichen Farbe. Sie sind nur teilweise übereinander gemalt, so daß ein Farbunterschied entsteht. Jede untere Schicht reflektiert das Licht. So entsteht Tiefe.

II Wenn man glaubt, man könne denselben Effekt erzielen, indem man die drei Farbtöne – jeweils satter – auf einmal zu Papier bringt, wird man eines Besseren belehrt. Diese Arbeitsweise geht auf Kosten der Brillanz der Farben, da die Reflexion tieferliegender Schichten fehlt.

III Zwei übereinander gemalte Schichten verschiedener Farben werden sich für unser Auge vermischen. Eigentlich sind sie aber nicht miteinander vermischt, und man spricht hier von optischer Farbenmischung. Die beiden Farbtöne führen zusammen zu einer dritten Farbe. Beachten Sie den Malgrund, der der Farbfläche Struktur gibt!

IV Eine kühle Farbfläche kann man wärmer gestalten, wenn man die richtige Lasur darüberlegt. Hier ist im Transparentoxydgelb über Rembrandtblau lasiert worden. Die Farbfläche ist heller und wärmer geworden.

V Wird eine helle Farbfläche mit einer dunkleren Lasur belegt, entstehen Schattentöne.

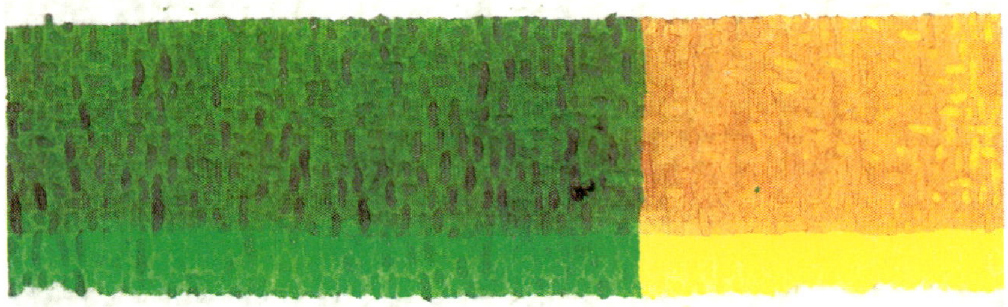

VI Zu stark kontrastierende Farbflächen, die nicht harmonieren, werden wieder harmonisch, wenn man alle Flächen mit einer Farbe überlasiert. Die Farbflächen erhalten so alle einen gemeinsamen Ton, was sie einander näherbringt.

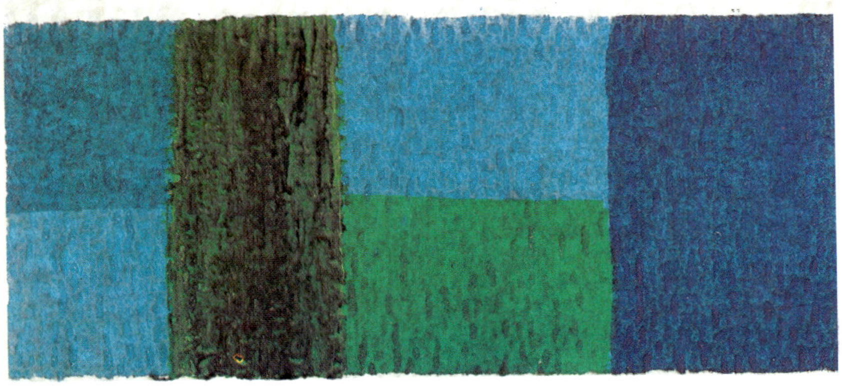

MATERIALSTUDIE II

I Transparente Farben können mit deckenden und halbdeckenden Farben kombiniert werden. Das bringt Spannung in ein Bild und macht es interessanter. Die Wirkung der Farben muß dann gut kontrolliert werden. Hier ist eine transparente Lasurschicht über transparente und deckende Farbflächen gelegt. Bei der deckenden Farbe ist der Einfluß des Maltuchs zurückgedrängt.

II Wird mit nicht-transparenten Farbtönen lasiert, haben die Farbflächen natürlich weniger Brillanz. Durch die Pigmentierung der deckenden Farbschicht kann kein Licht zurückgeworfen werden.

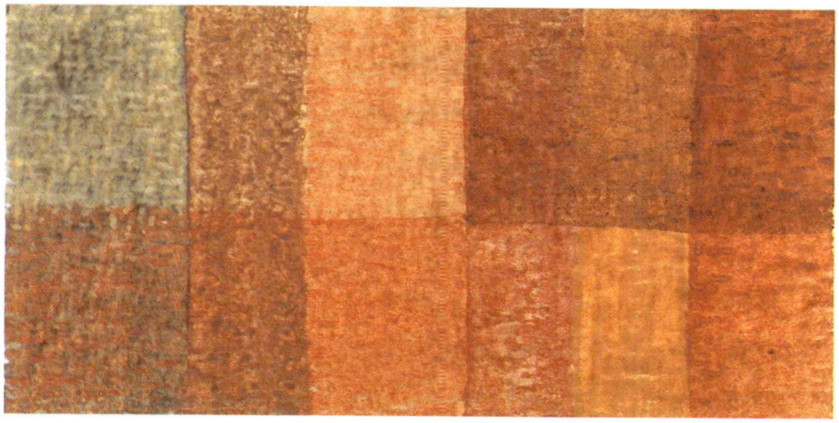

III Als letztes Beispiel wurde hier eine Lasurschicht über eine weiße, deckende, strukturierte Grundschicht gelegt, die mit dem Spachtel aufgetragen wurde. Durch die Form des Spachtels sind viele kleine weiße Flächen entstanden, die zu zahlreichen Lichtreflexen führen.

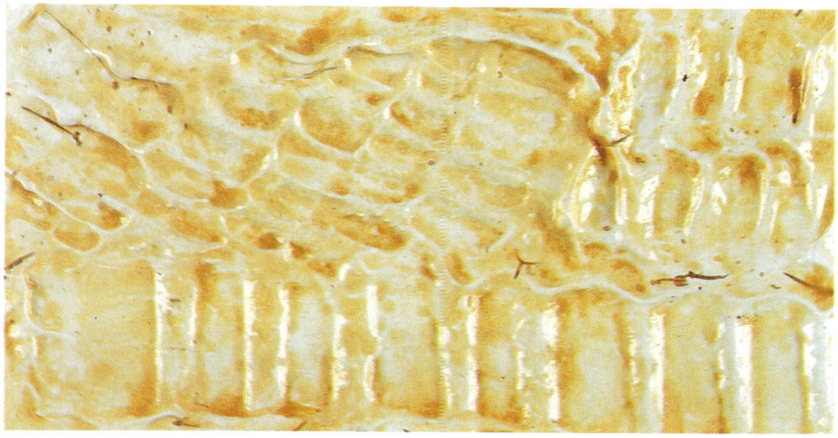

Anwendungsbeispiel

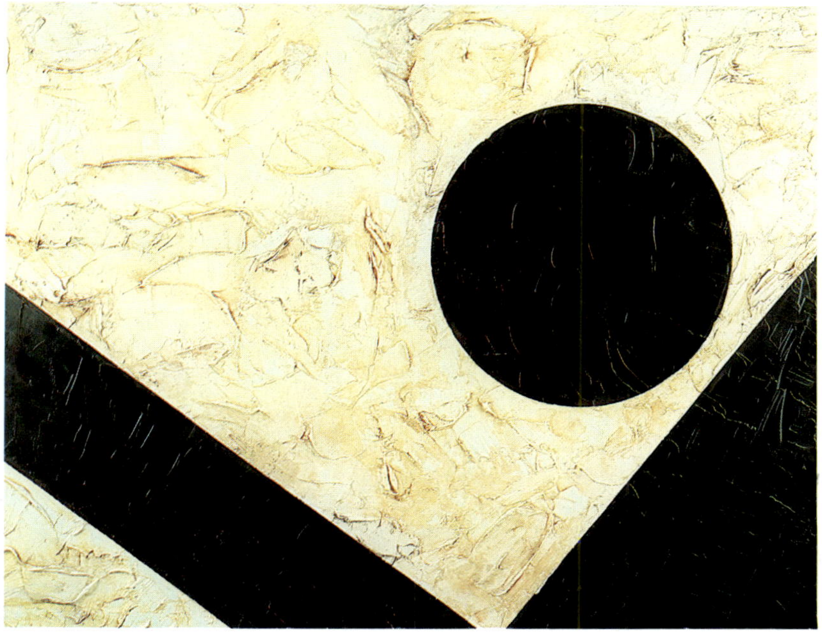

Balance
– 1981
Theo Stevens

Dieses Gemälde ist hauptsächlich mit deckender schwarzer und weißer Acrylfarbe in unterschiedlichen Spachtelstrukturen angelegt. Die weiße Farbfläche wurde mit einem Fächerpinsel lasiert. Der Marderhaarpinsel wurde ruhig und locker geführt, so konnten alle Facetten der Grundschicht erreicht werden. Für die Lasur wurde eine Mischung aus Transparentoxydgelb und Siena gebrannt (halbdeckend) verwendet. Die Brillanz der Schicht wurde etwas abgeschwächt. Dies war notwendig, um die weißen mit den schwarzen Flächen im Gleichgewicht zu halten.

Nass-in-Nass-Technik (Alla Prima) Diese Technik ist eine direkte Malweise. Obwohl sie schon in kleinerem Umfang ab dem Ende des 17. Jahrhunderts angewendet wurde, wurde sie doch erst im 19. Jahrhundert eine geläufige, wenn auch nicht voll akzeptierte Technik. Mit Ölfarben wurde von alters her lasierend und schichtweise gemalt. Beide Techniken basieren auf dem Malen über trockene Farbschichten. Vor allem bei der Arbeit im Freien kann das beschwerlich sein, da nach dem Auftragen der ersten Farbschicht nicht an Ort und Stelle weitergemalt werden kann. Man darf daher auch annehmen, daß die Alla-Prima-Malerei von den »plein air«-Malern angeregt wurde. Die Naß-in-Naß-Technik mit Acrylfarben bietet viele Vorteile, hat aber auch einige Nachteile.

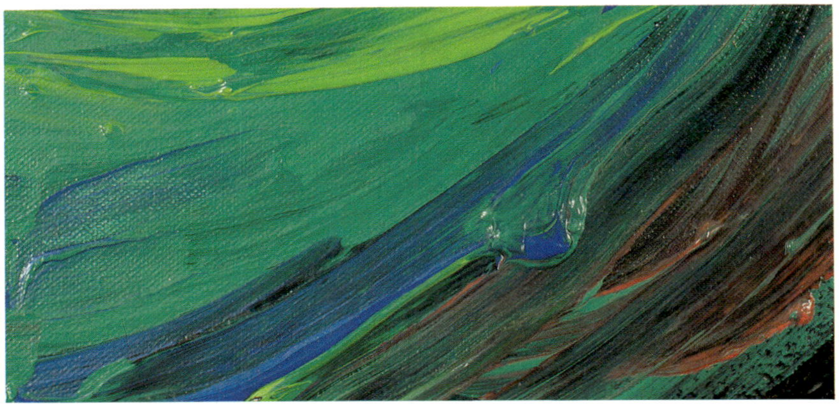

Materialstudie

I Benutzen Sie harte Pinsel und kräftige Träger. Tragen Sie Pinselstriche in verschiedenen Tönen auf, so daß sie von hell nach dunkel laufen. Bringen Sie in den noch nassen Farben Tupfer mit anderen Farben an. Die Farben werden sich teilweise vermischen.

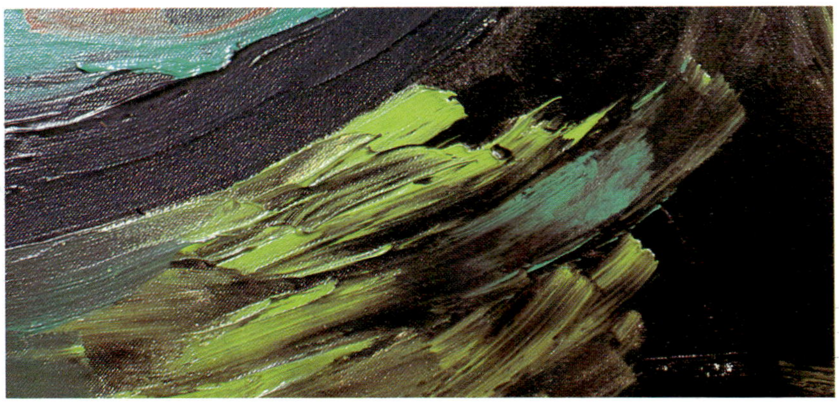

II Die allgemeine Regel für deckende Maltechniken ist das Arbeiten von dunklen Anfangsschichten zu stets heller werdenden Schichten hin. Führen Sie eine derartige Studie aus.

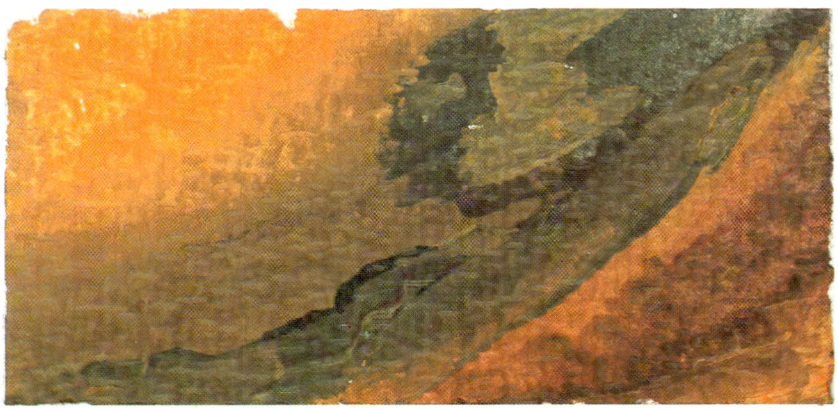

III Verwenden Sie einen weichen Pinsel und verdünnen Sie die Acrylfarbe mit Wasser oder Malmittel.

Legen Sie jetzt Farbschichten übereinander, ohne die Schichten dazwischen trocknen zu lassen. Die Farben mischen sich und fließen teils ineinander.

Einen großen Vorteil stellt die kurze Trockenzeit dar, was beim Malen im Freien besonders nützlich ist. Das Gemälde kann auch innerhalb sehr kurzer Zeit gefirnist werden, wodurch nachträglich eingefügte Stellen ausgeglichen werden können. Für einige stellt die Notwendigkeit des schnellen Malens, eben wegen des schnellen Trocknens der Farbe, aber einen Nachteil dar. Die Farbe wird zu zäh, um weiterarbeiten zu können. Dennoch können mit Acrylfarbe in dieser Technik hervorragende Resultate erreicht werden.

Die Alla-Prima-Technik kann zum pastosen Arbeiten mit harthaarigen Gussow-Pinseln, Lyoner Pinseln oder Malspachteln ausgeführt werden. Es eignen sich harte Malgründe und Leinwand. Man kann zu dieser Technik auch verdünnte Farben nehmen.

Mit verdünnten Farben kann man dann auch auf Papier arbeiten. Harthaarige Pinsel lassen in pastoser Farbe den Abdruck der Haare stehen, was der Farbe Struktur verleiht. Verwendet man verdünnte Farbe, wird der Pinselstrich meist zerfließen.

Anwendungsbeispiel

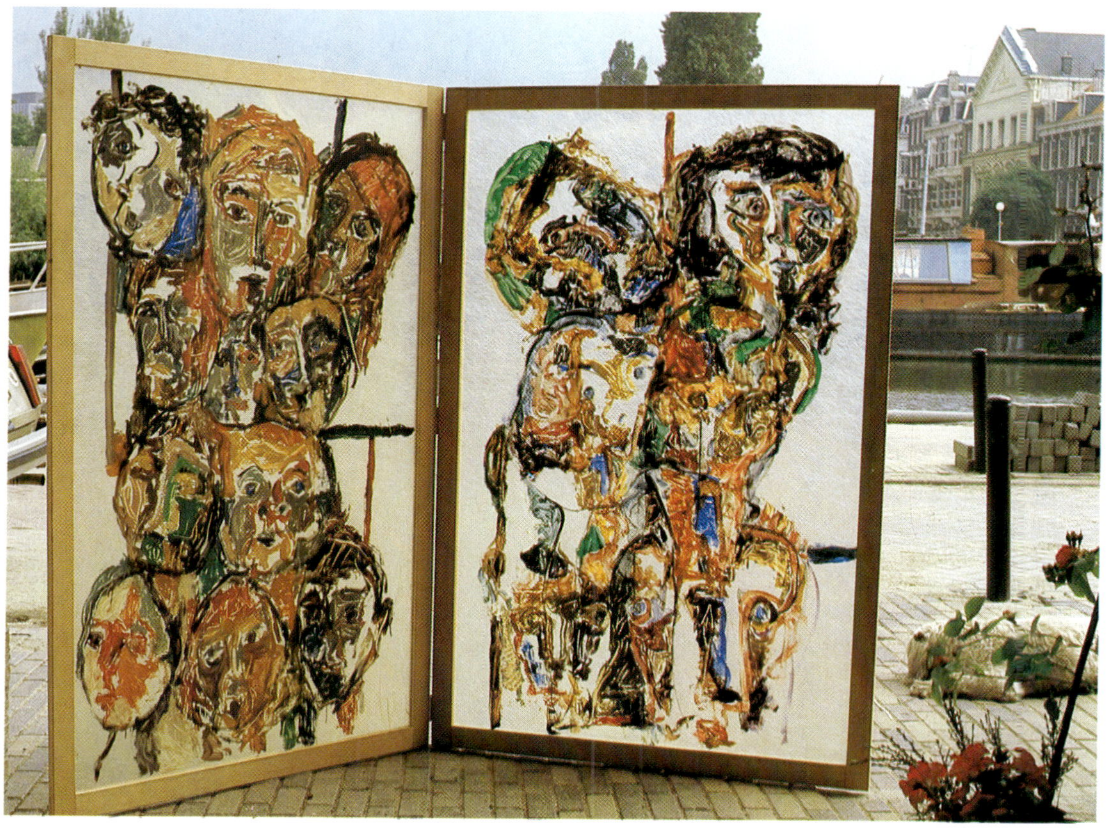

Wandschirm
– 1987
Elly Booy

Elly Booy malte diese lebendig wirkenden Gruppenportraits in Alla-Prima-Technik auf relativ grobe, halbtransparente Kunststoffplatten. Sie faßte die Arbeiten in Rahmen und stellte daraus einen Wandschirm zusammen. Obwohl Elly ihr Atelier mit dem Schirm vor neugierigen Blicken schützen wollte, drängen sich die Passanten nun vor dem Paravent, um einen Blick nach drinnen werfen zu können.

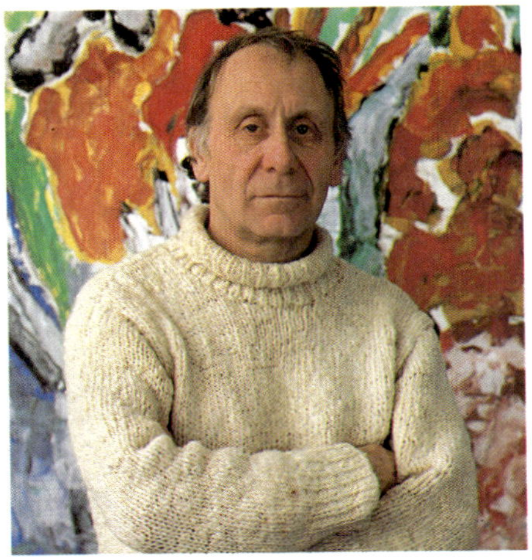

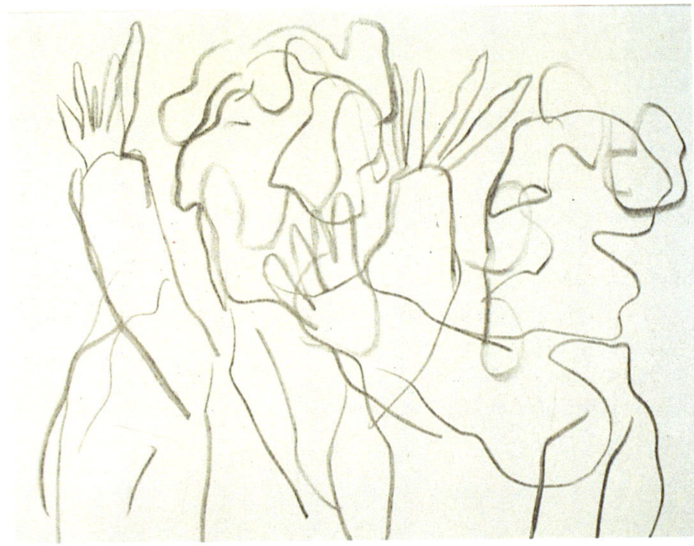

I Jan Sierhuis zeichnet sein Motiv mit einem dicken Stück Holzkohle vor, nachdem er Flamencomusik auf seiner Gitarre zum Erklingen brachte. So schafft er eine Atmosphäre, die er beim Malen noch intensivieren kann.

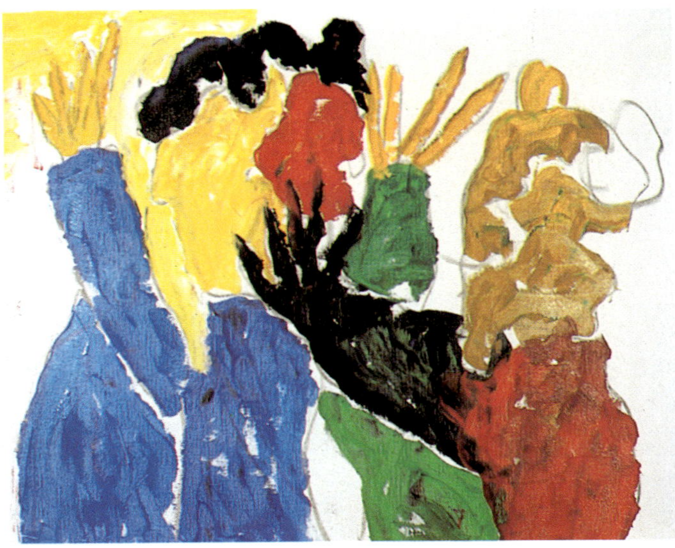

IV Das Bild wird auf eine grundierte Leinwand gemalt.
Der zweite Tänzer wird so angelegt, daß er den ersten »überlappt«. Die Frage, zu wem der zweite Arm gehört, ist im Grunde nicht so wichtig. Wichtig ist, daß die Bewegung des Tanzes wiedergegeben wird.

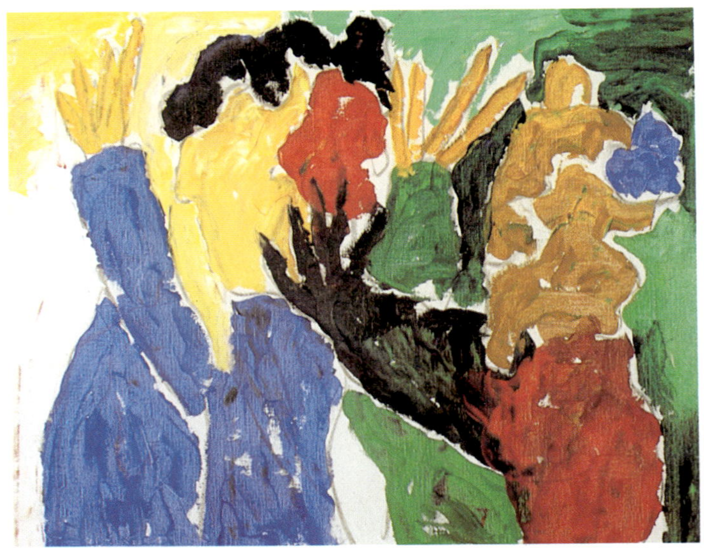

V Die gelbgrünen Hintergrundflächen werden eingesetzt. Es werden dabei verschiedene Grüntöne verwendet, die teils gleichzeitig auf den Spachtel genommen werden. Die Farbe wird hier noch recht dünn verarbeitet und gleichsam in die Struktur der Leinwand eingerieben.

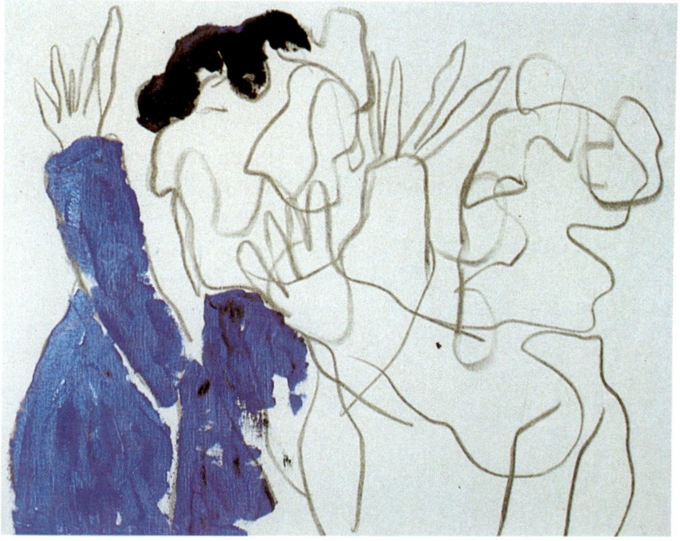

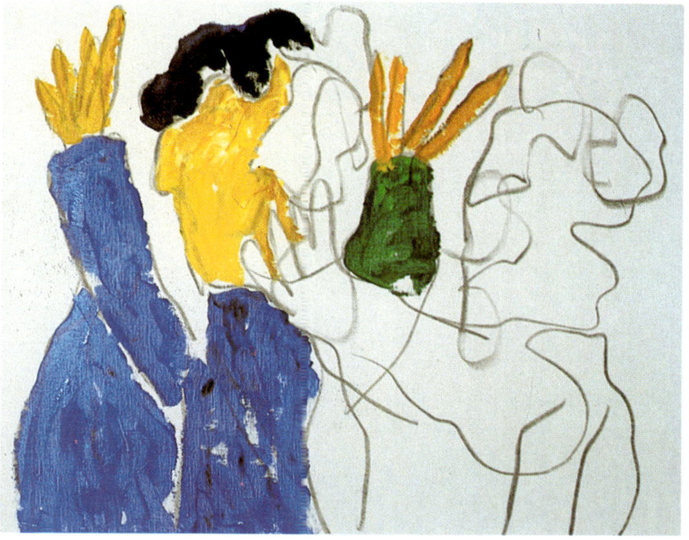

II Der Maler fixiert die Holzkohleskizze, so daß die Kohle die Farben nicht beeinflussen kann. Jan setzt mit der Farbe links unten an, bei der ultramarinblauen Kleidung eines Tänzers, er setzt direkt die Haarpartie dazu.

III Dieser Tänzer soll einen zentralen Platz im Gemälde einnehmen, und darum wird ihn der Künstler sofort ausarbeiten. Sierhuis verarbeitet die Farbe direkt aus der Tube mit dem Malspachtel.
Weder Wasser noch Malmittel finden Verwendung.

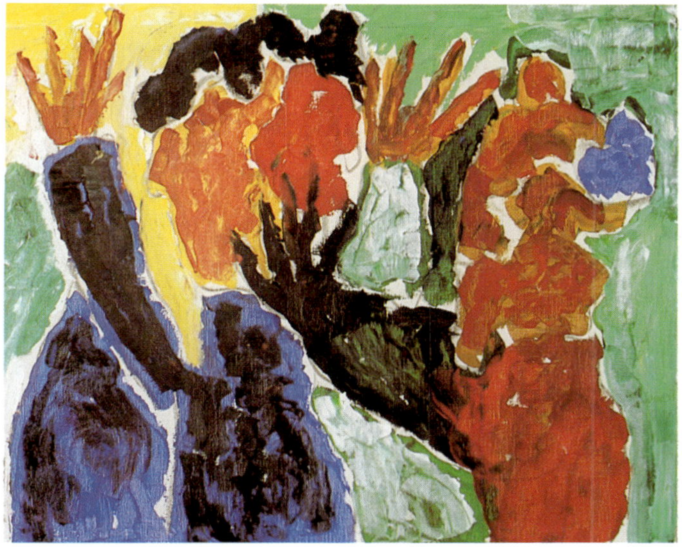

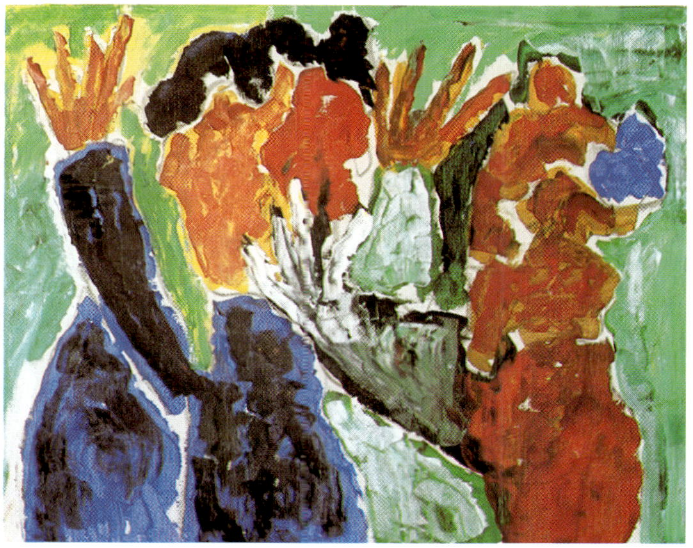

VI Die Farbtöne, die den Tänzern gegeben wurden, werden abgedunkelt, um sie optisch etwas zurückzudrängen; die Hintergrundfarben werden abgeschwächt. So lösen sich die Tänzer vom Hintergrund. Die Farbe wird jetzt immer pastoser aufgetragen.

VII Jan Sierhuis legt die nassen Farbschichten übereinander. »Schön, was?!« meint er, »man bekommt so immer noch eine dritte Farbe geschenkt!« Der Untergrund trocknet jetzt bereits etwas an, »Wenn ich die Farbe wieder brauche, schabe ich sie mit dem Spachtel teilweise ab und nehme sie mit in die neue Farbschicht. So entstehen Strukturen, die ich brauchen kann.«

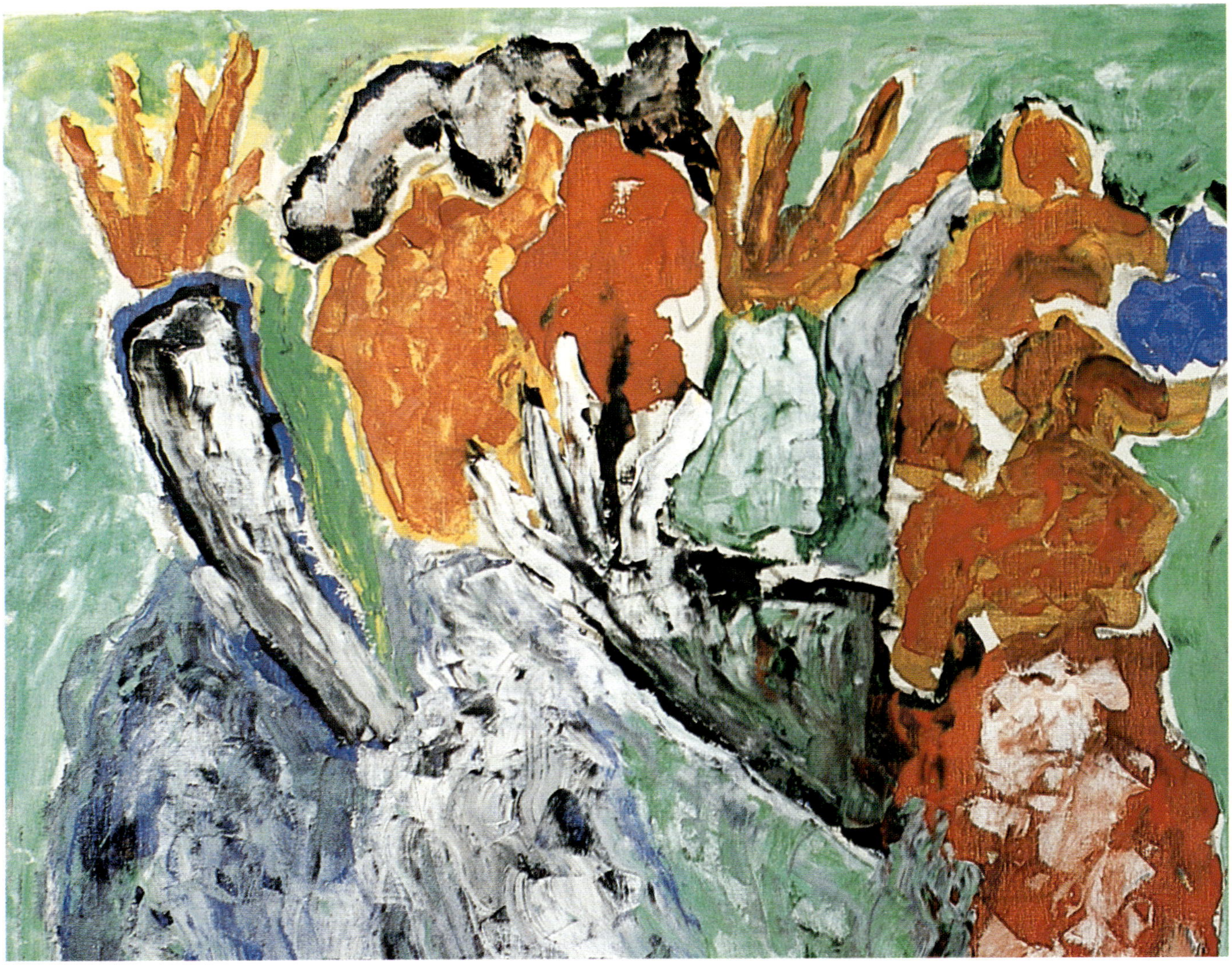

Flamencotänzer
– 1981
JAN SIERHUIS

VIII Nach der Phase VII wird das Bild genau betrachtet und die ultramarinblaue Partie für zu schwer befunden. Das Blau wurde mit Weiß abgeschwächt, aber dabei blieb es nicht.

Praktisch das ganze Bild wurde mit Weiß überarbeitet. „Ich schiebe die Farben ineinander, damit eine Einheit entsteht. Du mußt wissen, was du tust; du darfst nur nicht darüber nachdenken, sonst wird das Bild forciert und verliert das Spontane. Darum ist diese Maltechnik auch so fantastisch.“ Jan ist sehr treffsicher und es stimmt, was er sagt. Er weiß, was er tut!

IMPASTOTECHNIKEN Impasto ist eine Technik, bei der mit dem Malspachtel oder mit einem harten Pinsel relativ dicke Farbschichten auf den Malgrund aufgetragen werden. Dazu kann man sich verschiedener Techniken bedienen. Man kann ein Impasto in Schichten aufbauen oder Naß-in-Naß malen. Über getrocknete Impastoschichten können transparente Lasuren gelegt werden.

Ihre Flexibilität und die kurze Trockenzeit bewirken, daß Acrylfarbe in dicken Schichten verarbeitet werden kann, ohne daß die Farbe Runzeln wirft oder Risse bildet. Dies macht Acrylfarbe zur geeignetsten Farbsorte für Impastos. Durch die butterartige Konsistenz der Farbe kann sie mit Pinseln mit steifen Borsten, oder aber hauptsächlich mit dem Malspachtel pur verarbeitet werden. Die durch Pinsel und Spachtel erzeugten Strukturen verflachen nicht und verändern sich auch durch das Trocknen nicht. Die Reliefwirkung kann verstärkt werden, wenn man mehrere dicke Lagen übereinander legt. Diese Technik, mit zwischenzeitlichem Trocknenlassen der Schichten, führt zu den besten Resultaten.

Zum Malen eines Impastos auf einem großen Format braucht man so viel Farbe, daß das eine recht teure Angelegenheit werden würde. Hierzu ist aber eine Modellierpaste entwickelt worden, mit der man die Reliefuntermalung anbringt, auf der, nach dem Trocknen, mit Acrylfarben weitergemalt werden kann.

Modellierpaste (Modeling Paste – Talens) ist eine weiße, kittartige Paste, die matt und deckend auftrocknet. Die Paste wird zumeist mit dem Spachtel auf einen harten Untergrund aufgetragen. Leinwand kann sich durch größere Mengen Modellierpaste verformen, vor allem wenn diese in unterschiedlicher Dicke aufgetragen wurde.

Der Malgrund muß vor dem Auftragen der Paste gründlich entfettet werden und wird dann am besten mit einem Universal-Primer grundiert, um gute Haftung zu gewährleisten.

Die Paste trocknet – je nach Dicke – in einigen Minuten bis einigen Stunden hart und wasserfest auf. Malgeräte sollten Sie nicht eintrocknen lassen, sondern gründlich mit Wasser reinigen.

Modellierpaste kann man mit Acrylfarben mischen, wobei Pastelltöne entstehen. Man kann zur Modellierpaste auch Sand, feinen Kies oder Sägespäne mischen, so daß eine gröbere Struktur entsteht. Wird die Acrylfarbe nur dünn über die Untermalung gelegt, bleibt die Struktur sichtbar.

Schließlich kann man auch alle möglichen Gegenstände in die Pastenschicht drücken, die dann bemalt werden können oder so stehen bleiben.

Gel-Medium ist eine pastose, wasserhaltige, milchigweiße Paste, die farblos und transparent auftrocknet. Sie kann unbeschränkt zu Acrylfarbe gemischt werden. Konsistenz und Farbbrillanz werden durch das Gel-Medium nicht verändert. Man kann dieses Malmittel auch mit Wasser verdünnen, so daß es sich auch für Lasuren über einem Impasto-Untergrund eignet.

Will man nicht allzu dicke Reliefschichten auf Leinwand auftragen, ist es ratsam, der Modellierpaste 50% Gel-Medium zuzumischen, da sie dann flexibler wird.

Auch Gesso als Universalgrund kann für strukturierte Untermalungen verwendet werden. Für dickere Strukturen eignet er sich allerdings nicht so, da sich der Primer nicht einfach formen läßt.

Gesso ist weißer als Modellierpaste transparente Farbschichten als Übermalung zeigen daher eine starke Reflexion.

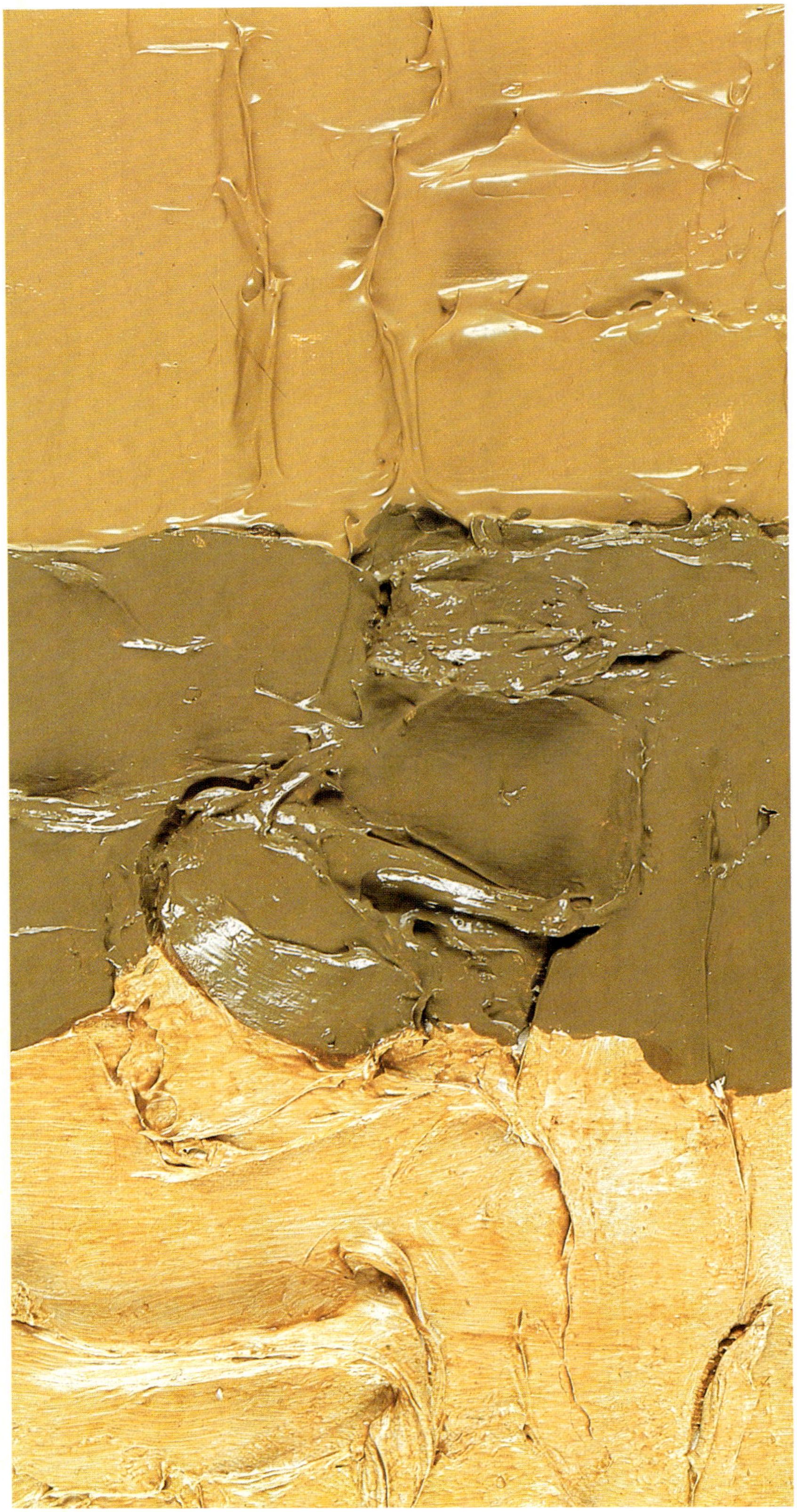

MATERIALSTUDIE I

I Impastos können mit Acrylfarbe in dicken Schichten aufgebaut werden. Die Farbe läßt sich gut mit dem Spachtel verarbeiten. Malspachtel sind in verschiedenen Formen erhältlich. Jeder Spachtel hat seine eigene Struktur.

II Mit dem Spachtel kann eine Farbschicht glatt oder plastisch aufgetragen werden.

III Diese pastosen Farbflächen sind zunächst mit Modellierpaste als Untermalung auf dem Malgrund angelegt und dann mit deckender Acrylfarbe bemalt worden.

IV Überzieht man die Modellierpaste mit einer transparenten Farbschicht, erzielt man eine starke Lichtreflexion.

MATERIALSTUDIE II

I Mischt man Acrylfarbe mit Gel-Medium, verändert sie ihre Konsistenz nicht. Die Farbe wird transparenter und glänzender.
Links: Reine Acrylfarbe
Rechts: Acrylfarbe mit Gel-Medium

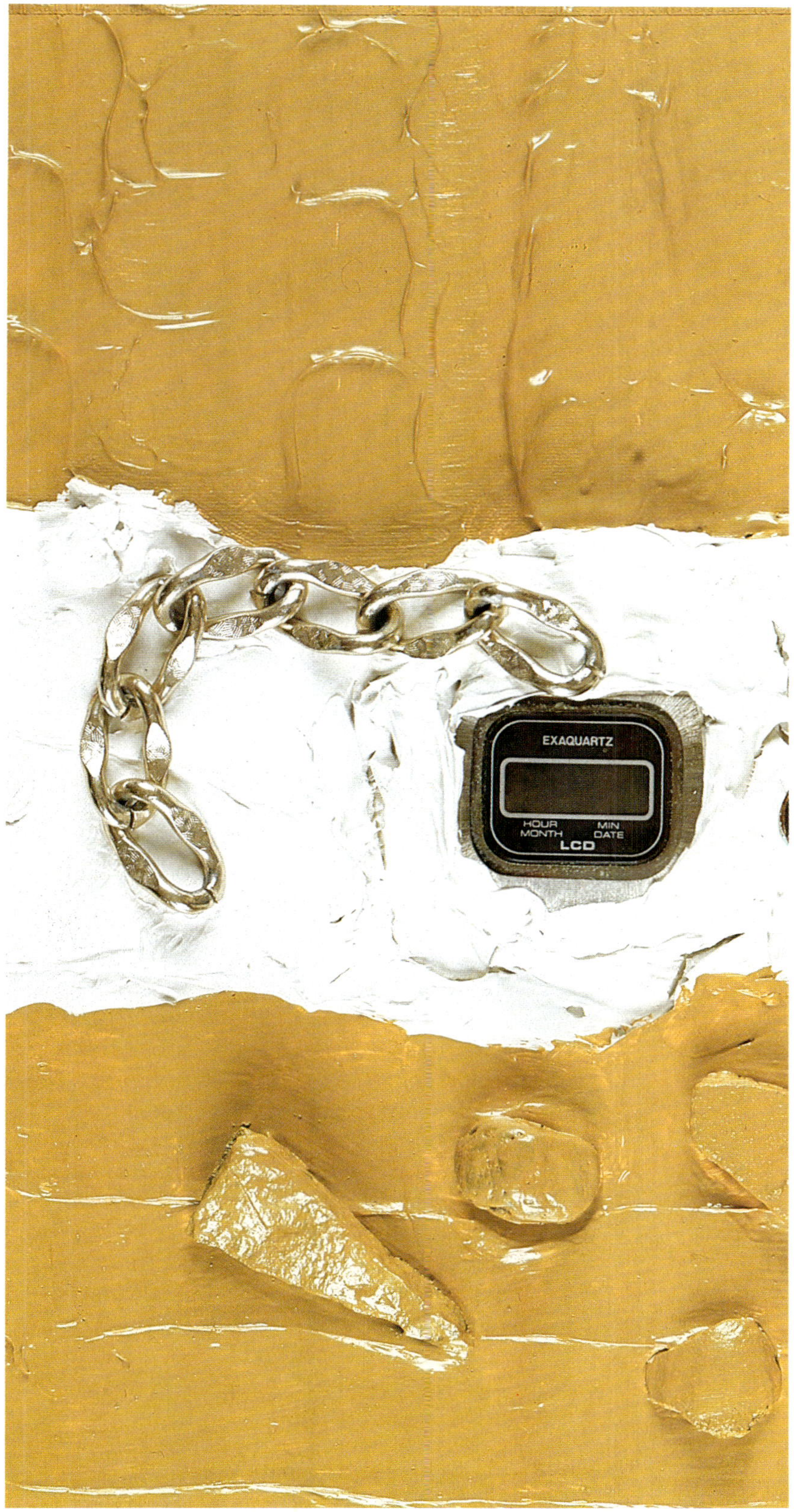

II In eine Schicht aus Modellierpaste kann man farbfremde Gegenstände eindrücken. Nach dem Trocknen der Paste sind sie dann absolut fest in dieser verankert.

III Modellierpaste kann mit allerlei Materialien gemischt werden, die der Paste Struktur verleihen können. Hier wurden kleine Steinchen verwendet. Die Paste wurde übermalt, die Struktur blieb erhalten.

Decor
– 1980
THEO STEVENS

Dieses Acrylgemälde ist als Wandbild ausgeführt (150 x 275 cm). Der Malgrund wurde hierzu sorgfältig mit verdünntem Gesso grundiert (Jute verwittert schnell). Es wurden drei Schichten aufgetragen, so daß die Fasern gut durchtränkt wurden. Dann wurden stellenweise – ebenfalls mit Gesso – nicht allzu pastose Strukturen mit dem Spachtel aufgebaut. Für die dekorativen, plastischen schwarzen Strukturen wurde mit Modellierpaste eine Untermalung geschaffen.

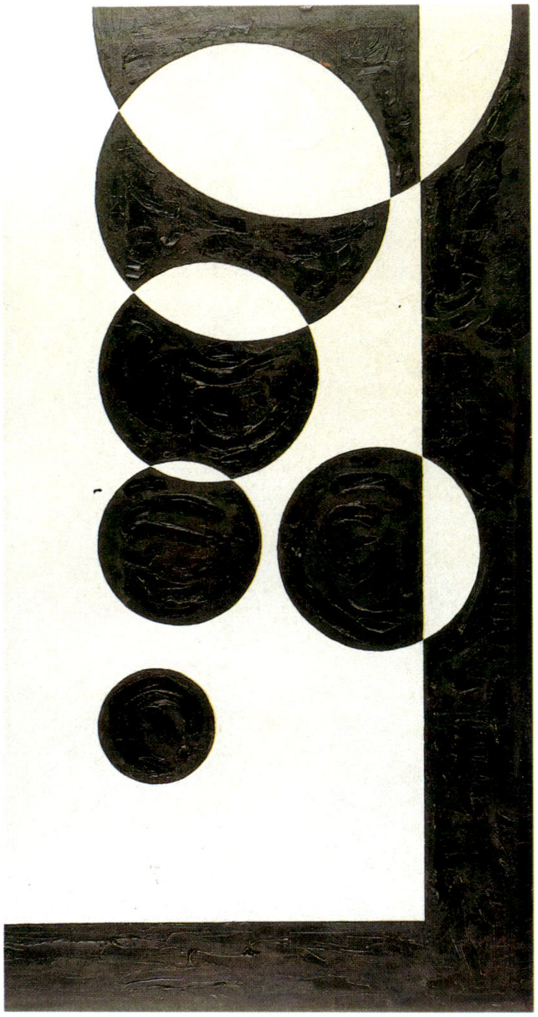

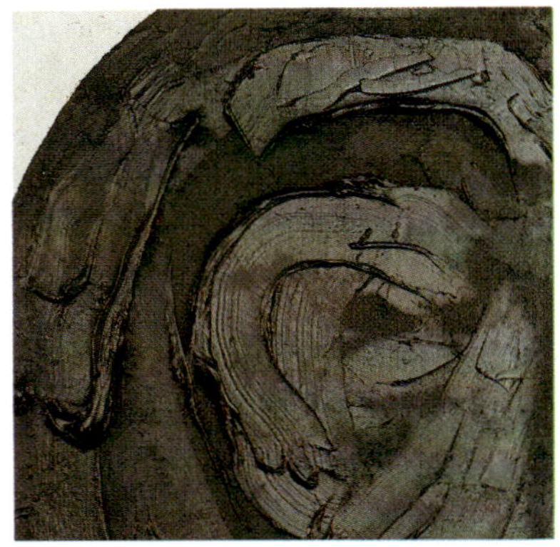

In diesem Detail des Bildes ist die Struktur des Maltuchs – trotz der 3 Schichten Grundierung – sichtbar geblieben.

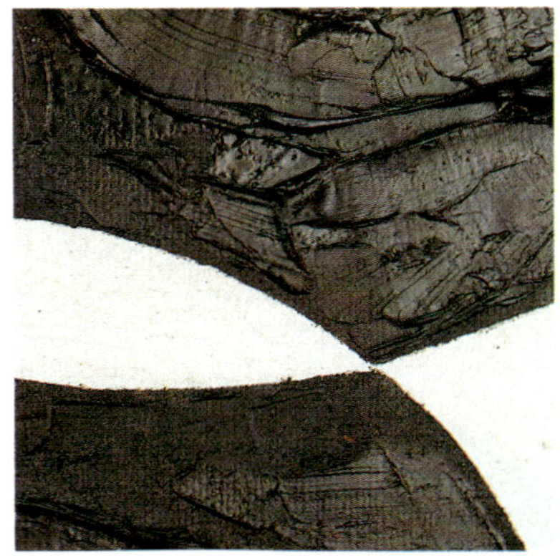

Durch Übermalen eines Unterreliefs aus Modellierpaste entstand die dicke Impastoschicht.

MONOTYPIE (Monoprint) Eine Monotypie ist ein einmaliger Abdruck einer mit Farbe behandelten Druckfläche. Der Abdruck kann in seiner ursprünglichen Form bleiben oder mit Farbe oder anderen Materialien bearbeitet werden. Es ist eine Technik der zufälligen Effekte und kann bis zur Manier führen. Diese Technik wird erst sinnvoll, wenn der Anwender so viel Erfahrung hat, den Abdruck so im Griff zu behalten, daß sowohl Form wie Struktur, Farbe und Schattierungen Ergebnis des Willens und nicht des Zufalls sind.

Da sich die Acrylfarbe einige Zeit auf der Druckfläche befindet, ist die Gefahr vorzeitigen Eintrocknens gegeben. Es ist daher notwendig, die Trockung solange wie möglich hinauszuzögern. Sie können dazu die Farbe zwischenzeitlich mit Wasser besprühen oder der Farbe einen Verzögerer für Acrylfarbe beimengen, der die Trockenzeit verlängern kann. (Siehe »Hilfsmittel für Gouache und Acrylfarben«, S 36 ff.)

Als Druckfläche brauchen Sie einen kräftigen Untergrund, der der Farbe keine Feuchtigkeit entzieht, etwa eine geschliffene Glasplatte oder Kunststoff.

Die Farbe kann direkt aus der Tube mit dem Pinsel, dem Spachtel oder einer Walze aufgetragen werden. Es kann sofort ein Abzug gemacht werden, oder man bearbeitet die Druckfläche erst durch Ausstreichen,

Ritzen, Tupfen und Wischen. Beachten Sie, daß Sie wegen des Abdrucks spiegelbildlich arbeiten müssen. Auch müssen Sie die hellsten Farben zuerst und die dunkelsten zuletzt auftragen, damit in Ihrem Abdruck die hellsten Farben nach oben kommen. Es liegt in der Natur der Technik, daß nur Naß-in-Naß gearbeitet werden kann.

Zum Abnehmen des Bildes kann man geleimtes, leicht saugendes Papier oder auch präpariertes Malpapier nehmen. Glattes Papier bewirkt, daß die Farbe sich während des Andrückens/Abziehens recht leicht, manchmal sogar zu leicht verfließt und somit schwieriger unter Kontrolle zu halten ist. Durch den ausgeübten Druck und die Streichrichtung können Sie die Monotypie beeinflussen.

MATERIALSTUDIE

I Am Anfang werden die Versuche einigermaßen willkürlich ausfallen. Die Monotypie zeigt dann Ähnlichkeit mit den Figuren des Rorschachtests, bei dem flüssige Farbe auf Papier getropft wird, das man dann faltet, wodurch symmetrische Farbflekken entstehen. In diesen Flecken wird dann nach möglichen Deutungen der abstrahierten Figuren gesucht.

II Preßt man die Farbe auf der Druckfläche weg, entstehen in der Monotypie helle Partien. Struktur und Form können beeinflußt werden.

III Die hellen Farben in der obersten Schicht der Monotypie werden als erste auf die Druckfläche gebracht. Man kann hier von einer umgekehrten Folge des Farbauftrags sprechen.

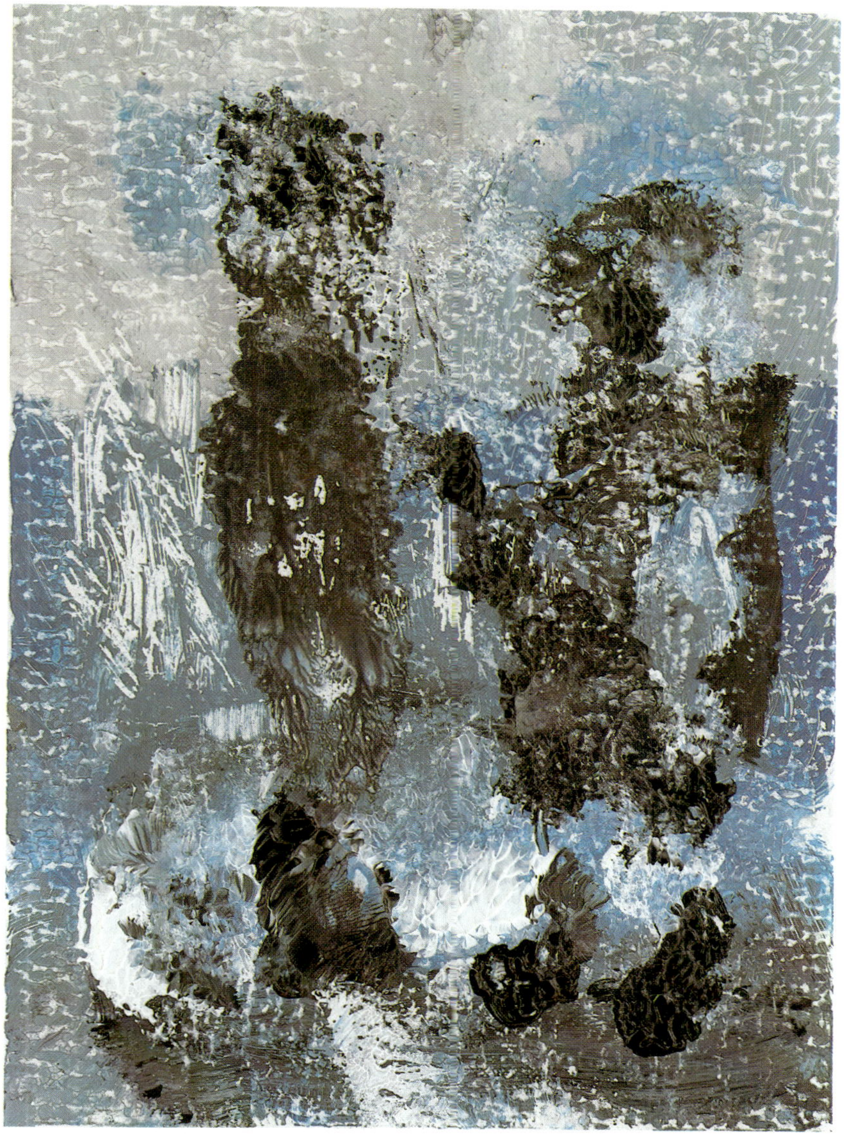

Sich entfernende Menschen – 1979
THEO STEVENS

Diese Monotypie wurde in zwei Arbeitsgängen angefertigt. Erst wurde mit einer Walze mit wenig Farbe ein heller Fond auf die Druckplatte gebracht, der dann direkt auf das Papier gedruckt wurde. Die auf der Druckplatte verbliebene restliche Farbe wurde danach mit Wasser besprüht, um ein Eintrocknen zu vermeiden. Das Motiv ist in drei Farbschichten mit einem Pinsel angelegt.

Für die ersten beiden Lagen wurde hierzu mit Acrylmalmittel verdünnte Farbe benutzt, der ein Verzögerer beigegeben war. Die dritte Farbschicht besteht aus pastoser Farbe. Während des Malens wurde die Farboberfläche mehrmals mit Wasser besprüht.

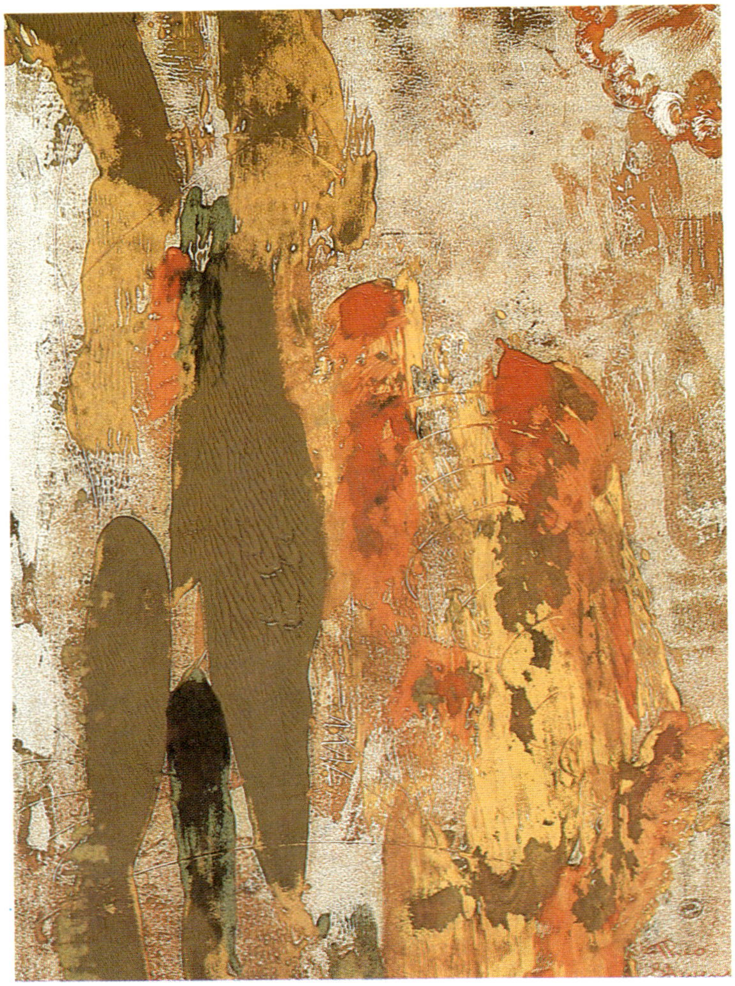

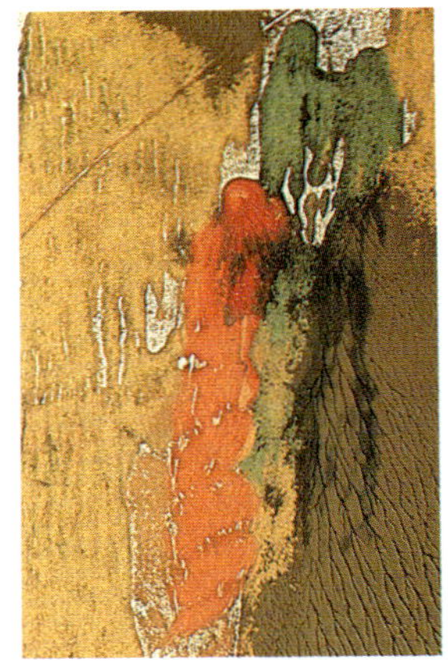

In einem Detail dieser Monotypie ist der Aufbau der Farbschichten verschiedener Konsistenz gut erkennbar. Die pastose, moosgrüne Farbschicht zeigt deutlich die Struktur, die durch das Abziehen entstanden ist.

FLUORESZIERENDE FARBE Fluoreszierende Farbe, auch Reflexfarbe genannt, wird vor allem in der Pop-Art verwendet.

Diese Farbe hat als Bindemittel eine Art Acrylatkunststoffdispersion, weist aber kein richtiges Acryl- und Polyvinylacetat auf. Diese Farbsorte trocknet schnell, hat eine matte Oberfläche und ist einigermaßen wasserfest. Durch Mischen der Farben wird die reflektierende Eigenschaft zunichte gemacht.

Taleta der Firma Talens kann man mit Wasser verdünnen. Diese Farbe wird auf Papier oder harten, mit Universalprimer grundierten Malgründen verarbeitet, sie haftet auch auf Modellierpaste.

Zum Firnissen kann man Acrylfirnis matt verwenden. Pinsel nicht eintrocknen lassen, mit Wasser reinigen.

Fluoreszierende Farbe eignet sich vor allem für dekoratives Arbeiten, etwa für Poster.

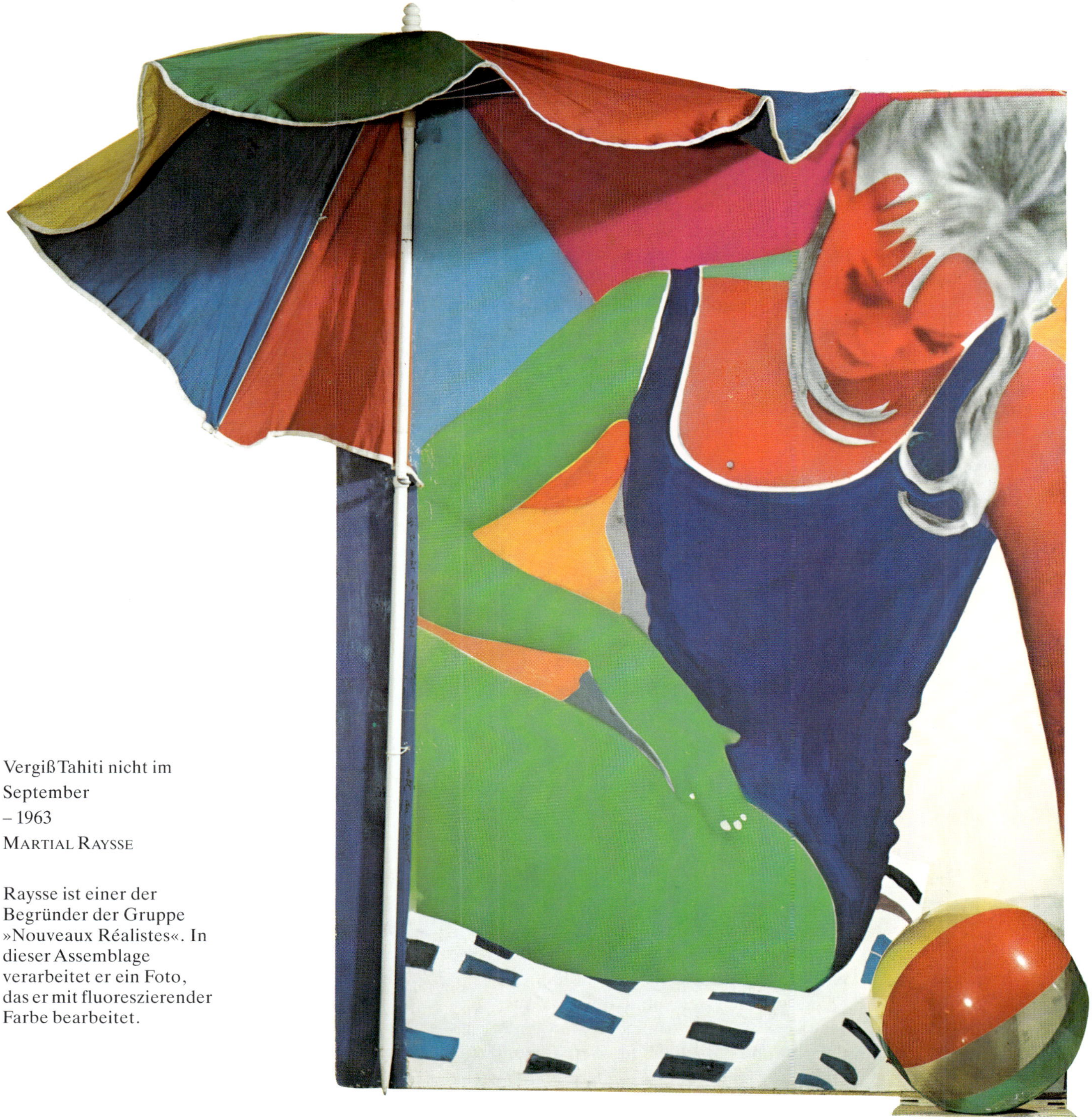

Vergiß Tahiti nicht im
September
– 1963
MARTIAL RAYSSE

Raysse ist einer der Begründer der Gruppe »Nouveaux Réalistes«. In dieser Assemblage verarbeitet er ein Foto, das er mit fluoreszierender Farbe bearbeitet.

Effekttechniken

Beim Malen eines Bildes kann man die Farbe auf ganz unterschiedliche Art behandeln.

Man kann wählen, ob man schichtweise auf getrocknete Schichten malen möchte, oder sich für das Malen in noch nasse Farbschichten entscheidet.

Es ist aber auch möglich, in noch nassen Farbschichten zu wischen, bürsten, kratzen, tupfen und tamponieren; außerdem kann die Farbe auch mit einer Walze oder mit den

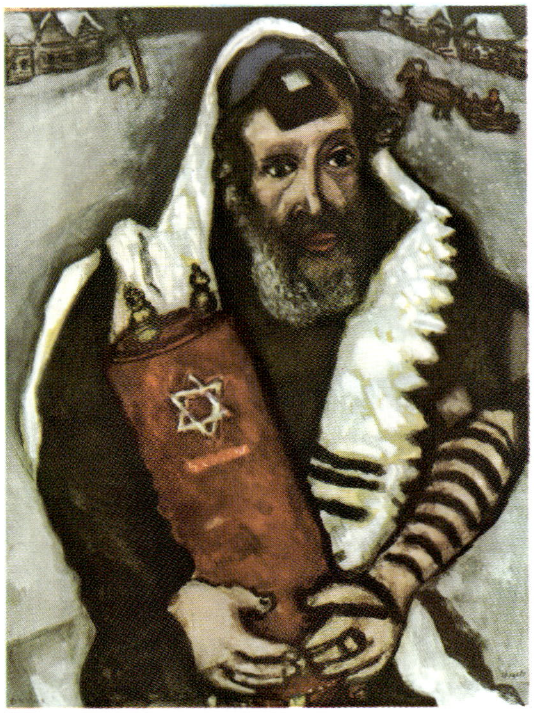

Rabbiner mit Thora – o.J.
Marc Chagall
1887-1985

Chagall setzte Konturlinien in dieser Gouache u.a. bei den Händen und dem linken Arm des Rabbiners ein. Diese dunklen Linien haben eine deutliche Funktion. Sie stellen gleichsam eine Fortsetzung der dunklen Pinselstriche dar, mit denen der Gebetsriemen, der sich um den Arm schlingt, angedeutet ist.

Fingern aufgetragen werden.

All diese Techniken können in einer bestimmten Phase des Gemäldes ihre Funktion haben, wenn sie wohlüberlegt angewandt werden, ohne daß dies zur Manier wird. Ein zufällig entstandener Effekt kann natürlich ein überraschendes Resultat zeigen, aber Malen bedeutet mehr als das. Darum haben Effekttechniken meist nur dort ihre Berechtigung, wo sie einen wesentlichen Teil des Bildes darstellen.

Möchten Sie einmal eine Effekttechnik verwenden, sollten Sie vor der Anwendung in einem Bild erst eine Materialstudie machen. Es ist aber nicht notwendig, dies von vorneherein mit allen Effekttechniken durchzuführen.

Effekttechniken können sowohl mit Gouache als auch mit Acrylfarben ausgeführt werden. Bedenken Sie aber stets die kurzen Trockenzeiten dieser Farbsorten. Zudem besteht ein Unterschied in der Anwendung, da Gouache nicht wasserfest ist, Acrylfarbe aber schon.

Konturlinien Man verwendet Konturlinien, um eine Form zu akzentuieren, indem eine Fläche abgegrenzt wird.

Es ist eine der am schwierigsten anzuwendenden Effekttechniken. Durch den Einsatz von Konturlinien wirkt ein Bild schnell künstlich und kann an Raumwirkung verlieren. Man kann Konturen in Weiß, Schwarz oder Farbe ziehen.

Grattage Als Grattage wird das Kratzen, Schaben und Ritzen in nasse oder trockene Gouacheschichten bezeichnet. Wird eine Grattage auf einer nassen Farbschicht angebracht, wird die Farbe stellenweise weggedrückt und die darunterliegende Schicht wird sichtbar. Grattagen in nasser Farbe verfließen wieder etwas, so daß ein sanfter Effekt entsteht. Grattagen in trockenen Farbflächen haben eine schärfere Struktur. Man kann Grattagen mit dem Pinselstiel, einem Fingernagel oder einem anderen nicht zu scharfen Gegenstand anbringen. Achten Sie darauf, daß der Malgrund nicht beschädigt wird.

FROTTAGE Die Frottagetechnik bietet zahlreiche Möglichkeiten. Diese Technik beruht auf dem teilweisen Entfernen nasser oder trockener Farbe und kann auf verschiedenste Weise angewendet werden.

DAS ABSTREICHEN VON NASSEN FARBSCHICHTEN Diese Frottage wurde an einer mit Terpentin verdünnten Farbschicht ausgeführt. Die noch nasse Farbe wurde mit einem Blatt Papier so abgestrichen, daß die Farbe in die Streichrichtung gedrängt wird. Das Terpentin und das Wasser in der Gouache stoßen sich ab, wodurch die Pigmentteilchen verklumpen können. Die Kunst dabei ist es, die Entstehung der Effekte willentlich zu steuern.

DAS ENTFERNEN ANGETROCKNETER FARBE Frottagen können auch bei bereits etwas angetrockneten Farbschichten gemacht werden. Die angetrocknete Gouacheschicht wird vorsichtig mit einem Knäuel aus weichem Papier betupft, so daß Teile der Farbschicht hängenbleiben. Eigentlich wird diese Schicht damit beschädigt. In dieser schwarzen Farbfläche wurde diese Form der Frottage verwendet.

TAMPONIEREN Für diese Effekttechnik braucht man einen Tamponierpinsel oder einen anderen harten Pinsel, der mit etwas pastoser Gouache vertikal geführt wird. Wird mit dem Pinsel auf den Malgrund gestoßen, entsteht eine rauhe Struktur aus kleinen Farbflecken.

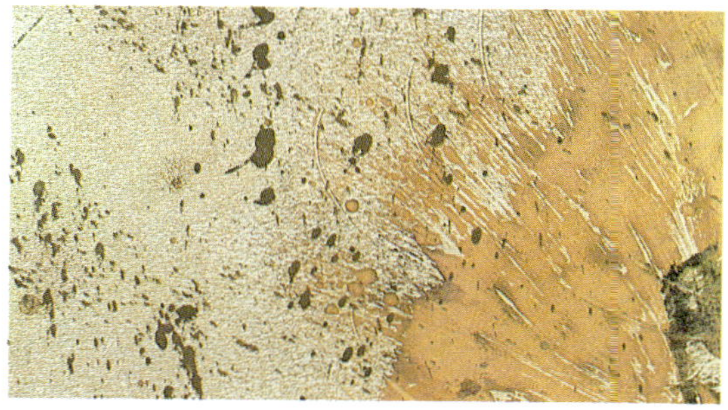

Spritzen

Grattage

Frottage

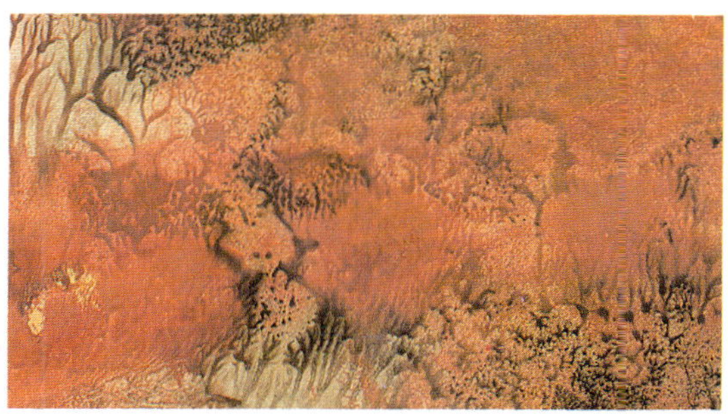

Das Entfernen angetrockneter Farbe

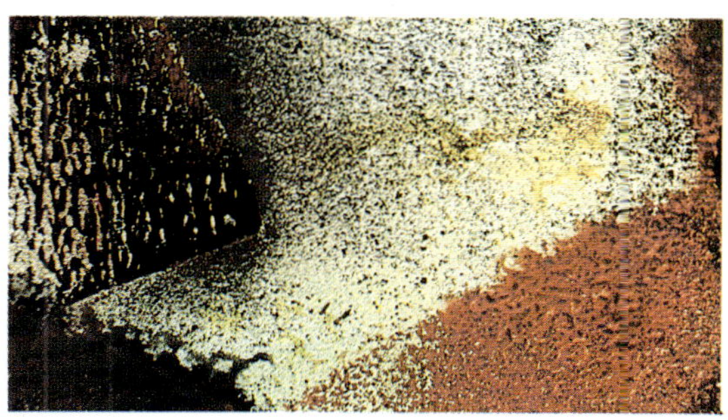

Tamponieren

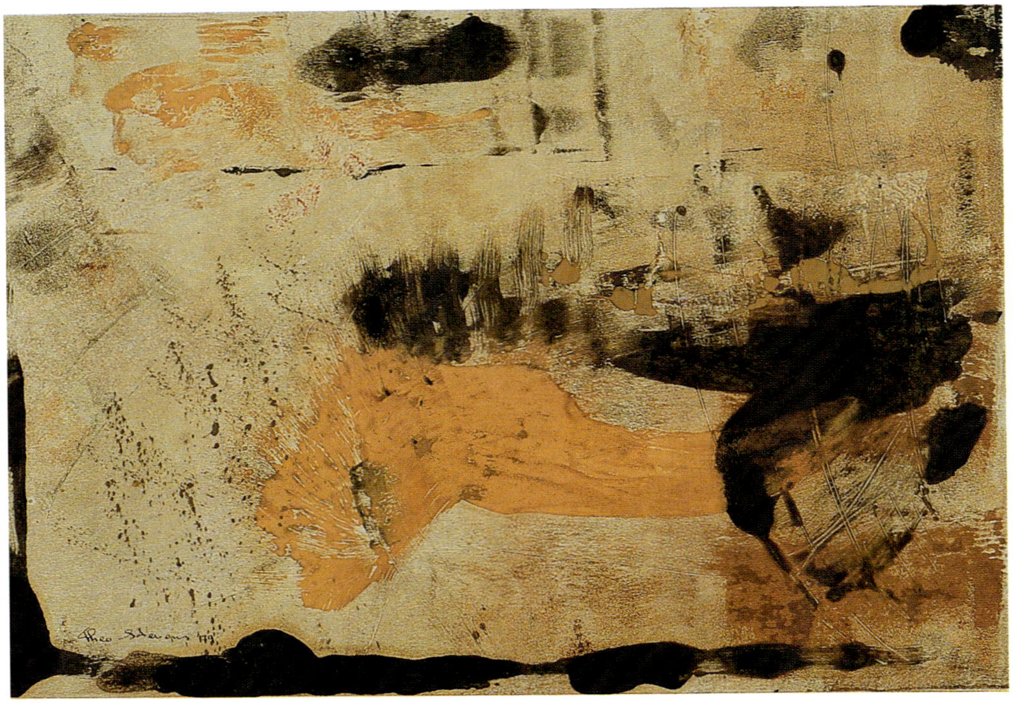

Freie Naturgewalt
– 1974
THEO STEVENS

In diesem Gemälde bricht die Naturgewalt tatsächlich los, so daß die Fetzen fliegen und die Spritzer nur so stieben! Die natürliche Urform scheint sich über die Welt auszubreiten. Das Gemälde ist auf einer Untermalung angebracht, die erst mit einer Walze auf eine Glasplatte aufgetragen und dann auf Papier abgedruckt wurde.

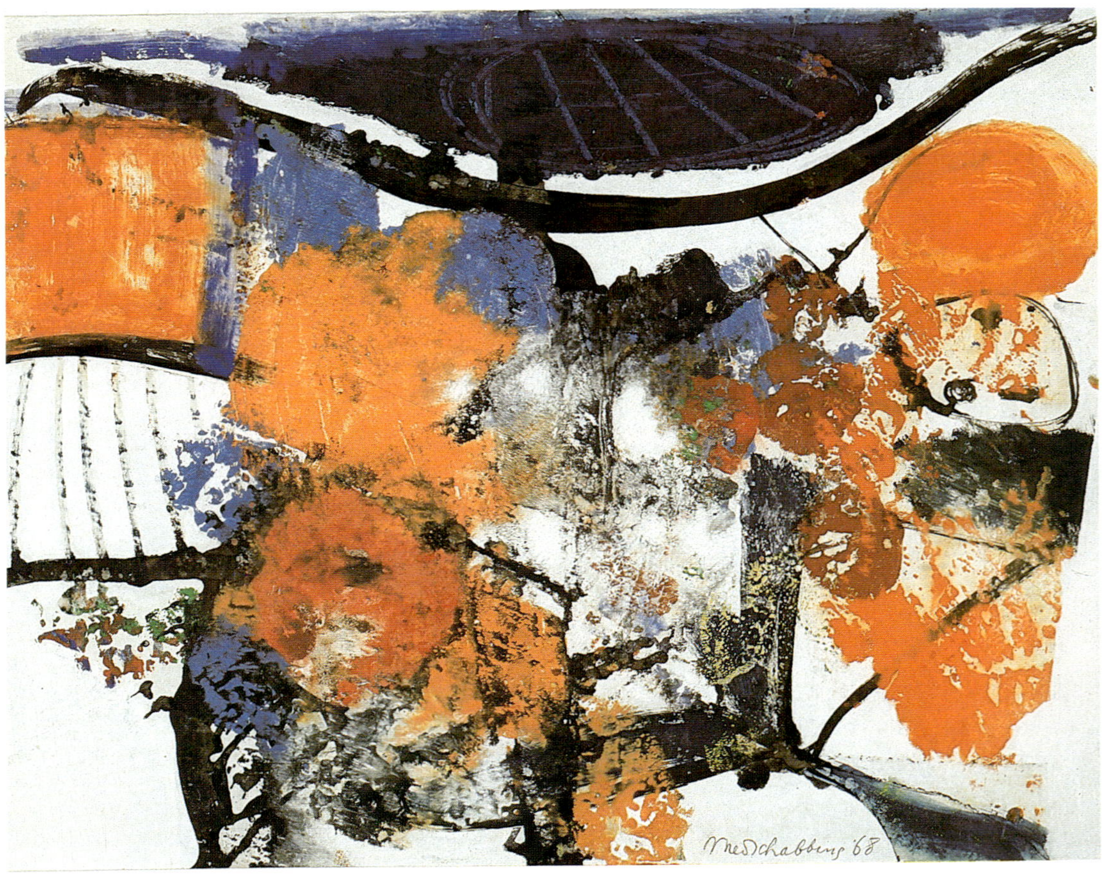

Pavillon
– 1968
THEO SCHABBING

Der *Pavillon* stellt ein Beispiel für die expressionistische Verarbeitung eines Themas dar. Der allgemeine Eindruck des Pavillons auf den Maler ist im Gemälde spontan wiedergegeben.

In dem blauen Dach, im Bild oben, wandte Schabbing die Grattagetechnik in einer noch nassen Farbschicht an. Die recht körnige Gouache – vom Maler selbst hergestellt und auch gegenüber fabrikmäßig hergestellter Gouache bevorzugt – wurde mit Wasser und Terpentin verdünnt, um bestimmte Strukturen erzielen zu können.

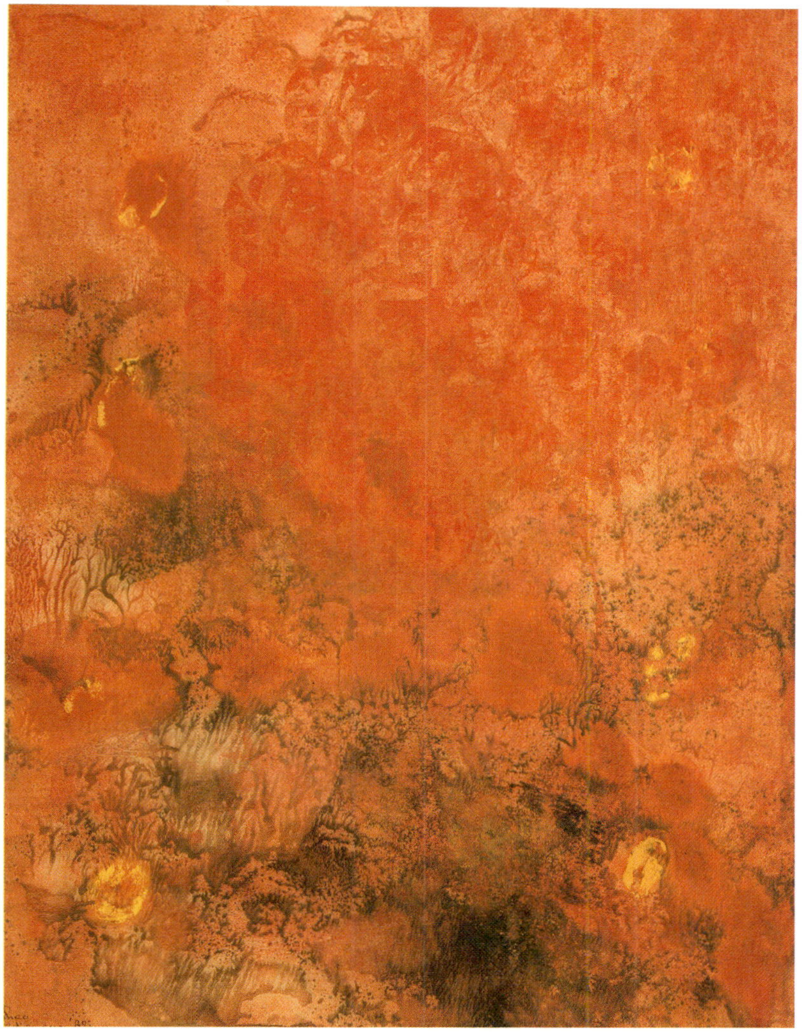

Vulkanische Landschaft
– 1980
THEO STEVENS

Diese vulkanische Landschaft ist größtenteils in Frottagetechnik ausgeführt, jeweils in verschiedenen aufeinanderfolgenden Schichten angewendet. Das Feuer wird wirbelnd aus dem Vulkankrater gestoßen, große Steinbrocken mit sich reißend, während die Bergwand von einem langsam fließenden, heißen Lavastrom bedeckt wird.

Die Frottagetechnik kann auch ohne Benutzung von Terpentin angewandt werden.

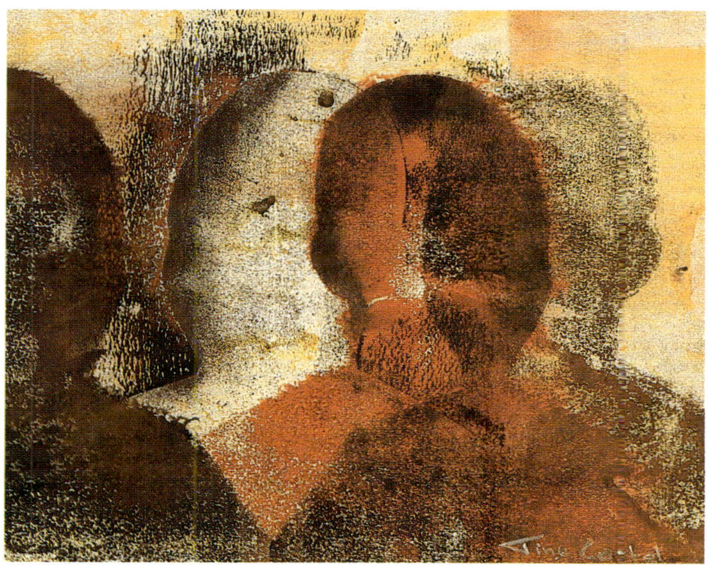

Alle Menschen dieser Welt
– 1986
TINE CORTEL

Dieses Gouachegemälde ist unter Verwendung verschiedener Effekttechniken angefertigt. Es weist mit der Walze aufgetragene Flächen ebenso auf, wie Frottagen die mit Bürst-Techniken – u.a. in den Schattenpartien – angebracht wurden. Neben Gouache wurde eine verdünnte ölhaltige Druckfarbe verwendet.

Argentina III
– 1974
Jan Miechels

Jan Miechels benützte die oben beschriebene Frottagetechnik, um den Materialcharakter der verwitterten Mauern wiederzugeben. Die Atmosphäre der alten Stadt wird dadurch deutlich.

Das Entfernen bereits angetrockneter Farbe führte Miechels in der letzten Schicht des Bildes durch. Auch in darunterliegenden Schichten sind Frottagen angebracht, die aber an den noch nassen Farben ausgeführt wurden.

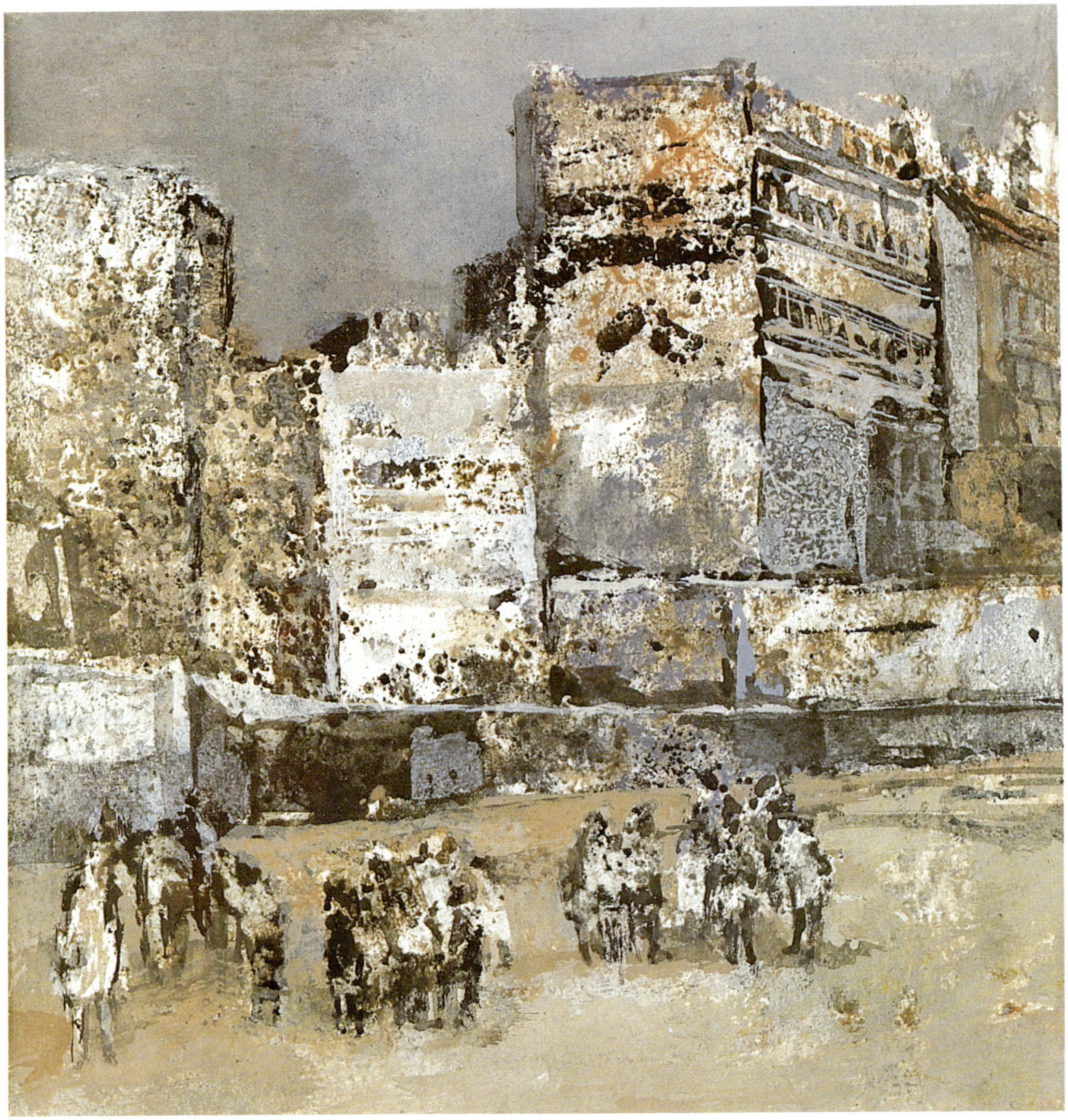

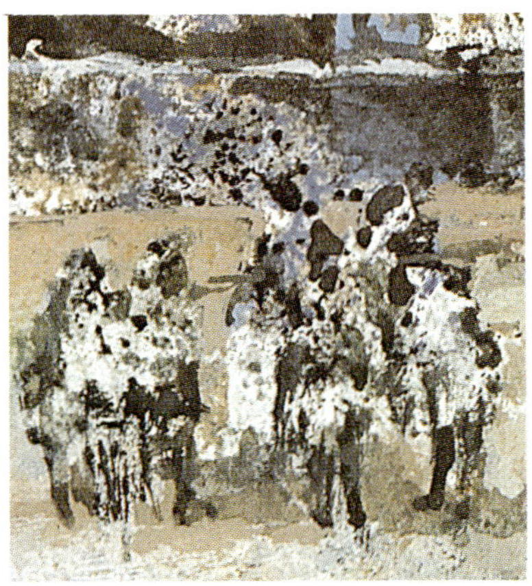

Aus diesem Ausschnitt aus *Argentina III* geht hervor, daß auch bei den sich unterhaltenden Menschen Frottagen angewendet wurden. Die gewählte Farbpalette wurde bestimmt von den Farben der Erde und denen der staubigen Menschen in einer staubigen Stadt.

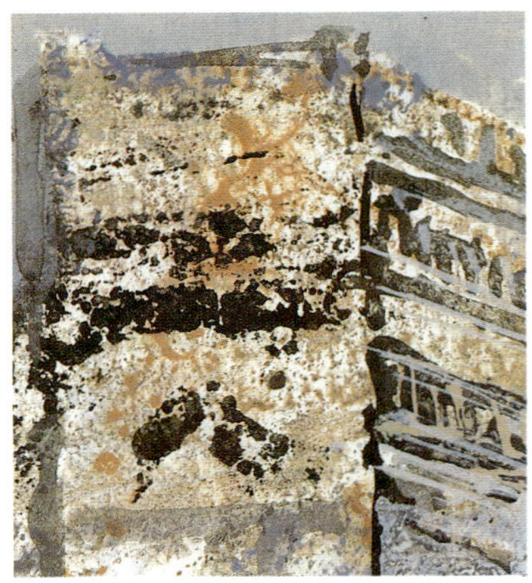

Grundieren, Aufkleben und Aufspannen

Grundieren

Stark saugende Untergründe müssen vor dem Bemalen mit Gouache mit Gouachemalmittel imprägniert werden, um zu verhindern, daß der Farbe das Bindemittel entzogen wird. Dazu wird der Malgrund dünn mit Malmittel bestrichen.

Für die Arbeit mit Acrylfarbe ist ein hierfür geeigneter Primer notwendig, und zwar ein Primer auf Kunststoffdispersionsbasis (u.a. »Gesso« von Talens), Primer auf Ölbasis eignen sich nicht für die Bearbeitung mit Acrylfarben. Man kann flexible und harte Malgründe behandeln. Verdünnen Sie dazu in einem Schälchen etwas Gesso mit Wasser, so daß er sich gut verstreichen läßt. Verwenden Sie einen Spalter-Pinsel (= Firnispinsel).

PAPIER Legen Sie den Papierbogen auf einen glatten Untergrund und befestigen Sie ihn an den Ecken. Bestreichen Sie ihn mit einer dünnen Schicht Gesso und lassen Sie diese trocknen. Legen Sie dann eine zweite Schicht kreuzweise darüber. Lassen Sie das Papier gut trocknen. Drehen Sie es um und behandeln Sie die Rückseite auf die gleiche Weise.

HARTE MALGRÜNDE Wischen Sie den Malgrund mit etwas Spiritus oder Ochsengalle ab, um eventuelle Fettbeläge zu entfernen, schleifen Sie ihn mit einem Stück feinem Schmirgelpapier ganz glatt und entfernen Sie den Staub. Auch wenn Ihr Malgrund schon sehr glatt ist, sollten Sie ihn abschleifen, damit der Primer besser aufgenommen werden kann. Tragen Sie die erste Schicht Gesso auf und reiben Sie ihn mit Schmirgelpapier in den Malgrund. So erzielen Sie eine gute Haftung zwischen Malgrund und Primer. Wenn die erste Schicht gut durchgetrocknet ist, tragen Sie kreuzweise dazu eine zweite Schicht auf. Lassen Sie den Malgrund gut trocknen, bevor Sie mit dem Bemalen beginnen. Einige Maler tragen mehrere Primerschichten auf, die alle abgeschliffen werden. So wird eine schöne ebene Oberfläche erzielt, die sich auch für spezielle Maltechniken wie das Lasieren eignet. Wollen Sie aber gerade auf einen groben Untergrund malen, so können Sie z.B. die Rückseite einer Hartfaserplatte nehmen. Die Primerschichten werden dann nicht eingeschliffen.

Für glatte Oberflächen nehmen Sie einen weichen, für rauhe Oberflächen einen harten Firnispinsel.

PRÄPARIERTES MALTUCH Dieses ist meist schon fabrikfertig mit einer dünnen Lage Primer versehen. Bevor Sie mit Acrylfarbe darauf arbeiten, müssen Sie es nochmals mit einem kunststoffhaltigen Primer grundieren. Dies muß sein, da die fabrikfertige Primerschicht meist nicht vollständig deckend ist und so das Tuch nicht hinreichend vor Zerfallserscheinungen geschützt wird. Zum anderen ist nicht immer in Erfahrung zu bringen, ob auch der richtige Primer verwendet wurde, der sich mit Acrylfarbe verträgt. Wurde nämlich ein ölhaltiger Primer benützt, wird Acrylfarbe nicht richtig haften. Zu Beginn ist das nicht zu sehen, aber mit der Zeit wird sich die Acrylschicht unwiderruflich ablösen.

Bevor Sie zu grundieren beginnen, sollten Sie das Tuch mit etwas Ochsengalle oder Spiritus entfetten. Das Lösungsmittel muß dann noch verdunsten. Sie können Ihr Maltuch auch trockenreiben. Ist das Tuch gut getrocknet, schleifen Sie die Oberfläche leicht mit einem Stück feinem Schmirgelpapier oder Bimsstein an, um eine gute Haftung zwischen Textilfasern, alter und

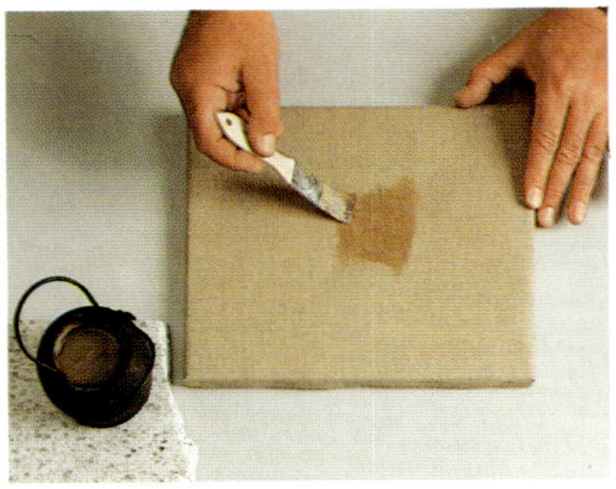

I Das Vorleimen muß von der Mitte des Tuchs aus erfolgen.

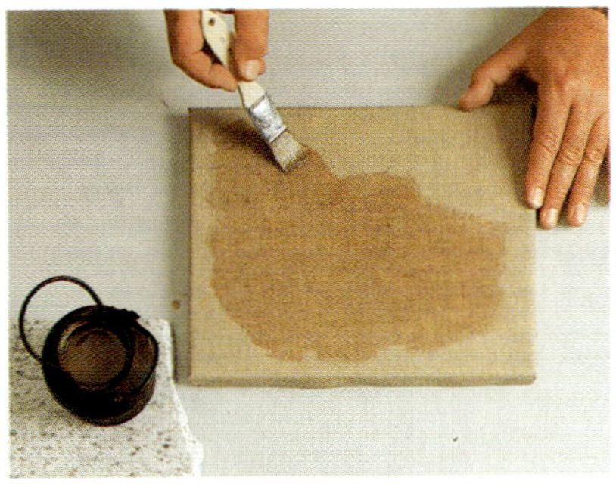

II Dann arbeiten Sie auf die Ränder zu.

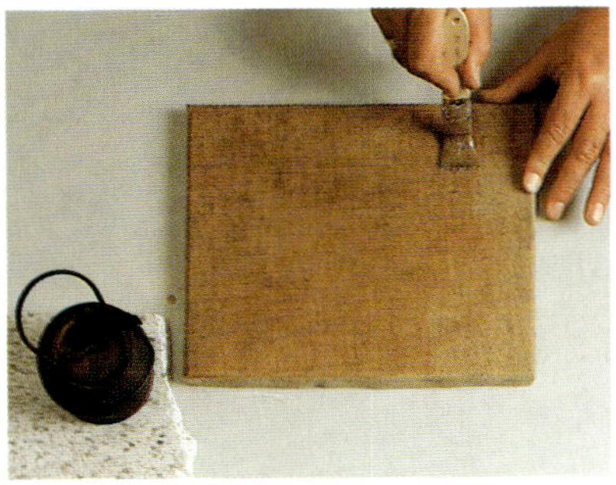

III Der Leim muß dünn aufgetragen werden.

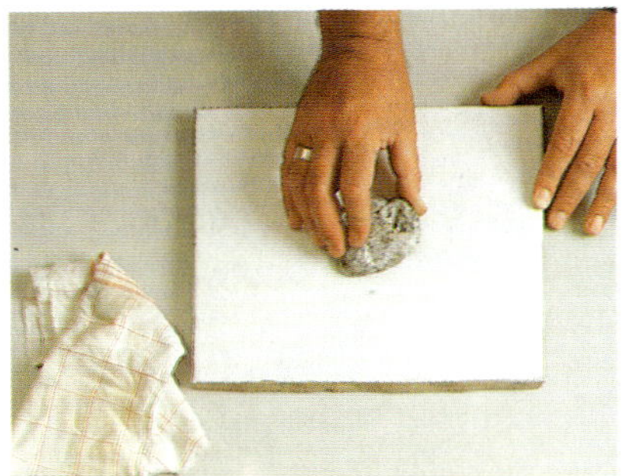

IV Nach dem Vorleimen wird das Tuch grundiert.

neuer Primerschicht zu erreichen. Dann tragen Sie die erste Lage Primer auf. Ist diese hinlänglich angetrocknet, können Sie eine zweite Schicht kreuzweise darüberlegen. Wenn Sie eine ganz glatte Oberfläche wollen, können Sie nach dem Trocknen noch leicht schleifen, damit die Pinselstriche weniger sichtbar sind.

UNPRÄPARIERTES MALTUCH Die Qualität eines nicht grundierten Maltuchs läßt sich einfacher bestimmen als die eines grundierten. Zum Schutz des Gewebes und zur Gewährleistung einer guten Haftung zwischen Tuch und Farbe muß aber eine gute Grundierung aufgetragen werden. Sie können das Maltuch auf zweierlei Arten grundieren:

1. Indem Sie einen Universalprimer (kunststoffhaltig) direkt auftragen. Der Primer muß in einer dünnen Schicht aufgetragen werden. Gröberes Tuch wird mehr Primer aufsaugen als feineres, man muß daher bei grobem Gewebe den Primer stark mit Wasser verdünnen. Er muß dann zu einem dünnen, glatten Brei angerührt werden. Tragen Sie den Primer mit einem breiten Spalterpinsel gleichmäßig auf. Nach dem Trocknen der ersten Schicht legen Sie die zweite kreuzweise darüber und, sofern notwendig, eine dritte, wiederum kreuzweise zur zweiten. Die dritte Schicht kann dabei aus etwas dickerem Primer bestehen. Diese Lage können Sie wahlweise mit einem Spalterpinsel, einer Walze oder einem Spachtel auftragen. Das Auftragen oder Bearbeiten der dritten Schicht mit dem Spachtel läßt die Tuchoberfläche glatter werden.

Da das Maltuch durch die Feuchtigkeit aus dem Primer etwas schlaff hängen wird, muß es in noch feuchtem Zustand etwas gespannt werden. Dazu schlagen Sie die Keile auf der Rückseite des Keilrahmens etwas tiefer ein, bis das Tuch wieder straff gespannt ist. Beim Trocknen werden sich die Fasern wieder zusammenziehen. Wenn Sie wollen, können Sie die Oberfläche noch mit Schmirgelpapier oder Bimsstein leicht schleifen. Für eher pastose Farbe ist das aber überflüssig.

2. Indem Sie das Maltuch erst vorleimen und dann grundieren.

Durch das Vorleimen wird das Tuch etwas steifer und federt beim Bemalen nicht so stark. Das Tuch ist gespannt, aber doch elastisch. Vorleimen ist hauptsächlich für Maltücher aus lockerem, grobem Gewebe zu empfehlen, das den Primer sonst zu sehr aufsaugt.

Früher wurde zum Vorleimen Hasen- oder Kaninchenhautleim verwendet, diese Leimsorten sind aber heute nicht mehr oder nur schwer zu bekommen und von anderen Leimsorten tierischer Herkunft ersetzt, wie etwa Knochenleim (meist von Rindern).

Zum Ansetzen der Leimlösung lassen Sie 70 Gramm Leim in 1 Liter Wasser aufquellen. Sie können den Leim auch in ½ Liter Wasser quellen lassen und dann einen weiteren halben Liter dazugeben. Wenn Sie Leimplatten oder -brocken verwenden, dauert das Quellen etwa 24 Stunden, Leim in Pulverform quillt in wenigen Stunden. Nach dem Quellen wird der Leim im Wasserbad erwärmt, wobei sich die Leimteilchen vollständig im Wasser auflösen, Der erwärmte Leim wird nun mit einem Spalterpinsel auf das Maltuch aufgetragen. Um einer ungleichmäßigen Dehnung vorzubeugen, müssen Sie dabei von der Mitte aus zu den Rändern hin arbeiten. Verstreichen Sie den Leim so gleichmäßig wie möglich. Lassen Sie das Tuch jetzt 12 bis 24 Stunden trocknen. Versuchen Sie nicht die Trockenzeit abzukürzen, indem sie das Maltuch zu einer Wärmequelle stellen. Die Leimschicht könnte dadurch vom Tuch abblättern. Reinigen Sie den Leimpinsel mit warmem Wasser, damit aller Leim aus den Haaren entfernt wird. Die restliche Leimlösung können Sie aufbewahren, zur Sicherheit können Sie einige Tropfen einer Desinfektionslösung zufügen. Schließlich kann das Maltuch mit Gesso grundiert werden. Sollte es beim Trocknen schlaff werden, spannen Sie den Keilrahmen wieder etwas auseinander. Nach dem vollständigen Trocknen ist das Tuch dann wieder straff gespannt.

Aufkleben

Bilder auf flexiblen Malgründen sind zumeist mit verdünnter Gouache und Acrylfarben gemalt. Gouachen werden am besten hinter Glas gerahmt, da die nicht wasserfeste Farbe sehr empfindlich ist. Acrylgemälde sind wasserfest und können ohne Glas gerahmt werden. Vor allem bei größeren Formaten mit eher pastoser Farbe kann es nötig werden, die Arbeit auf einen harten Träger aufzukleben. Ist auch das Aufkleben unbearbeiteten Papiers etwas einfacher, in der Praxis wird das Aufkleben fertiger Arbeiten öfter vorkommen. Nur Malgründe, deren Rückseite mit einer dünnen Schicht Primer präpariert worden sind, kommen dafür in Frage. Ist das nicht der Fall, können beim Aufkleben Flecken im Malgrund – und somit auch im Bild – auftreten. Sorgen Sie für eine steife Trägerplatte, die sich nicht verzieht, wenn das Bild aufgeklebt wird. Grundieren Sie die Platte auf beiden Seiten, allein schon um zu verhindern, daß der verwendete Kleber aufgesaugt wird. Das Aufkleben können Sie mit Tapetenkleister, Kunstharzkleber oder Primer besorgen. Tragen Sie eine nicht zu dünne Lage Kleber oder Primer auf die Platte auf, der Kleber sollte dabei gut verstreichbar, aber keinesfalls zu dünn sein. Nehmen Sie dazu wieder einen hartborstigen Firnispinsel. Legen Sie das Papier vorsichtig auf die Trägerplatte. Decken Sie es mit einem sauberen Blatt Papier ab und streichen Sie es von der Mitte aus glatt. Legen Sie den beklebten Träger flach hin und beschweren Sie ihn evtl. mit einer Platte, um die Haftung zu verbessern.

Wer in seinem Malgrund mehr Struktur haben möchte, kann den Untergrund mit Baumwolle oder Leinen bekleben. Sie

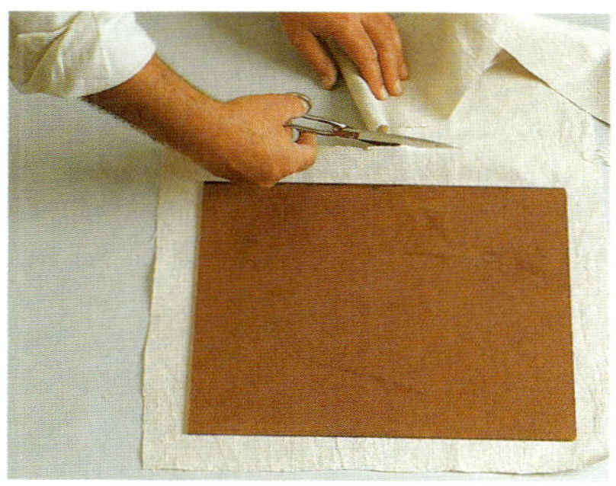

I Vor dem Bekleben des Trägers wird der Stoff auf Maß zugeschnitten.

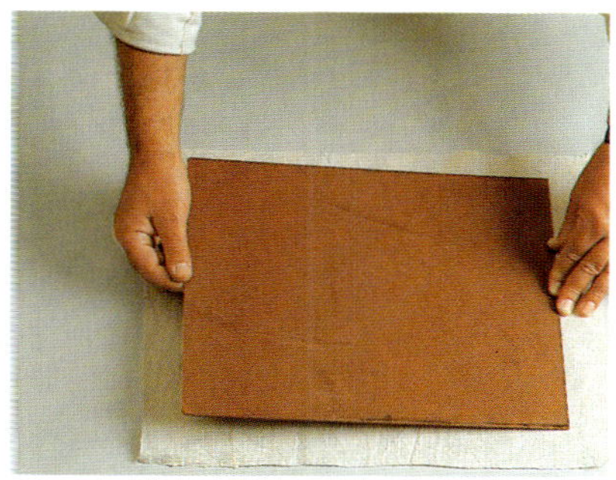

II Der Träger wird mit einer dicken Schicht Primer bestrichen und auf den Stoff gelegt.

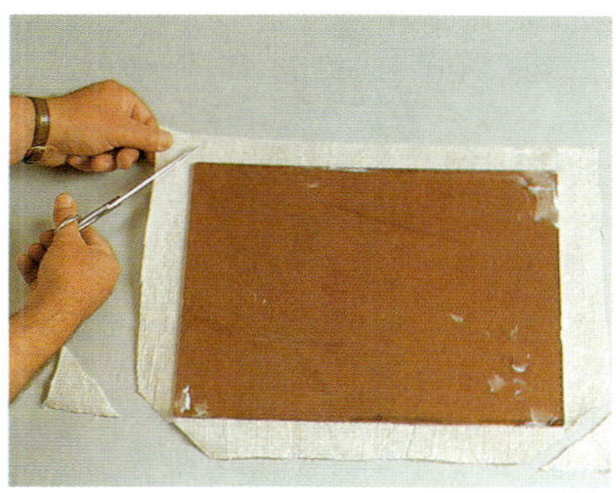

III Die Ecken werden schräg abgeschnitten.

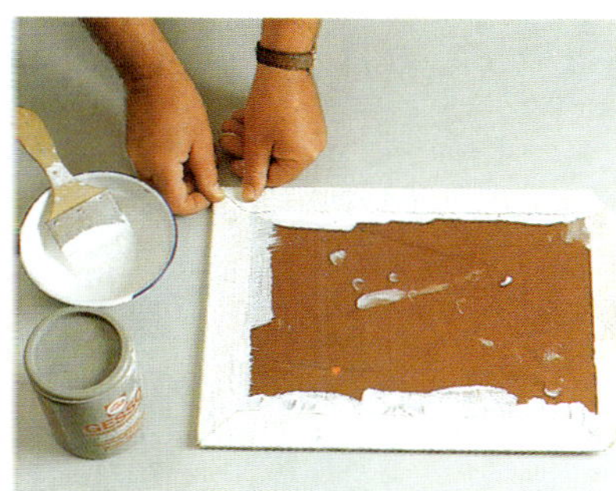

IV Die Ränder werden umgeschlagen und fest angedrückt.

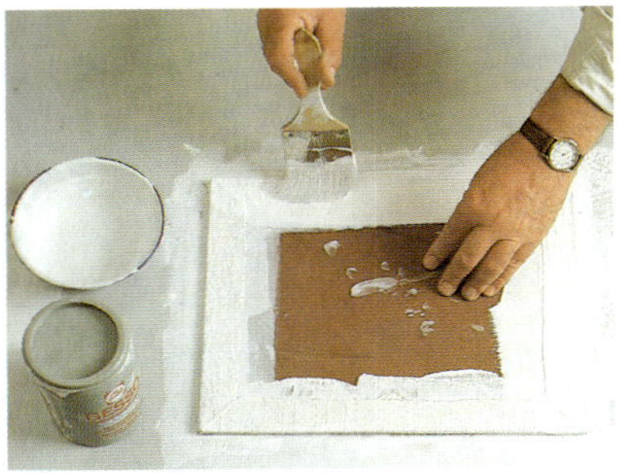

V Zum Ausarbeiten der Ecken kann man etwas zusätzlichen Primer nehmen, damit der Stoff gut haftet.

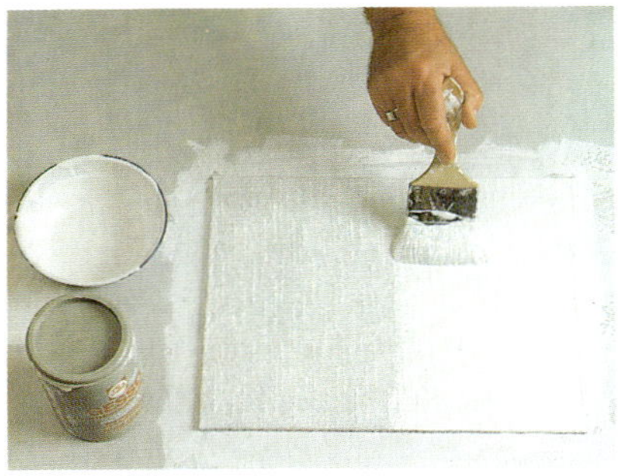

VI Nach dem Trocknen erhält die Oberfläche des Malgrunds noch eine dünne Schicht Primer als Zusatzgrundierung.

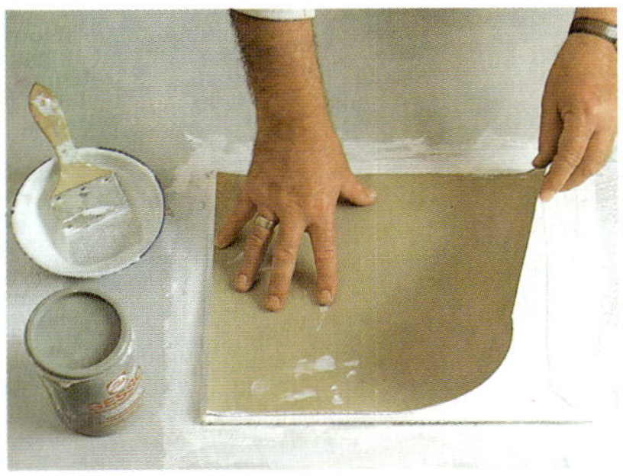

VII Um ein Verziehen zu verhindern, wird der Träger auf der Rückseite mit Papier beklebt.

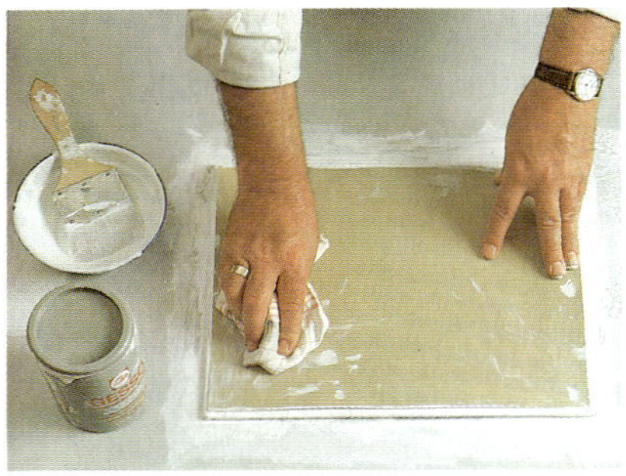

VIII Alles wird mit einem Tuch fest angedrückt, um die Haftung zu verbessern.

erhalten so eine leinwandähnliche Malfläche. Halbleinen und Kunstfasern geben leicht nach, wenn sie auf einen Keilrahmen gespannt werden, eignen sich aber zum Aufkleben auf einen harten Träger sehr gut; die Nachgiebigkeit des Materials wird damit aufgehoben. Neuer Stoff enthält oft Appretur, die die Annahme der Acrylfarben erschweren kann. Waschen Sie das Tuch daher zuerst in einer reinen Seifenlauge, spülen Sie es dann mit lauwarmem Wasser gründlich nach, bis alle Seifenreste entfernt sind. Wringen Sie den Stoff nicht aus, sondern spannen Sie ihn möglichst faltenfrei auf. Bügeln Sie den Stoff nur, wenn es unbedingt nötig ist, damit die Fasern frei bleiben und den Primer besser aufnehmen können. Zum Bekleben können Sie beispielsweise steifen Karton, Hartfaserplatten, Spanplatten und Sperrholz benützen.

ARBEITSWEISE Schneiden Sie den Stoff auf Maß zu, geben Sie dabei jeweils ca. 3 cm für den umzuschlagenden Rand zu. Als Kleber verwenden wir Universalprimer. Dieser klebt sehr gut und hat darüber hinaus den Vorteil, daß die Art des Klebemittels in Kleber, Grundierung und Acrylfarbe gleich bleibt, so kann es nicht zu unvorhergesehenen Reaktionen der Materialien kommt. Verdünnen Sie den Primer mit etwas Wasser, bis er gerade eben streichfähig ist. Rauhen Sie die Trägerplatte ein wenig auf, damit der Primer gut aufgenommen werden kann. Legen Sie jetzt den Stoff mit der späteren Vorderseite nach unten auf eine ebene Fläche, die Sie zuvor mit sauberem Papier abgedeckt haben. Streichen Sie mit einem hartborstigen Firnispinsel eine ziemlich dicke Schicht Primer auf die Trägerplatte und legen Sie diese dann mit dem Primer nach unten auf den Stoff. Wenden Sie dann die Platte und streichen Sie den Stoff glatt, so daß keine Falten und Luftblasen entstehen. Drehen Sie die Trägerplatte wieder um und schneiden Sie die Stoffecken schräg ab. Lassen Sie dabei an der Ecke etwa die doppelte Plattenstärke überstehen. Schlagen Sie jetzt eine Längs- und eine Querkante um und kleben Sie die Ecke sorgfältig um. Umkleben Sie jetzt die anderen Ränder. Gelegentlich wird dazu noch etwas zusätzlicher Primer erforderlich sein. Lassen Sie die beklebte Platte trocknen und grundieren Sie dann. Hat sich die Trägerplatte durch das einseitige Bekleben verzogen, müssen Sie die Rückseite mit einem Bogen Papier bekleben; so wird die Platte wieder eben. Schneiden Sie dabei das Papier etwas kleiner zu als das Format der Trägerplatte. Verdünnen Sie den Primer oder einen anderen Kleber bis zu einer wäßrigen Konsistenz, tragen Sie ihn auf das Papier auf und lassen Sie ihn etwas einziehen. Die Dehnung des Papiers durch das Wasser im Kleber wird so wieder ausgeglichen. Bestreichen Sie das Papier nochmals mit dem verdünnten Kleber. Legen Sie es jetzt auf die Trägerplatte und pressen Sie es mit einem Tuch glatt und fest an.

Sie werden gelegentlich lieber auf einem getönten Untergrund malen wollen. Sie haben dann die Möglichkeit, diesen beim Malen teils auszusparen. Für Gouachen wie auch Acrylbilder können Sie dazu Ihren Primer abtönen, indem Sie etwas Acrylfarbe zugeben. Es entstehen so abgeschwächte Farbtöne, die sich ausgezeichnet zum Bemalen eignen. Die Wahl der Farbe hängt natürlich vom beabsichtigten Motiv ab.

Aufspannen

Das Aufspannen von Papier Hierzu wird das Papier rundum mit Klebeband auf einem Untergrund befestigt. Während des Malens wird das viele Wasser, das in der Farbe enthalten ist, das Papier ausdehnen; es wellt sich. Beim Trocknen schrumpft das Papier wieder, aber jetzt wird es von den Klebebändern an den Kanten festgehalten, und es wird sich wieder straff spannen. Erst wenn das Bild fertig und getrocknet ist, schneiden Sie es vom Untergrund los. Wollen Sie Papier richtig aufspannen, müssen Sie es erst in eine Schale mit Wasser legen, damit es sich vollsaugen kann. Das Papier hat jetzt seine größte Ausdehnung. Es muß flach im Wasser liegen, ohne daß es dabei Falten wirft. Sie können eine große Abwaschschüssel, Wanne, Entwicklerschale oder auch ein Tablett mit hochstehenden Rändern verwenden. Legen Sie einen Bogen stark saugendes Papier auf Ihre Arbeitsfläche und halten Sie einen zweiten Bogen bereit. Nehmen Sie das Papier mit beiden Händen aus dem Wasser; lassen Sie es etwas abtropfen und legen Sie es auf das saugende Papier. Decken Sie den zweiten Bogen darüber und streichen Sie das überschüssige Wasser ab. Entfernen Sie das Saugpapier und legen Sie das Malpapier in die Mitte der Arbeitsplatte. Gehen Sie dabei vorsichtig vor, das Papier reißt jetzt leicht. Kleben Sie es mit langen Streifen säurefreiem Klebeband auf der Arbeitsplatte fest. Kleben Sie dabei immer gegenüberliegende Seiten fest. Beachten Sie, daß nur ein Drittel der Breite des Klebebandes auf dem Papier aufliegt. Lassen Sie das aufgespannte Papier horizontal trocknen, damit der Trocknungsprozeß gleichmäßig verläuft, ist das nicht der Fall, kann es sich von der Arbeitsplatte lösen.

Sollte das aufgespannte Papier stark geleimt sein, kann es passieren, daß es sich nach dem Trocknen nicht mehr von der Arbeitsplatte lösen läßt. Dann hat sich ein Teil des Leims aus dem Papier gelöst und fungiert nun als Kleber zwischen Papier und Platte. Sie können dem vorbeugen, indem Sie ein Stück Kunststoff- oder Aluminiumfolie zwischen Papier und Arbeitsplatte legen.

Das Aufspannen von Maltuch Wenn Sie Ihr Maltuch selbst aufspannen, so hat das viele Vorteile. Sie können dann nicht nur das Format Ihres Bildes selbst bestimmen, sondern auch die Tuchsorte und können obendrein nach eigenem Geschmack grundieren.

Das Aufspannen erfordert etwas Geschicklichkeit. Fangen Sie daher mit einem kleinen Format, etwa 30 x 45 cm an.

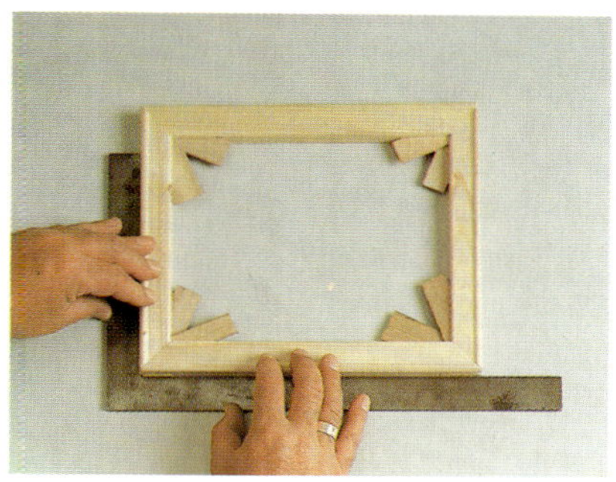

I Kontrollieren Sie den rechten Winkel...

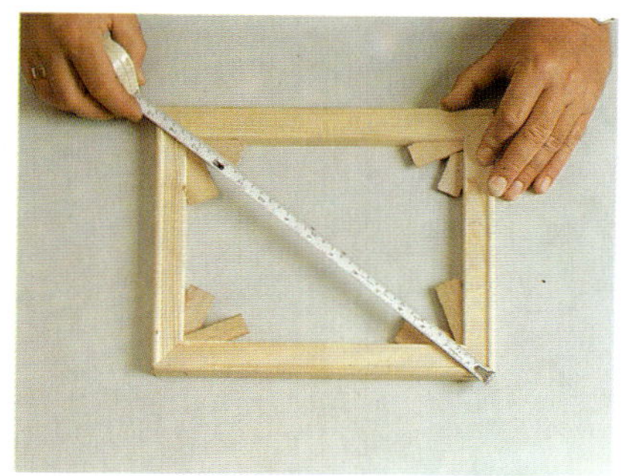

II ...oder messen Sie die Diagonalen, sie müssen gleich lang sein.

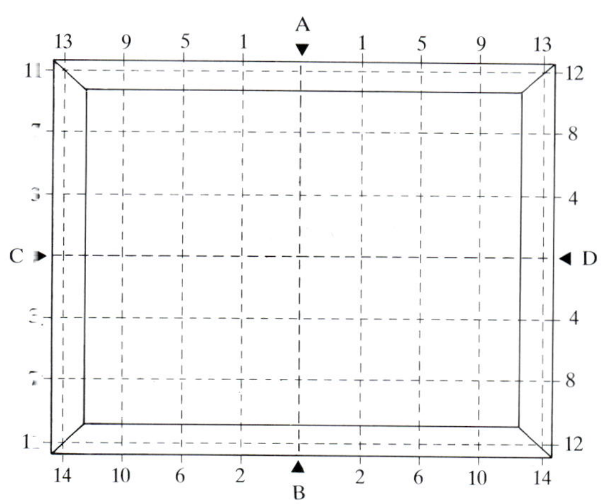

III Das Einschlagen der Nägel muß in der richtigen Reihenfolge und gleichmäßig erfolgen, soll das Maltuch gespannt werden.

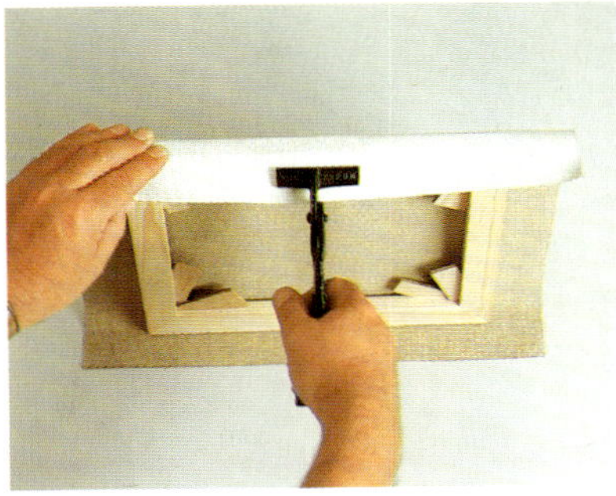

IV Mit der Spannzange wird das Tuch immer gut straff gezogen.

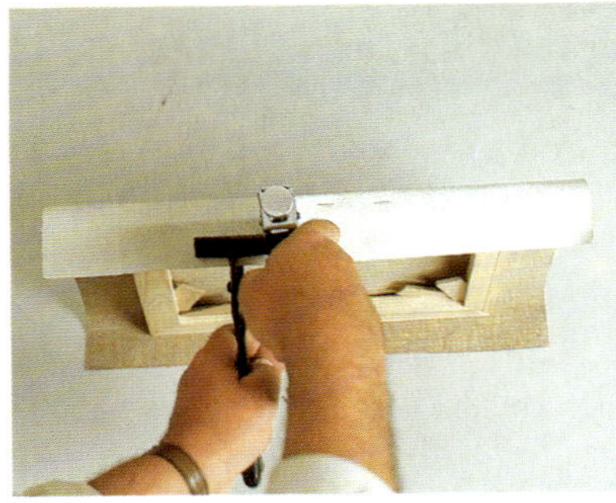

V Auch beim Klammern des Tuchs muß die angegebene Reihenfolge eingehalten werden.

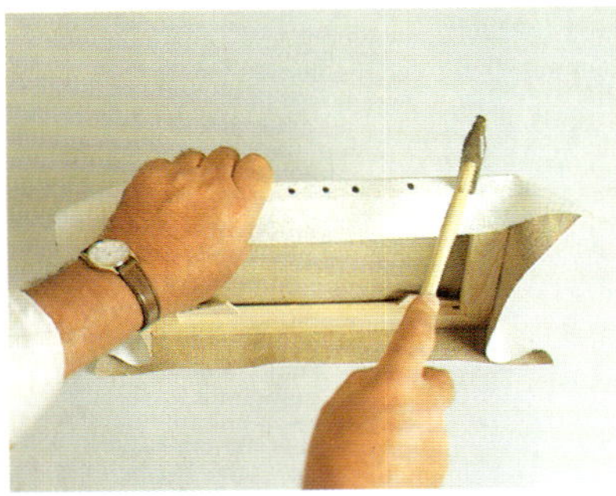

VI Die Ecken werden befestigt.

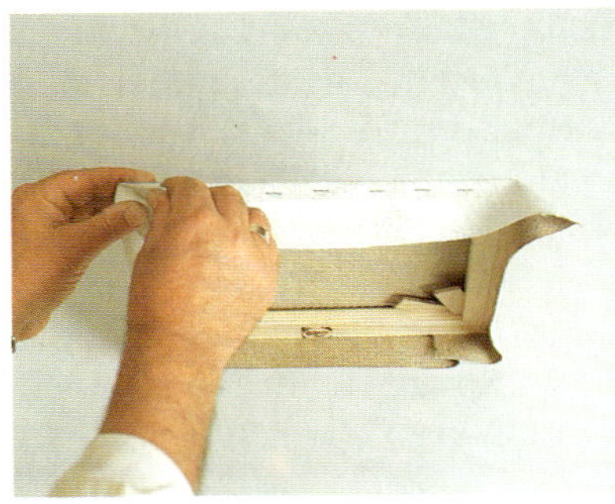

VII Falten Sie das Tuch an den Ecken sorgfältig nach innen.

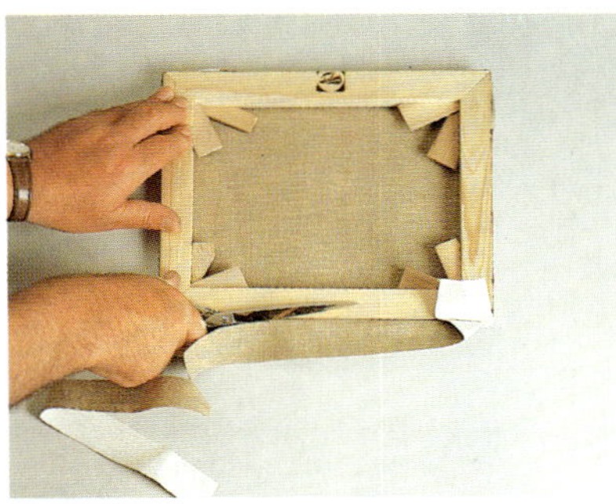

VIII Das Tuch wird auf der Rückseite längs der Rahmenkanten abgeschnitten.

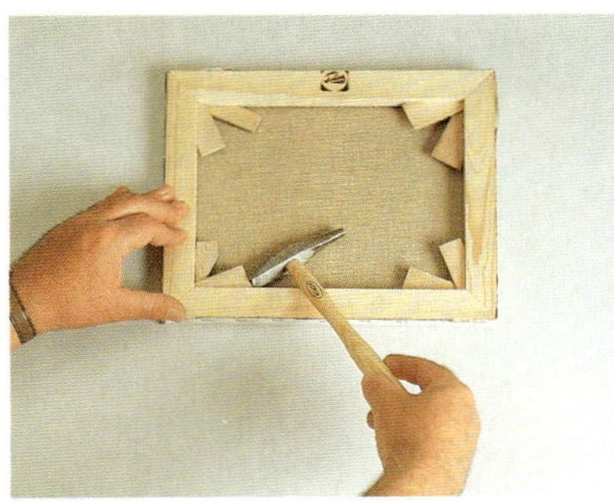

IX Drücken sie die Keile ein und schlagen Sie sie fest. Das Tuch wird so gespannt (auskeilen).

Nehmen Sie beim ersten Mal ein Stück feines Leinen zum Aufspannen. Dies ist einfacher zu handhaben als steife Gewebearten. Versuchen Sie möglichst ein Dehnen des Gewebes zu vermeiden.

Ein Keilrahmen besteht aus 4 Keilleisten und 8 hölzernen Keilen. Die Leisten sind je nach gewünschtem Format des Rahmens 3½, 5 oder 8 cm stark. Große Keilrahmen haben darüber hinaus noch eine oder mehrere Querlatten, die den Rahmen versteifen und im Winkel halten.

ANFERTIGEN EINES KEILRAHMENS Das Tuch muß etwa 10 cm länger und breiter sein als das Format des Keilrahmens, damit Sie auf allen Seiten ca. 5 cm Stoff zum Umschlagen haben.

Ferner benötigen Sie verzinkte oder stählerne kurze Nägelchen mit Flachkopf (oder eine Heftmaschine), einen kleinen Hammer und ein Maßband oder einen rechten Winkel aus Metall.

Schieben Sie die vier Keilleisten so ineinander, daß der Rahmen ein Rechteck bildet. Setzen Sie in jede Ecke 2 Keile in die dazu bestimmten Schlitze. Klopfen Sie sie mit dem Hammer etwas ein, und prüfen Sie ob der Rahmen genau im rechten Winkel ist.

Legen Sie jetzt den Rahmen mit der Vorderseite auf die Rückseite des Tuchs und gehen Sie beim Einschlagen der Nägel nach der Reihenfolge der Arbeitsskizze vor. Diese Reihenfolge muß zum gleichmäßigen, straffen Aufspannen des Tuches am Keilrahmen unbedingt eingehalten werden. Kontrollieren Sie immer wieder, ob der Rahmen noch rechtwinklig ist.
Die Nägelchen werden in die Seiten der Rahmenleisten eingeschlagen. Schlagen Sie dabei die Nägel nicht gleich ganz ein, damit eine falsche Tuchspannung leicht korrigiert werden kann. Falten Sie dann die Ecken um und befestigen Sie sie ebenfalls. Halten Sie sich dabei genauso an die vorgegebene Reihenfolge.

Ist das Tuch am Rahmen befestigt, spannen Sie es stärker an, indem Sie die Keile noch ein Stück weiter in die Schlitze treiben.

Größere Rahmen können Sie nicht mehr nur mit den Händen bespannen, vor allem nicht, wenn Sie steifes Gewebe verwenden. Sie brauchen dann eine spezielle Spannzange, mit der Sie das Tuch spannen, bevor Sie es mit dem Nagel fixieren.

Schneiden Sie das überstehende Tuch entlang der hinteren Kanten des Keilrahmens ab.

Pflege und Aufbewahrung

DIE FARBE Gouache ist frostempfindlich, bewahren Sie die Farben frostsicher auf.

Acrylfarbe enthält Wasser und kann gefrieren, nach dem Auftauen gewinnt sie aber ihre ursprüngliche Konsistenz zurück, ohne daß dabei die Eigenschaften der Farbe verloren gehen.

Gouache trocknet sehr schnell ein. Halten Sie Tuben und Töpfe immer gut geschlossen.

Auch Acrylfarbe trocknet schnell und wird hart und damit unbrauchbar. Halten Sie die Schraubgewinde von Tuben und Deckeln sauber und verschließen Sie die Tuben nach Farbentnahme gleich wieder. Das gleiche gilt natürlich auch für die Deckel von Flaschen und Töpfen.

PINSEL UND PALETTEN Pinsel, die für Gouache benützt worden sind, müssen immer mit Wasser ausgespült werden.

Pinsel mit Acrylfarbe müssen selbst beim Malen zwischenzeitlich immer wieder mit Wasser ausgespült werden, damit die Farbe nicht in den Haaren eintrocknet.

Man kann versuchen, eingetrocknete Pinsel mit Aceton oder z.B. Xylol (Talens cleaner) zu reinigen. Dies geht aber immer auf Kosten der Pinselhaare.

Eine Gouache-Palette wird mit Wasser gesäubert, eine Acrylpalette muß mit einem Palettmesser oder einem Spachtel abgeschabt werden.

MALGRÜNDE Malgründe ziehen Feuchtigkeit an und können sich unter Lichteinwirkung verfärben oder sogar zerfallen (Karton). Bewahren Sie Ihre Trägermaterialien bei Raumtemperatur auf, am besten vor Licht und Feuchtigkeit geschützt.

Bringen Sie alle Malgründe vor dem Bemalen auf Raumtemperatur, sofern das nicht schon der Fall ist. Gouachegemälde sind, wenn die Farboberfläche nicht fixiert oder gefirnist ist, sehr leicht zu beschädigen. Schützen Sie jede Arbeit mit einem Bogen Papier und bewahren Sie sie in einer Mappe auf.

Acrylbilder sind nicht so empfindlich. Die Farbschicht ist flexibel und man könnte ein Gemälde sogar ohne Schaden aufrollen. Acrylbilder vertragen tiefe Temperaturen, auch wenn die Farbschicht dann an Flexibilität verliert. Sie wird dann hart und recht mürbe und ist schnell beschädigt. Bei normalen Temperaturen erholt sich die Farbschicht aber und gewinnt ihre Flexibilität zurück.

MALMITTEL, FIRNISSE UND PRIMER Malmittel, Firnisse und Primer müssen, vor allem wenn sie wasserhaltig sind, frostsicher aufbewahrt werden. Zum ersten werden sie größtenteils in Glasgefäßen angeboten, die beim Gefrieren zerplatzen können, zum zweiten kann das Produkt selber Schaden nehmen. Bewahren Sie diese Hilfsmittel, soweit möglich, dunkel und bei Raumtemperatur auf. Lassen Sie alle diese Materialien vor der Verarbeitung auf Raumtemperatur steigen.

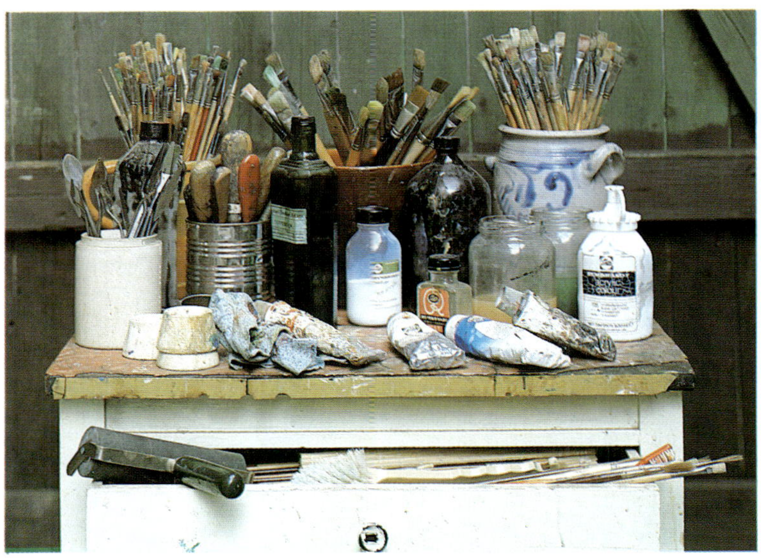

Die Arbeit wird einfacher, wenn die Malutensilien ihren festen Aufbewahrungsplatz haben.

Das Firnissen

Gouachen Eine Gouache braucht im Grunde nicht gefirnist zu werden. Die matte Oberfläche dieser Farbsorte ist charakteristisch und wird von Firnis oder Fixativ immer beeinträchtigt werden. Die Farboberfläche wird dann mehr oder weniger glänzend und die Farben werden dunkler und transparenter.

Gouachen kann man mit einem Firnis für Plakafarben oder mit Fixativ behandeln. Das Maß des Schutzes hängt dabei von der Schichtdicke des Firnis oder Fixativs ab.

Man trägt Firnis mit einem weichen Spalterpinsel oder einem breiten Pinsel auf. Streichen Sie nicht mehrmals über dieselbe Stelle. Schützen Sie die Gouache während des Trocknens gegen Staub, indem Sie über zwei Leisten eine Glasplatte darüberlegen. Es ist sowohl Glanzfirnis als auch Mattfirnis erhältlich. Firnispinsel werden mit Terpentin gereinigt.

Man kann auch mit Fixativen für Kreide und Zeichenkohle gute Resultate erzielen. Die Fixative sind in flüssiger Form in Flaschen und Sprühdosen erhältlich. Die besseren Resultate erzielt man meist mit Sprühdosen.

Acrylgemälde Auch Acrylbilder brauchen nicht gefirnist zu werden, soweit keine matten Stellen durch Verdünnungsmittel entstanden sind. Mit einer Firnisschicht (matt oder glänzend) entsteht wieder eine gleichmäßige Farboberfläche. Den Firnis gibt es in Flaschen und Sprühdosen. Acrylfarbe reagiert auf äußere Einflüsse nicht empfindlich. Reinigen Sie die Pinsel mit Terpentin.

Zum Firnissen nimmt man breite weiche oder harte Pinsel.

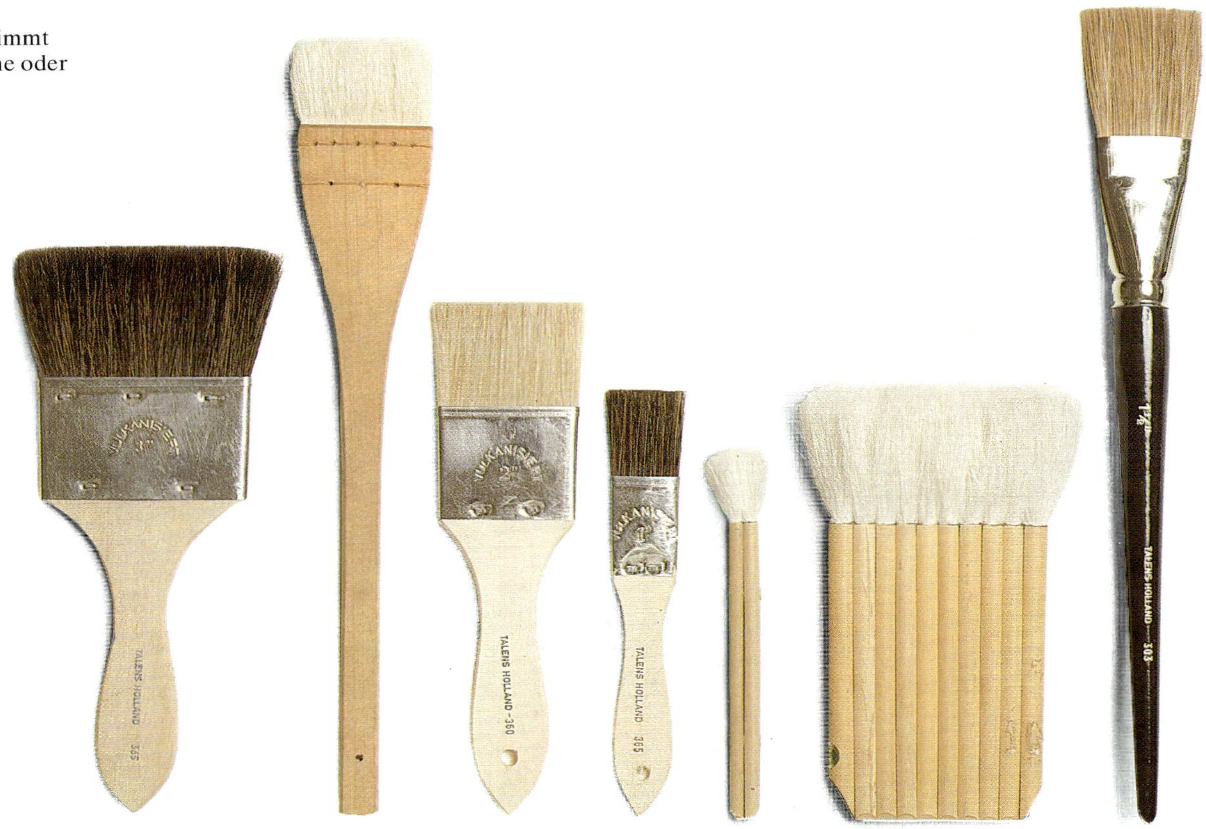